125 Jahre illustrierte Geschichte des Belgischen Schäferhundes

Jean-Marie Vanbutsele

ÜBERSETZUNG TANINO CHIAVARO

IMPRESSUM & RECHTLICHE HINWEISE

Genehmigungsanfragen

Anfragen zur Verwendung oder Vervielfältigung dieses Werks richten Sie bitte an:

Belgian Dogs Publications / Pascale Vanbutsele

Donkereham 27, 1880 Kapelle-op-den-Bos, Belgien

www.belgiandogs.be

Rechtliche Hinweise

Dieses Buch ist die offizielle deutsche Übersetzung des Originalwerks

Le Berger Belge: 125 années d'histoire illustrée von Jean-Marie Vanbutsele.

Die Übersetzung wurde mit ausdrücklicher Genehmigung von Pascale Vanbutsele, der Tochter des Autors, angefertigt.

Haftungsausschluss:

Dieses Buch wurde mit grösster Sorgfalt erstellt. Dennoch übernehmen Herausgeber und Übersetzer keine Gewähr für die Richtigkeit oder Vollständigkeit der enthaltenen Informationen. Jegliche Haftung wird ausgeschlossen.

Text- & Data-Mining-Schutz:

Buchdetails & Herausgeber
Titel: 125 Jahre illustrierte Geschichte des Belgischen Schäferhundes
Originaltitel: Le Berger Belge: 125 années d'histoire illustrée
Autor des Originals: Jean-Marie Vanbutsele
Übersetzung ins Deutsche: Tanino Gaetano Chiavaro
Genehmigung zur Übersetzung: Pascale Vanbutsele

Herausgeber der Übersetzung:
K9-Services / www.belgischerschaeferhund.com - passione cani
Tanino Gaetano Chiavaro
Sarganserstrasse 110, 7310 Bad Ragaz, Schweiz
E-Mail: tanino.chiavaro@bluewin.ch

ISBN: 978-3-7693-0256-1

Verlag: BoD · Books on Demand GmbH, In de Tarpen 42, 22848 Norderstedt, bod@bod.de
Druck: Libri Plureos GmbH, Friedensallee 273, 22763 Hamburg
Die Deutsche Nationalbibliothek verzeichnet diese Publikation in der Deutschen Nationalbibliografie.
Detaillierte bibliografische Daten sind im Internet unter dnb.dnb.de abrufbar.

Bildnachweis (Cover-Bilder)
Groenendael: Groenendal vom Lacheren (Ursi und Max von Tobel)
Malinois: Gansch des Ardents Fauves (falb mit schwarzer Maske)
Tervueren: Hakino vant 't Hof Kiobie

Vorwort und Dank

"Ich möchte allen, die sich für Belgische Schäferhunde interessieren, einen Rat geben: Lesen Sie das Buch. Sie müssen verstehen, wie die Menschen im Belgien des 19. und 20. Jahrhunderts gelebt haben. Dann treffen Sie eine Entscheidung über die Geschichte dieser grossartigen Hunderasse".

Ing. Eric Vermeylen MSc

Es war mir eine grosse Ehre, dieses Buch ins Deutsche zu übersetzen. Die umfangreichen Forschungen von Jean-Marie-Vanbutsele und die enge Zusammenarbeit mit seiner Tochter Pascale Vanbutsele sowie mit vielen Kennern des Belgischen Schäferhundes haben meinen tiefsten Respekt geweckt. Leider hatte ich nie die Gelegenheit, den Autor persönlich kennenzulernen, doch durch Pascale durfte ich seine Gedanken, seine Leidenschaft und sein beeindruckendes Wissen besser verstehen. Ohne ihre Unterstützung wäre diese Übersetzung nicht dasselbe geworden – sie hat nicht nur wertvolle Hintergrundinformationen geliefert, sondern auch sichergestellt, dass die Intention ihres Vaters bewahrt bleibt.

Dieses Buch ist mehr als eine historische Dokumentation. Es bietet tiefe Einblicke für Züchter, Trainer und Liebhaber des Belgischen Schäferhundes. Wer seine Ursprünge versteht, begreift auch seine heutige Bedeutung. Besonders nach den Weltkriegen mussten Züchter mit den wenigen verbliebenen Hunden, aber mit unbeirrbarem Willen und immensem Wissen fast alles neu aufbauen. Ihr Einsatz verdient grössten Respekt. Seit mehr als zwei Jahrzehnten begleitet mich der Belgische Schäferhund, und seine Vielseitigkeit fasziniert mich jeden Tag aufs Neue. Seine Intelligenz, Arbeitsfreude und unerschütterliche Loyalität machen ihn zu einem Hund, der nicht nur fordert, sondern auch unglaublich viel gibt.

Mein tief empfundener Dank gilt Ing. Eric Vermeylen MSc, der mir nicht nur wertvolle Einblicke in die Geschichte und Entwicklung des Belgischen Schäferhundes vermittelt hat, sondern auch mein gesamtes Verständnis für diese Rasse massgeblich geprägt hat. Sein Wissen über die Ursprünge, die

Zuchtpolitik und die Einflüsse historischer Ereignisse ist einzigartig. Ohne seine akribische Detailgenauigkeit wäre mir vieles verborgen geblieben. Besonders ist, dass er den Belgischen Ringsport selbst über Jahre hinweg aktiv betrieben hat. Während andere nur aus Büchern oder alten Fotografien lernen, hat er diese Hunde noch selbst erlebt – ihre Arbeitsweise, ihren Charakter und die Entwicklungslinien aus erster Hand studiert. Seine Fähigkeit, Vergangenheit und Gegenwart zu verbinden, hat mir nicht nur neue Perspektiven eröffnet, sondern auch mein eigenes Verständnis für die Werte dieser Rasse vertieft. Vor allem aber hat mich sein Leitsatz geprägt: „Respekt ist zeitlos." Diesen Respekt werde ich ihm gegenüber stets aufrichtig bewahren. Danke Eric! Danke an Markus Luft fürs Lesen.

Mein Dank gilt auch Peter Engel vom Zwinger von Löwenfels, der mir mit seinen detaillierten Schilderungen über Belgische Züchter, Hundesportler und legendäre Hunde eine weitere wertvolle Perspektive auf die Geschichte dieser Rasse ermöglicht hat. Durch seine Erzählungen konnte ich viele Zusammenhänge besser einordnen. Er hat zahlreiche Hunde, die heute als Legenden gelten, noch persönlich erlebt und ihr Wesen aus erster Hand studiert. Seine lebhaften Anekdoten und Erinnerungen haben mich dazu angeregt, historische Entwicklungen aus neuen Blickwinkeln zu betrachten und die Bedeutung einzelner Linien noch tiefer zu verstehen. Danke, Peter!

Mein tiefster Dank gilt meiner Frau Petra, die mich seit über 40 Jahren auf meinem Weg mit Hunden begleitet. Ohne deine unermüdliche Unterstützung wäre all das nicht möglich gewesen. Du hast mich stets ermutigt und mir den Rücken freigehalten – ohne dich hätte es dieses Projekt nie gegeben. Dein Verständnis und deine Geduld bedeuten mir mehr, als Worte es je ausdrücken könnten.

Schliesslich danke ich von Herzen Pascale Vanbutsele, die mir das Vertrauen geschenkt hat, die Worte ihres Vaters in eine neue Sprache zu übertragen. Mit dieser Übersetzung hoffe ich, die immense Arbeit und Leidenschaft, die Jean-Marie Vanbutsele in dieses Buch gesteckt hat, einem breiteren Publikum zugänglich zu machen und sein Vermächtnis zu bewahren. Pascale, danke für diese einmalige Möglichkeit – es war mir eine grosse Ehre!

Tanino Chiavaro
Bad Ragaz, 3. Februar 2025

Inhaltsverzeichnis

Vorwort
Inhalt:
Einführung:

G'Lady

Ich streichelte immer gerne ihr weiches Fell und bewunderte unentwegt ihre ele-ganten Bewegungen. In ihrem Revier war sie für ihre Wachsamkeit bekannt, gefürchtet von Briefträgern, Feuerwehrleuten und allen Fremden. Sie lehnte nie einen Spaziergang auf den Wiesen ab, immer mit der Nase am Boden, um Maulwürfe, Ratten, Kaninchen, Fasane und anderes nach Belieben zu jagen. Ihre Taten sprühten vor Lebensfreude, und manchmal konnte sie heulen wie eine Wölfin. Um ihr für ihre unermüdliche Treue zudanken, haben wir sie in unserem Garten begraben, ganz in unserer Nähe. Der Charakter, das Verhalten und die angeborene Intelligenz dieses Mädchens, eine Nachkomme von Arbeits- und Schönheitslinien, waren der Grund und die Leidenschaft, die Herkunft und Geschichte unserer treuen-Hütehunde zu erforschen und zu studieren.
Jean-Marie Vanbutsele

G`Lady (ALSH 33186) 24. April 1982 - 20. März 1996

Malinois liegend Bronze von Jean Joire aus Lille

Malinois Bronze von Jean Joire Gold-Medaillie der Ausstellung
In Paris 1909 Die Hündin Rittie gehörte Herr Jean Joire
und Mon Tom gehörte Louis Le Poutre

Mon Tom (913 RSH). Highly prized. Belgian Shepherd Dog with short coat with black overlay and beautiful black mask (superbe cap de Maure), typical head and very beautiful, small ears well carried; by Duc de Bruges out of Miss Bella (LOSH 6473) born on 22 May 1906. This young stud dog of remarkable size, structure and vigour, of an extraordinary intelligence, very rustic, of crossed blood, would be especially suitable to mate with offspring from Tjop; the stud fee is 50 frs. Contact Louis Lepoutre in Wervicq.

Tjop von Herr Frans Huyghebaert

4 Varietäten des belgischen Schäferhund, Zeichung von Herr Ackaert

Welpenfütterung

Guard object Antwerpen 1950

César des Elfes

Einführung

Dieses Buch beleuchtet die faszinierende Geschichte des Belgischen Schäferhundes in all ihren Facetten und bietet eine umfassende sowie objektive Darstellung. In thematisch gegliederten Kapiteln – statt streng chronologisch – erfahren Leser mehr über die Entwicklung der Rasse, ihre herausragenden Leistungen und ihren geschätzten Charakter. Die reichhaltige Bebilderung, darunter viele bisher unveröffentlichte Fotografien, ergänzt die spannende Aufbereitung dieser Historie.

Besonderes Augenmerk wird auf die Rolle des Belgischen Schäferhundes als Arbeits- und Gebrauchshund gelegt. Disziplinen wie Ring-, Feld- und Fährtenprüfungen zeigen eindrucksvoll die Vielseitigkeit und das hohe Leistungsniveau der Rasse, insbesondere des Malinois, der seit den frühen 1900er Jahren unermüdlich beeindruckt.

Dieses Werk würdigt die bedeutende Rolle dieser Hunde – von ihrer Arbeit im privaten Umfeld bis hin zu ihrem Einsatz bei Polizei und Militär. Es ist eine Hommage an alle Hunde, deren Leistungen oft im Verborgenen bleiben, die jedoch die Grundlage für die Grösse dieser Rasse gelegt haben.

Mit einer Fülle an historischen Dokumenten und lebendigen Erzählungen soll dieses Buch eine wertvolle Informationsquelle für heutige und künftige Generationen sein. Züchter, Trainer, Richter und Liebhaber des Belgischen Schäferhundes werden hier Inspiration und Antworten auf ihre Fragen finden.

Jean-Marie Vanbutsele

KAPITEL 1

Erste Periode von 1891 bis 1905

Vom Kontinentalen Schäferhund zum Belgischen Schäferhund

Im Jahr 1880, anlässlich des 50 Jahrestages der Unabhängigkeit Belgiens organisierten einige Persönlichkeiten unter dem Namen Société Saint Hubert, dem Schutzpatron der Jäger, die erste internationale Ausstellung aller Rassen im Parc du Cinquantenaire in Brüssel am 21.- 25. Juli 1880. Es wurden 976 Hunde angemeldet, die sich der Beurteilung von fünf Richtern unterzogen, wobei die Mehrheit jedoch Jagdhunde waren.

Der Erfolg der Ausstellung von 1880 veranlasste eine Reihe von Liebhabern, fast alle Jäger mit Vorstehhunden, sich endgültig zusammenzuschliessen und am 18. Februar 1882 die Société de Saint-Hubert zu gründen. Bereits im ersten Jahr legten die damaligen Pionere das Livre des Origines Saint-Hubert (LOSH) an, dessen erste Broschüre 1883 erschien und 172 Hundeeintragungen sowie weitere interessante Informationen über die ersten Aktivitäten der belgischen Kynologie enthielt.

Ab 1882 fanden auf den Ausstellungen der Société Royale Saint-Hubert jährlich spezielle Klassen für Hirtenhunde kontinentaler Rassen statt. In diesen Wettbewerben wurden belgische Schäferhunde mit anderen kontinentalen Hirtenhunden verglichen. Doch trotz dieser Bemühungen blieb die Definition der belgischen Hirtenhunde unklar. Am 15. Dezember 1889 schrieb die Zeitschrift Chasse et Pêche: „In Belgien gibt es Hirtenhunde aller Haararten und Gänsehüter. Doch kein Verein!

Hier sind Louis Vander Snickts Erinnerungen an Marquis, einen Hund, der seit 1889 bekannt ist:

„Marquis stammt von den Herren Georges, Vater und Sohn, Zollagenten, in Boulevard Baudouin, Brüssel. Diese Herren sind also die Züchter und müssen folglich auch die Mutter haben. Die Mutter war schwarz und trug ihren ganzen Schwanz. Sie wurde zur Bewachung von Lastwagen eingesetzt und war sehr geschätzt. Marquis' Vater, Duc, war ebenfalls ein schwarzer Hund, allerdings mit kupierter Rute. Er war ein Hirtenhund und diente Herrn De Mulder, einem Metzger in Antwerpen. Marquis wurde schlecht gehalten und vor seiner vollständigen Entwicklung an die Kette gelegt. Er war zu schwach in der Lende, hatte keine Brust und kein regelmässiges Standvermögen. Er lieferte aber ausgezeichnete Nachzuchten, die mit den Hündinnen, die ihm vorgestellt wurden, homogen waren."

Marquis, von Herr Antoine Horts, aus Hulpe Zeichnung von Louis Vander Snickt

Louis Vander Snickt wurde 1837 in Grammont geboren und wuchs zwischen grossen und kleinen Tieren auf dem Bauernhof auf. Als ältestes Kind übernahm er die Leitung des väterlichen Hauses und setzte die Aufzucht von Gross- und Kleinvieh fort. Sobald er sich vertreten lassen konnte, liess er sich dazu verleiten, die Leitung des Zoologischen Gartens in Gent und später des Zoologischen Gartens in Düsseldorf zu übernehmen. Nach seiner Rückkehr nach Brüssel trat er 1883 als Teilhaber in die Zeitschrift Chasse et Peche ein, deren Chefredakteur er wurde. Seine sehr zahlreichen, wunderbar illustrierten Artikel sind sehr informativ und angenehm zu lesen. „Mehrere Bände", schrieb Louis Huyghebaert später, „würden nicht ausreichen, um die Dienste aufzuzählen, die dieser unermüdliche und stets wache Geist der Viehzucht geleistet hat."Louis Vander Snickt starb am 20. Oktober 1911 in Brüssel. Er war ein überaus aktiver Kynologe, Geflügel- und Fischzüchter. Seine Spezialität war die Gründung von Spezialclubs, deren Ziel es war, nationale Rassen wieder aufzubauen oder zu verbessern. Zu den Hunderassen zählten neben dem Brüsseler Griffon auch der Schipperke, der Papillon sowie unsere bewundernswerten Arbeitsrassen: der Hirtenhund und der Mâtin de trait (Zugmastiffs). Auch wenn Vander Snickt nicht mehr lebt, bleibt sein Werk bestehen.

Der Club du Chien de Berger Belge und der erste Standard

Gegen Ende des Jahres 1891 versammelte sich eine grosse Anzahl leidenschaftlicher und passionierter Hundebesitzer und Züchter in Brüssel, um nach Mitteln und Wegen zu suchen, die glänzenden physischen und psychischen Qualitäten des Belgischen Schäferhundes besser bekannt und geschätzt zu machen. Bei dieser Gelegenheit und auf Drängen von Prosper Beernaert wurde am 29. September 1891 der Club du Chien de Berger Belge (Club des Belgischen Schäferhundes) gegründet. Der neue Verein verlor keine Zeit. Er erkannte, dass seine erste Pflicht darin bestand, den Reinheitsgrad des Hütehundes gründlich zu untersuchen, und organisierte eine erste Versammlung von Hütehunden. Es herrschte ein Wetter, bei dem man keinen Hund vor die Tür setzen konnte, und der Fotograf konnte seine Arbeit nicht verrichten. Trotz dieses Missgeschicks kamen am Sonntag, dem 15. November 1891,

117 Hunde aus dem Grossraum Brüssel und der Provinz Brabant in die Tier-arztschule in Cureghem.

Ab 9:30 Uhr trafen die Hunde in Scharen ein. Sie wurden von den Schülern der Schule unter der Leitung von Professor Adolphe Reul, Prosper Beernaert und Louis Vander Snickt betreut.

Zusammenfassend lässt sich sagen, dass die Merkmale des Haars zwar schwer zu definieren waren, die der Farbe jedoch noch viel mehr. Bei dieser Prüfung am 15. November 1891 wurde nur eine Gruppe schwarzer Hunde mit langem Haar hervorgehoben, darunter der Hund Marquis.

Einige Monate später, auf der Generalversammlung vom 3. April 1892 und auf der Grundlage der von Professor Adolphe Reul erstellten Vergle-ichsstudie, legte der Club du Chien de Berger Belge den Rassestandard fest, indem er die Rasse in drei Varietäten unterteilte, ohne die Farbe des Fells zu berücksichtigen:

- das Langhaar
- das Kurzhaar
- das harte Fell

Dieser erste Standard wurde in der Zeitschrift Chasse et Pêche vom 24. April 1892 veröffentlicht. Adolphe Reul wurde am 7. Juni 1849 in Braives geboren und starb am 10. Januar 1907 in Brüssel. Er wurde 1866 an der Tierärztlichen Hochschule aufgenommen.

Im Jahr 1873 wurde er dort zum Repetitor, 1883 zum ausserordentlichen Professor und 1889 zum ordentlichen Professor ernannt. Er übernahm den Sanitätsdienst bei den Hundeausstellungen der Société Royale Saint-Hubert. Ende 1894 veröffentlichte er unter dem Titel Les Races de Chiens ein um-fangreiches Buch von 400 Seiten, das alles enthält, was sich auf die Geschichte der Hunde der damals bekannten Rassen bezieht. Neben zahlr-eichen Artikeln in Chasse et Pêche und in den Annales de Médecine Vétéri-naire veröffentlichte er 69 Studien von unterschiedlicher Bedeutung.

Professor Adolphe Reul war einer derjenigen, deren Wissenschaft und Aktivität sich in den Dienst des belgischen Tierbestands – Hunde, Pferde und Rinder – stellten. Er trug dazu bei, das Wissen über diese Tiere zu verbreiten, ihre Verbesserung voranzutreiben und ihre Verdienste hervorzuheben.

Er war einer der ersten, der die belgischen Varietäten aus der Sackgasse holte, in der sie dahinvegetierten, und den Weg wies, den man einschlagen musste, um sie zu vervollkommnen und ihnen den gebührenden Platz einzuräumen.

Mit seinen zootechnischen Kenntnissen leistete er wertvolle Unterstützung bei der Ausarbeitung des ersten Standards für den Belgischen Schäferhund. Als Richter trug er fast zehn Jahre lang dazu bei, die Typen festzulegen, da er den rustikalen, tapferen und intelligenten Hirtenhund wirklich liebte. Neben unserem Hütehund kümmerte er sich auch um den Zug-Hund. Der Professor widmete sich allen Nutztierrassen. Im Jahr 1899 verfasste er als erster eine Broschüre über Zug-Hunde und Hundegespanne, die sogenannten Mâtin de trait (Zugmastiffs).

Die erste Ausstellung im Mai 1892

Die erste Spezialausstellung für Schäferhunde fand am 1. und 2. Mai 1892 in den weitläufigen Räumlichkeiten des Schlachthofs von Cureghem in Brüssel statt. Die Jury bestand aus den Herren Charles, Reul und Vander Snickt. Der Bericht über diese Ausstellung enthält ausser der Liste der Auszeichnungen leider keine Einzelheiten über die vorgestellten Hunde.

Nicolas Rose (1851–1924)

Baptiste Jansen (1859–1927)

Die erste Ausstellung umfasste 28 langhaarige Rüden und 12 Hündinnen, davon waren 5 bzw. 2 schwarzhaarig. Die Farbe Schwarz war also anfangs in der grossen Minderheit. Bei den Hündinnen ging der erste Preis an Petite, eine dreijährige schwarze Hündin, die Nicolas Rose aus Groenendael gehörte. Die von Picard d'Uccle eingegangenen Verbindungen mit verschiedenen Hündinnen, die Nicolas Rose besass – Petite, Nette und Moll – sollten die Grundlage für die Vielfalt der Groenendaels bilden. Die Rauhaarigen waren sowohl quantitativ als auch qualitativ sehr schlecht vertreten. Bei den männlichen Tieren, von denen es 14 gab, wurde der erste Preis nicht vergeben, ebenso wenig wie bei den weiblichen Tieren, von denen nur 5 erschienen waren. Genau wie bei den Kurzhaarigen und Langhaarigen gab es auch hier die unterschiedlichsten Farben zu sehen.

Die Ehre der rauhaarigen Schäferhunde wurde durch ein Paar gelber (blonder) Hunde gerettet, die demselben Besitzer, dem Schäfer Jansen aus Laeken, gehörten. Einer dieser Hunde war Vos, auch Vos I oder Vos de Laeken genannt, der nur eine ehrenvolle Erwähnung in der Rauhaarklasse erhielt, und eine junge, achteinhalb Monate alte Hündin namens Poets. Letztere stammte aus einer Paarung von Vos mit Moor.

Den beiden Vereinen zusammen kommt die Ehre zu, während der Ausstellung die ersten „Schafprüfungen" für Hütehunde auf dem Kontinent organisiert zu haben. Die Ergebnisse dieser Prüfungen sind wie folgt:

*   Milord, 4 Jahre, schwarz und grau gestromt mit langem Fell, von Herrn Van Bogget, Chaussée d'Alsemberg 327, Uccle.
*   Menneke, ein kleiner, schwarzer, bronzefarbener, kurzhaariger Hund, nicht viel stärker als ein Schipperke, von Charles De Mulder, rue du Moulin 21, Forest.
*   Vos, ein alter, schöner, blassgelber Hund, von Adrien Jansen (der Vater), Fransmanstrasse 186, Laeken.
*   Poets, kurzhaarig, rot, schwanzlos, von J. Desmedt, Bouchout, Antwerpen.

- Paul, ein schwarzer, kurzhaariger Hund, sehr lebhaft, von Charles De Mulder, rue du Moulin 21, Forest.
- Basoef, ein alter, gestromter Hund mit kurzem Fell, ohne Schwanz, von J.B. Jansen (der Sohn), Fransmanstrasse 186, Laeken.

Auf der Suche nach Homogenität

Hier sind die Kommentare des Richters Maurice Charles zu den bekanntesten Hunden, die auf der siebten internationalen Winterausstellung ausgestellt wurden, die am 20., 21. und 22. Januar 1894 vom Schipperkes Club und dem Club du Griffon Bruxellois veranstaltet wurde:

- Samlo: Kopf und Körper sind gut, ebenso das Fell. Der Schwanz wird stark getragen. Die Gliedmassen sind ein wenig gebrechlich.

- Poets: Sie ist die beste bekannte rauhaarige Hündin und sollte unverzüglich gezüchtet werden. Wenn sie mit einem Hund verpaart wird, der die gleichen Merkmale aufweist, würde man völlig überlegene Hunde erhalten. Diese Hündin ist sehr gut gebaut, ihr Kopf ist makellos, das Haar könnte jedoch noch etwas mehr zerzaust sein.

- Picard d'Uccle: Sehr guter Hund, gutes Ensemble, ausdrucksvoller Kopf. Das Ohr wird sehr gut getragen.
  Anmerkung: Ein täglicher Bürstenstrich, bitte.

- Marquis: Zu kurzes Haar, wenig Ausdruck, völlig defekte Ohren. Die Ohren werden weit auseinander getragen.

- Petite: Sie ist in schlechtem Zustand. Der Kopf ist gut, aber sie hat sich sehr schlecht präsentiert. Sie wirkt ein wenig wackelig, die Linie ist fehlerhaft.

Samlo, ein kurzhaariger Belgischer Schäferhund von Herrn
P. Beernaert aus Brüssel. Zeichnung von Alexandre Clarys, 1897

Poets, rauhaarige Hündin in falb Farben von J.-B. Jansen.
Zeichnung von Verschraegen, 1899.

Picard d'Uccle und Duc de Groenendael. Zeichnung von Herrn Alexandre Clarys.

Sonderausstellung des Clubs (18. November 1894)

Auf der vom Club am 18. November 1894 in der staatlichen Schule für Veterinärmedizin veranstalteten Sonderausstellung waren 94 Exemplare der Schäferhunderasse des Landes zu sehen. Anhand der Anzahl und Qualität der ausgestellten Hunde konnte man einen echten Fortschritt bei der Verbesserung der Rasse des Belgischen Schäferhundes feststellen. Bewertungen der langhaarigen Belgischen Schäferhunde

Appiomps (Die Stellung der Gliedmassen) zeigen die Richtung der Gliedmassen des Hundes oder eines anderen Vierbeiners im Verhältnis zum Boden an. Sie werden als Abflachungen bezeichnet, weil sie durch die Betrachtung des Hundes von vorne, im Profil und von hinten entlang zweier imaginärer Linien, die „lotrecht" zum Boden verlaufen, beurteilt werden.

„Der erste Preis geht an Duc de Groenendael von Herrn Rose. Er erschien zum ersten Mal im Ring und unter so günstigen Bedingungen, dass seine Überlegenheit gegenüber seinen Konkurrenten auf den ersten Blick offensichtlich war. Eine eingehende Untersuchung bestätigte diesen Eindruck voll."

Dieser Hund wird wie folgt beschrieben:

„Ganz schwarz, mit zwei hoch angesetzten und sehr korrekt getragenen Ohren, sehr langem Fell. Die Rute hängt herab und ist mit einem prächtigen Panaschier belegt. Regelmässige Standfestigkeit, stolzer Gang. Dieser Hund ist ein nahezu perfektes Ganzes. Man könnte ihn sich ein wenig kräftiger wünschen. Ausserdem fallen seine weissen Pfoten mit den schwärzlichen Flecken etwas aus dem Rahmen. Das Fell scheint an einem bestimmten Teil des Körpers eine leichte Tendenz zur Wellung aufzuweisen.

Kritik aus der Fachpresse. Ein Amateur, der mit der Materie vertraut war, schrieb seine Meinung an Chasse et Pêche, die sie in ihrer Ausgabe vom 13. Juni 1897 veröffentlichte. Die wichtigsten Punkte:

„Seit dem Weggang von Herrn Adolphe Reul muss man im Interesse des Clubs gestehen, dass es ihm an Orientierung zu fehlen scheint. Als Arbeiter der ersten Stunde hatte der gelehrte Professor der Tierärztlichen Hochschule seine Hingabe, seine Erfahrung und seine umfangreichen Kenntnisse in der Tierzucht in den neu gegründeten Club eingebracht. Ihm verdanken wir die charakteristischen Punkte der Rasse des Belgischen Schäferhundes; die klar abgegrenzten Charaktere der drei Varietäten, die in seinem leuchtenden kleinen Werk Les chiens de berger so gut beschrieben werden. Ich empfehle zukünftigen Richtern, es zu lesen, zu verstehen und zu meditieren."

Einführung der schwarzen Langhaarigen

Anfang 1898 beschloss der Club du Chien de Berger Belge, bei den nächsten Ausstellungen eine neue Klasse einzuführen, die ausschliesslich den schwarzen, langhaarigen Belgischen Schäferhunden vorbehalten war. Diese Varietät, die sich durch Inzucht mit einer grossen Fixierung in den Merkmalen vermehrt, wurde von nun an vom Club als Typ des langhaarigen Belgischen Schäferhundes geschützt. Diese Entscheidung sowie die Lösung der Frage nach dem Vorhandensein oder Fehlen einer Rute bei Schäferhunden stellten einen bedeutenden Schritt in Richtung Homogenität des Typs dar.

Professor Adolphe Reul als Einzelrichter

Adolphe Reul (1849–1907)

„Viele Köche verderben den Brei." Der Club verstand diese Wahrheit so gut, dass er gleich zu Beginn des Jahres, in der Sitzung vom 23. Januar 1898, dem Professor das Amt des Einzelrichters für die beiden Jahre 1898 und 1899 übertrug. Dieser hatte das Glück, das heikle Amt des Richters anzunehmen. Seine hohe Kompetenz, seine vollkommene Integrität und seine charmante Freundlichkeit hatten ihm schnell die Achtung und das Vertrauen der Züchter eingebracht. Später bat ihn der Vorstand des Clubs, seine Dienste als Richter auch im Jahr 1900 fortzusetzen. Die Wahl des engagierten Professors Reul war eine glückliche und ausgezeichnete Massnahme, um die Typen richtig festzulegen. Auf der 10. internationalen Hundeausstellung, die vom Schipperkes Club und dem Club du Griffon Bruxellois im März 1898 in Brüssel veranstaltet wurde, erhielt der kurzhaarige Hund Tomy von H. Segers aus Brüssel den ersten Preis. Hier die Worte des Richters, Professor Adolphe Reul:

„Tomy ist ein wunderschöner, falbfarbener (Falb ist eine Farbbezeichnung und beschreibt bei Hunden und in der Hundezucht eine besondere Fellfarbe) bzw. Farbe als Bestandteil einer Farbkombination des Haarkleides. Es handelt sich bei Falb um eine Farbkategorie, die von einem blassen Gelbton (fahlgelb) bis hin zu hellgraubraunen Farbnuancen tendieren kann. Falb wird auch mitunter als Blond, Sand oder Hellbeige bezeichnet) Rüde mit einer russigen Schnauze und leichter Charbonage an den Ohren. Er hat einen tollen Kopf, feine, spitze, aufrechte Ohren und gute, vor Intelligenz sprühende Augen. Er war der Beste des Feldes und erhielt den ersten Preis."

Tomys Vater war kein anderer als Samlo, von der Farbe fahlgelb bringée (gestromt), im Besitz von Prosper Beernaert. (Picard wurde Rose von einem Mann namens Prosper Beernaert aus Uccle geschenkt.) Der Vater von Samlo ist uns nicht bekannt. Tomys Mutter, Diane, war eine sehr schöne Hündin – äusserst typisch und von ausgezeichnetem Charakter..

Stammbaum von Tomy (FSCB 138)

Tomy (FSCB 138) ♂ falbfarben, schwarzer Überflug BEL 1896, Malinois COI 0,00 % *	Samlo (Prosper Beernaert) ♂ gestromt 1892, Malinois	
	Diane (E Joubert) ♀ grau BEL, Malinois	Vos I (Vos de Laeken) ♂ falbfarben 1885, Laekenois
		Lieske (Lise de Laeken) ♀ gestromt BEL, Malinois

Tomy ist ein Beispiel dafür, wie wichtig die vom belgischen Kennel Club LOB registrierten Hunde in den ersten Jahren der Rassegründung waren.

Zeichnung aus dem Buch „Les Races de Chien" von A. Reul das er 1894 geschrieben hat.

Hier die Beschreibung, die ihr Besitzer M. Joubert an Louis Huyghebaert mitteilte:

„Grau gestromt, blasse cremefarbene Grundfarbe, schwarze Maske, ebenso wie die Ohren, die klein und spitz waren; das Fell war etwas steif. Ihre Haartextur war daher zwischen Rauhhaar und Kurzhaar angesiedelt Als Tochter von Vos I und Lieske de Laeken wurde sie von J.B. Jansen gezüchtet Da er wusste, dass dieser sich wenig um die Fellbeschaffenheit seiner Hunde kümmerte, paarte er untereinander Langhaar, Kurzhaar und Rauhaar Sein Motto lautete:

„Ein guter Hund kann kein schlechtes Fell tragen. Manchmal fand man bei ihm in der gleichen Wurfkiste eine Mischung aus Hunden mit hartem, halblangem und kurzem Fell. Es war zu dieser Zeit nicht ungewöhnlich, in den rauhaarigen Würfen zweifarbige Tiere zu sehen, die einen fahlgelb, die anderen aschgrau".

Und Professor Adolphe Reul fuhr in Bezug auf die langen Haare fort:

„Der engagierte Chefredakteur von Chasse et Pêche, Herr Louis Van der Snickt, hatte eine glückliche Eingebung, als er die Verdoppelung der Klassen und ihre Aufteilung in zwei Abteilungen befürwortete:

- Die der Hirten mit langem, zain-schwarzem oder schwarzem Fell, das mit etwas Weiss aufgepeppt ist, und die die klar abgegrenzte, sogenannte Groenendael-Familie bilden.

- Die der langhaarigen Schäferhunde des belgischen Typs, aber in Farben.

Insgesamt war die von Herrn Vander Snickt empfohlene Innovation sehr glücklich und der Versuch gelang über alle Erwartungen hinaus. Die Gruppe der schwarzen Hunde aus Groenendael sorgte für einen theatralischen Effekt auf den Ausstellung. Hunde und Hündinnen fielen den Zuschauern durch ihre Familienähnlichkeit und ihren Stempel der Uniformität auf. Wir fügen eine persönliche Beobachtung hinzu:

Alle diese Hunde sind daran zu erkennen, dass sie ihr Ohr ein wenig ausserhalb der Senkrechten halten. Ehre für den Urheber dieser schönen Vielfalt von Schäferhunden, für ihren Pflegevater, Nicolas Rose. Sein Name wird in die Geschichte eingehen. Hier ist die Beschreibung von Sam, der im niederländischen Zuchtbuch unter der Nummer 1488 eingetragen wurde, weil sein Fell nicht ganz schwarz war:

> „Der erste Platz geht zu Recht an Sam, einen jungen schwarzen Hund, kaum 11 bis 12 Monate alt. Sein Fell und Zustand sind hervorragend, er ist gross, breit, mit perfekt regelmässigen Beinen, einem leichten Gang und einer eleganten Bewegung. Dazu kommt ein guter Kopf, der noch ein wenig matt wirkt und dessen Züge angesichts des jungen Alters des Tieres nicht ausreichend betont sind, aber mit einer ausgezeichneten Ohrhaltung. Knochen, Muskeln und die Pfoten einer Katze – alles, was man mit einem Wort braucht, um einen bemerenswerten Zuchtrüden zu machen.

> „Wir haben grosses Vertrauen in die Zukunft dieses jungen Hundes. Wenn es einen Kritikpunkt an Sam gibt, dann ist es dieser: Sein Fell ist an einigen Stellen nicht schwarz genug, insbesondere am Gesäss, wo es mit Braun und Hellgrau gemischt ist. Auch die Unterwolle (die Füllung) ist zu blass, fast weiss. Im Nachhinein suchte man nach Sams Herkunft. In dieser Hinsicht erfuhren wir Folgendes: Dr. Byl aus Zaventem besitzt eine schwarze Hündin aus Groenendael, die Cartouche aus Pitt von Marah stammt. Pitt aus Lise von Picard, Marah aus Moll von Picard. Sams Mutter ist also ein Inzuchtprodukt von Groenendael; sie wurde mit Tom, einem grauen gestromten belgischen Schäferhund, von Herrn Hettema aus Brüssel gekreuzt, der 1896 den dritten Preis gewann.

Stammbaum von Sam (NHSB 1488) (F Martens)

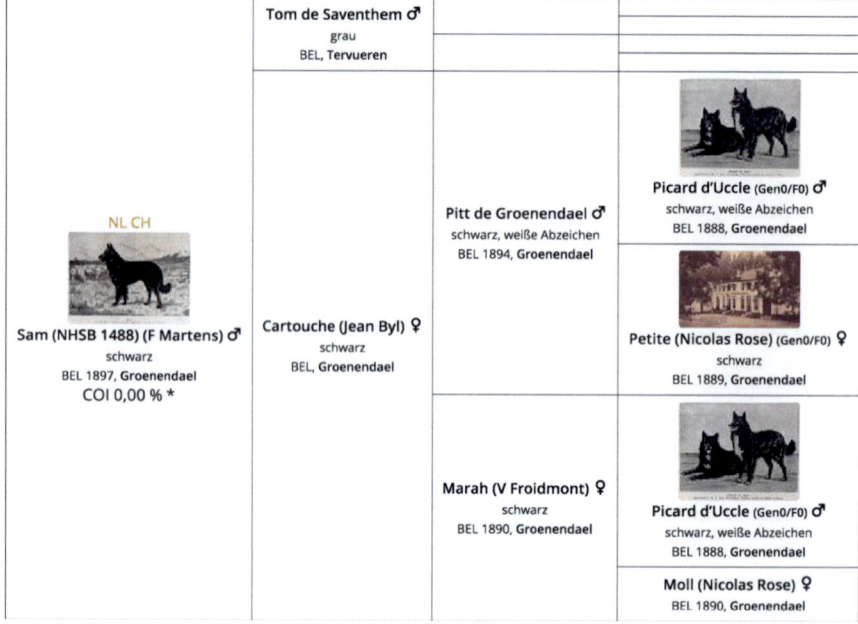

	Tom de Saventhem ♂ grau BEL, Tervueren		
NL CH Sam (NHSB 1488) (F Martens) ♂ schwarz BEL 1897, Groenendael COI 0,00 % *	Cartouche (Jean Byl) ♀ schwarz BEL, Groenendael	Pitt de Groenendael ♂ schwarz, weiße Abzeichen BEL 1894, Groenendael	Picard d'Uccle (Gen0/F0) ♂ schwarz, weiße Abzeichen BEL 1888, Groenendael
			Petite (Nicolas Rose) (Gen0/F0) ♀ schwarz BEL 1889, Groenendael
		Marah (V Froidmont) ♀ schwarz BEL 1890, Groenendael	Picard d'Uccle (Gen0/F0) ♂ schwarz, weiße Abzeichen BEL 1888, Groenendael
			Moll (Nicolas Rose) ♀ BEL 1890, Groenendael

https://belgianshepherd.breedarchive.com/animal/print_pedigree/sam-nhsb-1488

„Belgische Schäferhunde aller Farben, so sehr es uns Freude bereitet hat, die Hunde der vorherigen Klassen zu beurteilen, so sehr ruft der Anblick dieser Hunde bei uns Abscheu hervor", schreibt Professor Reul über lange Haare, die nicht schwarz sind Milsart mit seiner Farbe "fahlgelb charbonné" erhielt einen ersten Platz.

Les origines du poil long noir

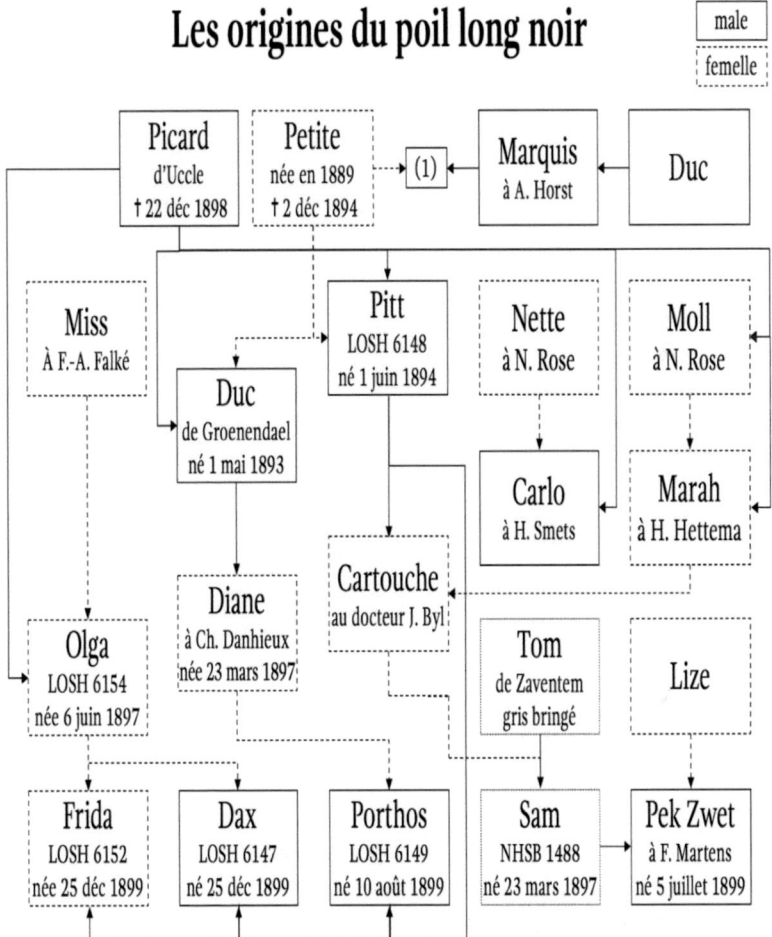

(1) Nichée de Petite en 1891 avant de devenir la propriété de Nicolas Rose

Sechzehnte Internationale Hundeausstellung, veranstaltet von der Société Royale Saint-Hubert am 28.29. und 30. Mai 1898 in Brüssel

Professor Reul teilt uns seine Eindrücke von den Klassen belgischer Schäferhunde mit, die er nach den vom Club anerkannten konventionellen Punkten zu beurteilen hatte:

Tomy, Kurzhaar, Besitzer H. Sege

Kurzes Haar:

„Bei den Rüden geht der erste Preis leicht an Tomy, dem wir auf der Ausstellung vom 12. März den ersten Preis und zwei Ehrenpreise verliehen hatten. Bis heute hält Tomy die alleinigen Merkmale als das vollendetste Exemplar des kurzhaarigen belgischen Schäferhundes."

„Bei den Hündinnen geht der erste Preis an Nelly, mit ihrem kastanienbraunen Fell, eine sehr gute Hündin von etwa 18 Monaten, die als Zuchtpartnerin von Tomy gekauft wurde."

Nelly, Kurzhaar von G. Vervier, Zeichnung von Géo Bernier, 1899

Hartes Haar:

„Basoef ist die erste und einzige Anmeldung in dieser Klasse. Er hat seit der letzten Ausstellung, bei der wir ihn auf den dritten Platz gesetzt hatten, viel mehr Fell bekommen. Sein Haar ist härter als damals, und seine Rute ist weniger behaart. Basoef ist ein toller Hund, das wahre Vorbild für Rauhaar."

Mira mit ihrem Sohn Basoef, Besitzer M. Adolphe Claessens

<u>Langhaarig, Groenendael:</u>

„Das Beste ist immer noch unbestreitbar Sam, der aus den Händen von Herrn Hettema zu Herrn Martens übergegangen ist."

Sam (NHSB 1488) F.Martens Zeichung von A.Clarys 1899

<u>Langhaarig, andere als schwarz:</u>

„Tom, ein vier bis fünf Jahre alter, sehr umgänglicher, kräftiger und gut gebauter gestromter Hund, wird auf den ersten Platz gesetzt. Ein weiterer Tom, falbfarben, unbekannter Herkunft, verdient den zweiten Preis."

Les origines du poil dur

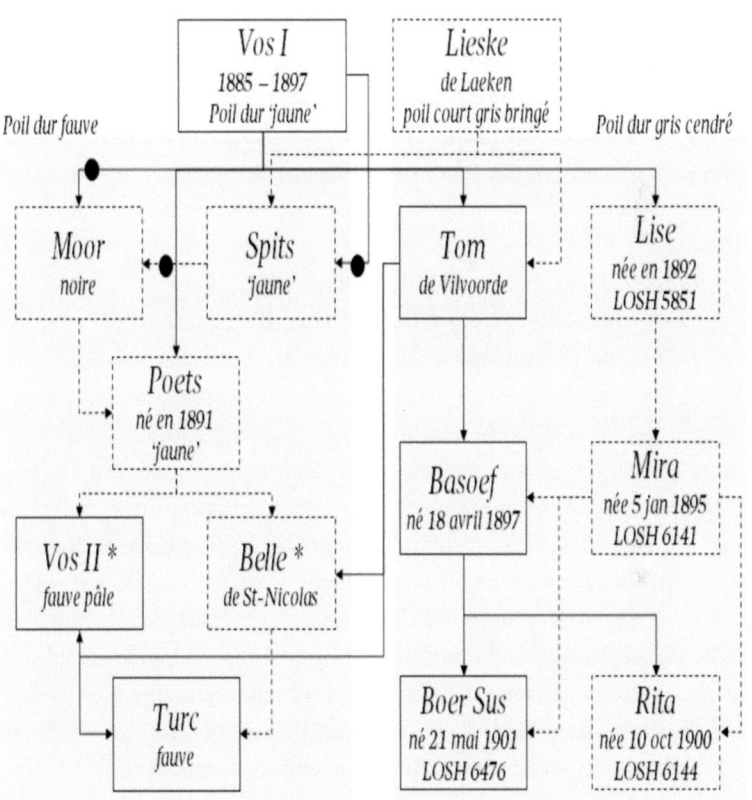

Poil dur fauve

Vos I
1885 – 1897
Poil dur 'jaune'

Lieske
de Laeken
poil court gris bringé

Poil dur gris cendré

Moor
noire

Spits
'jaune'

Tom
de Vilvoorde

Lise
née en 1892
LOSH 5851

Poets
né en 1891
'jaune'

Basoef
né 18 avril 1897

Mira
née 5 jan 1895
LOSH 6141

Vos II *
fauve pâle

Belle *
de St-Nicolas

Turc
fauve

Boer Sus
né 21 mai 1901
LOSH 6476

Rita
née 10 oct 1900
LOSH 6144

● porteur du gène récessif noir   * Frère et sœur de la même nichée

Zuweisung der Farbe für jeden der drei Haartypen

Bei einem der Treffen des Clubs für Belgische Schäferhunde im Juli 1898 wurde ein Brief des Generalsekretärs der Société Royale Saint-Hubert, Herrn Victor Dupré, verlesen. Darin wurde angeregt, belgische Schäferhunde in drei Haararten mit festgelegter Textur und Farbe in drei Typen zu klassifizieren. Dieser Brief warf einige Fragen zu den empfohlenen Farben auf. Es wurde kurzbündig geantwortet, dass die Frage nicht ausreichend untersucht worden sei. Was jedoch die Frage betraf, ob jeder der drei Kategorien eine charakteristische Farbe nach Haarlänge und Struktur zugewiesen werden sollte, antworteten die 20 bis 25 anwesenden Mitglieder einstimmig mit Ja, als der Vorsitzende diese Frage zur Abstimmung stellte. Zu dieser Zeit beschloss der Club, jeder der drei Fellvarianten eine bestimmte Farbe zuzuordnen, nämlich:

- Ganz schwarz, zain, für Langhaar.
- Dunkles Aschgrau mit Charbonnage, für hartes Fell .
- Fauve mit Charbonnage, für kurzes Haar schwarze Maske.

Die Reaktionen liessen nicht lange auf sich warten, und ein Kern von Liebhabern erhob sich gegen diese Entscheidung und gründete am 18. Juli 1898 einen Splitterverein unter dem kaum veränderten Namen Berger Belge Club. Dies wurde wie eine Kriegserklärung angesehen.In seinem ursprünglichen Lokal im Roten Haus in Laeken veranstaltete der neue Club Berger Belge Club seine erste Ausstellung, die dem fahlgelben Rauhaar vorbehalten war, daher die Bezeichnung Laekener Hirtenhund für das fahlgelbe Rauhaar. Einundzwanzig Hunde waren anwesend, eine für die damalige Zeit beachtliche Zahl. So tauchten die Mechelner Schäferhunde mit hellbraunem Fell und fast weisser Unterwolle nicht mehr auf Ausstellungen auf. Alle diese einst mit Diplomen und Medaillen überhäuften Typen wurden so gesehen geopfert. In der vom Club ausgesprochenen Exklusivität wurden die Liebhaber aus Mechelen nicht mehr konsultiert.
Es muss hinzugefügt werden, dass zwischen den Brüsseler und den Mechelner Liebhabern eine tiefe Meinungsverschiedenheit über die Richtung bestand, die der Zucht gegeben werden sollte.

In Brüssel gab man nun diesen Typ den Vorzug und kümmerte sich nicht um die Abrichtung und Ausbildung des Hundes. Liebhaber in Mechelen gründeten Ende 1898 einen Club zur Verbesserung des kurzhaarigen Hirtenhundes. Er wurde von Louis Huyghebaert geleitet und stand unter der Schirmherrschaft des in Brüssel ansässigen Club du Chien de Berger Belge, für den er nur ein Unterkomitee bildete.

Der überarbeitete Standard von 1899

Auf der Ausstellung in Mons, die am 10. 11. und Juni 1899 stattfand, muss man die Anwesenheit eines Neulings unter den kurzhaarigen Hunden hervorheben. Es handelte sich um Vos, auch Vos des Polder genannt. Vos ist der erste Kurzhaar Belgische Schäferhunde, der unter der Nummer LOSH 5847 registriert wurde, von Fräulein J. Van Haesendonck (Zwinger des Polders) aus Antwerpen. Er erhält den ersten Preis. Vos ist ein zwei bis dreijähriger, köhlerfarbener (Ein Hund mit rehbrauner Grundfarbe, über die sich ein dezenter schwarzer Schleier (Charbonnage) legt, ergänzt durch eine charakteristische schwarze Maske). Hund, der die Aufmerksamkeit auf sich zieht. Bei den Hündinnen schlägt Nelly, die bekannte, Marte von Herrn G. Delbrasine aus Antwerpen. Marte ist eine gute kleine Hündin, deren Kopf leider zu kurz ist.

Auf der internationalen Hundeausstellung, die von der Société Royale Saint-Hubert am 8. 9. und 10. Juli 1899 in Spa veranstaltet wurde, ging der erste Preis bei den kurzhaarigen Hündinnen an eine Newcomerin, Cora, von Louis Opdebeeck aus Mechelen. Der Richter Adolphe Reul schrieb:

„Das nennt man einen glücklichen Start auf den Brettern, die die Welt bedeuten. Hier sind die zusammengefassten Eindrücke, die wir in unserem Notizbuch notiert haben, als wir die Nummer 113 sahen: ein guter, etwas blasser, gestromter Typ mit einem weisslichen Band, das wie ein Martingal über Brust und Hals verläuft. Ausgezeichneter, wirklich idealer Kopf mit einer etwas gebogenen Nase; gute Bewegungen, gutes Aussehen und, wenn ich mich nicht täusche, viel Gehorsam und Intelligenz."

Der überarbeitete Standard wurde am 24. September 1899 in der Zeitschrift Chasse et Pêche, dem offiziellen Organ des Club du Chien de Berger Belge und der Société Royale Saint-Hubert, veröffentlicht. Von den allgemeinen Charakteren sind die beiden Passagen zu nennen:

Vos, kurzhaar geboren 1897 der erste Belgische Schäferhunde der unter dem LOSH 5847 registriert wurde. Besitzerin Mlle. J. Van Haesendonck aus Antwerpen.

„Exemplare, deren Ohren nicht spitz zulaufen, werden nicht berücksichtigt. Hunde ohne Rute oder mit einem einfachen Stummel, sei es von Natur aus oder durch Kupieren, sowie Hunde, die die Rute trompetenförmig oder spiralförmig tragen, haben keinen Anspruch auf einen Preis bei Ausstellungen."

„Es sei daran erinnert, dass unter den Unterscheidungsmerkmalen die Farben wie folgt definiert sind:

- Für Langhaar: ganz schwarz.
- Für hartes Fell: dunkles aschgrau.
- Für Kurzhaar: falbfarben mit schwarzer Maske und möglichst ausgeprägter Charbonnage.
- Der Begriff ‚Mohrenumhang' wurde durch die zeitgemässe Bezeichnung ‚dunkler Schleier (Charbonnage)' ersetzt, die sowohl neutral als auch fachlich korrekt ist.

Tom Kurzhaar "alter Typ "

Tom, Hündin von Frans Huyghebaert Zeichnung Albert Geudens

Unter den Hunden aus der Umgebung von Mechelen, die auf der ersten Ausstellung in Brüssel prämiert wurden, traf man unter den Kurzhaarigen auch Typen mit einer sehr hellen Farbe an. Tom, unter anderem, eine schwanzlose Hündin von Frans Huyghebaert, hatte eine isabellfarbene Farbe. Sie gewann einen dritten Preis auf der ersten Ausstellung am 1. Mai 1892 und einen zweiten Preis auf der Ausstellung am 15. August 1895. Sie brachte zwei schöne Rüden, Fram und Mab, durch die Verpaarung mit Spits, einem kräftigen Hund von derselben hellen Farbe, hervor. Auch die Söhne Fram und Mab wurden mehrfach prämiert. Tom und Fram waren als Begleithunde ausgebildet worden. Seit mehreren Jahren kümmerten sich die Brüder Huyghebaert um den kurzhaarigen Schäferhund und trainierten ihn.

Louis Huyghebaert schrieb:

„Die Grösse dieses Hundes verhindert, dass er sperrig wird, und sein kurzes Fell erspart Ihnen die Mühe, ständig an seine Fellpflege zu denken. Auf dem Land entfernt er sich nie weiter, als es Ihnen lieb ist, und es gibt keinen sichereren Wächter als ihn. Tom, die von Reul und Vander Snickt bereits vor der Gründung der Dressurvereine in Mechelen bei der Arbeit beobachtet wurde, zeichnete sich durch Schwimmübungen aus. Man hat zwar seitdem Schöneres gemacht,' schrieb Louis Huyghebaert später im Jahr 1914, ‚aber ein Temperament wie das von Tom habe ich nie wieder gesehen."

„Wir waren nach Mechelen zu Herrn Huyghebaert gefahren,' erzählt Louis Vander Snickt, um einen Entwurf für das Programm der künftigen Prüfungen zu erstellen. Ähnlich wie bei den Turnwettbewerben wird es vorgeschriebene Standardprüfungen und fakultative Prüfungen geben, die endlos variieren können."

Nach diesem Besuch hielt Louis Vander Snickt seine Beobachtungen in einem Artikel fest, der am 12. Juni 1898 unter dem Titel "Wachhundeprüfungen" in einer Fachzeitschrift veröffentlicht wurde.

Nachfolgend eine Passage, die von besonderem Interesse ist:

> „Die Prüfungen sind dazu da, die Hunde bekannt zu machen, die für die spezielle Arbeit, die von jeder Rasse im Besonderen verlangt wird, am besten geeignet sind. Die ästhetisch besten Hunde sind in der Regel nicht die besten in der Praxis. Ein bellastisches (schönes) Tier kann manchmal mit einer höheren aktiven Intelligenz ausgestattet sein; in diesem Fall kann es als Zuchttier, als Verbesserer der reinen Rasse, ausgewählt werden. Nach unserer Erfahrung, die wir nicht nur auf die Hunderassen, sondern auf alle unsere Haustiere anwenden, muss die Zucht in zwei verschiedene Richtungen gehen: Auf der einen Seite muss an der körperlichen Entwicklung gearbeitet werden, auf der anderen an der geistigen Entwicklung. Aus dem Zusammentreffen der beiden Extreme muss die Perfektion hervorgehen."

Auf der einen Seite braucht man Ausstellungen; auf der anderen Seite braucht man Leistungs- und Arbeitsprüfungen. Die Verbesserungszucht muss durch eine glückliche Kombination der Bestbegabten in der einen und der anderen Richtung fortgesetzt werden.

Wenn man sich damit begnügt, ausschliesslich Zuchttiere auszuwählen, die zu den rassetypischen Merkmalen den Anschein von Intelligenz und Lebendigkeit vereinen, muss die Rasse auf ewig in einer ehrlichen Mittelmässigkeit verharren.

CHIEN DE BERGER BELGE
à poil court fauve charbonné
dit CHIEN DE MALINES.

Mab, Spits, Fram

28

CHIEN DE BERGER BELGE
à poil court fauve charbonné
dit CHIEN DE MALINES.

Hündin Tom bei der Wasserarbeit

Der erste Versuch, Wachhunde für den nächtlichen Streifendienst einzusetzen, wurde 1899 in Gent auf Vorschlag von Ernest Wesemael, dem leitenden Polizeikommissar dieser Stadt, unternommen. Im März 1899 wurden die ersten drei Polizeihunde probeweise in Dienst gestellt. Bis Ende desselben Jahres stieg die Zahl auf 10, 1902 auf 21 und 1910 auf 30 Hunde.

Die Initiative des Kommissars war so erfolgreich, dass ihn zahlreiche Briefe aus dem Ausland erreichten, in denen er um Informationen über die Ausrüstung, die Ausbildung und die Dressur von Polizeihunden bat. Im Einzelnen erhielt er Korrespondenz aus dem Kanton Zürich, aus Helsinki in Finnland, aus Belgrad in Serbien, aus St. Petersburg in Russland, aus Monaco, aus Mailand in Italien, aus Manchester, York und London in Grossbritannien, aus

New York und Philadelphia in den USA, aus Amsterdam und Breda in den Niederlanden und aus Brasilien.

Dem Beispiel der Stadt Gent für den praktischen Einsatz von Hunden als Hilfspolizisten folgten relativ schnell andere Städte und Gemeinden in Belgien, darunter die Gemeinden Saint-Gilles und Schaerbeek, die Städte Brüssel, Antwerpen und Mons usw. Die Stadt Gent hat sich so in den letzten Jahren zu einem der wichtigsten Zentren für den Einsatz von Hunden bei der Polizei entwickelt. Polizeihundedienste wurden in der Vergangenheit sehr unterschiedlich eingesetzt und vielerorts wieder eingestellt, vor allem weil es schwierig war, geeignetes Personal zu finden. Zunächst einmal braucht man einen Chef, der, wie man so schön sagt, "einen Hund im Leib hat" und seinen Leuten die Grundsätze der Dressur beibringen kann. Aber man muss auch selbst die Liebe zum Tier, die nötige Erziehung, die Entschlossenheit und die Fähigkeit zu klaren und mutigen Entscheidungen besitzen, die einen guten Dresseur und Hundeführer ausmachen. Das ist seltener der Fall, als man denkt.

Die ersten Einträge im Buch im LOSHB

In seiner Sitzung vom 1. April 1900 verabschiedete der Club du Chien de Berger Belge ein Reglement für die Eintragung von Hunden in das Ursprungsbuch des Belgischen Schäferhundes (LOBB). Es wurde am 17. Juni 1900 veröffentlicht. Das aus neun Artikeln bestehende Reglement sah die jährliche Ernennung von drei Mitgliedern vor, die die Einträge prüfen sollten, sowie die Veröffentlichung der Einträge im offiziellen Organ des Clubs Chasse et Pêche. War dies ein Zeichen der Unabhängigkeit von der Société Royale Saint-Hubert? War es eine Antwort auf eine erneute Ablehnung der Eintragung in das Stammbuch der Société Saint-Hubert (LOSH), nachdem nun die Zuweisung einer einzigen Farbe pro Haartyp in Kraft getreten war? Während in der Zeitschrift Chasse et Pêche keine LOBB-Einträge veröffentlicht wurden, wurden die ersten individuellen Einträge einige Monate später im LOSH verzeichnet. In der Ausgabe von 1901 (XIX Livre des Origines) wurden sieben unserer Schäferhunde zum ersten Mal in der Rubrik Belgische Schäferhunde erwähnt. Dies markierte das zehnjährige Bestehen des CCBB.

Cora I, Mutter von Tjop

10. Jahrestages der Gründung des Clubs für Belgische Schäferhunde in Brüssel 1901

Hier die wichtigsten Passagen aus dem Protokoll des Richters, Dr. Pierre Verdoot, an der Ausstellung vom 21. April 1901:

<u>Schwarzes Langhaar:</u>

Novizen Rüden:

In dieser Klasse, die sehr zahlreich war, wurde der erste Preis von Dax gewonnen, der Herrn F. Van Ophem gehörte. Super Hund mit grosser Zukunft, sehr schöner Kopf, das Fell lässt aufgrund des Haarwechsels zu wünschen übrig.

Dax

Offene Klasse Rüden:

*   Der erste Preis geht an Pek-Zwet, von Herrn Martens. Ganz schwarz, ohne Weiss. Ausgezeichnetes Haar, aber zu breiter Schädel und zu ausgeprägter Bruch.

- Der zweite Preis an Porthos, von Herrn Omer Reumon. Tadelloser Kopf, gute Standfestigkeit, aber das Haar ist im Haarwechsel.
- Novizen Hündinnen:

- Der erste Preis geht an Frida, von P. Dumoulin. Sehr guter Kopf, gute Standfestigkeit, aber das Fell ist noch im Haarwechsel.

Offene Klasse Hündinnen:

- Erster Preis: Baronne, sehr gut in Form und ein super schöner Kopf.
- Zweiter Preis: Frida, die bereits den ersten Preis in der Novizenklasse bekam.
- Dritter Preis: Olga, von Herrn G. Drabs. Sie ist eine der wenigen gut behaarten Hündinnen. Leider hat sie einen etwas breiten Schädel.
- Vierter Preis: Diane, von Charles Danhieux. Diese Hündin war nicht in Form und ist absolut zu fein.

Kurzes Haar:

Hier die wichtigsten Passagen aus dem Protokoll des Richters an der Ausstellung:

Novizen Rüden:

- Der erste Preis geht·an Tjop, Besitzer Frans Huyghebaert. Der Kopf ist sehr schön, die Ohren sind gut platziert, der Stand ist regelmässig.

Offene Klasse Rüden:

- Erster Preis: Carlo, von M. Delvaux. Er ist der beste Hund dieser kurzhaarigen Varietät, den wir bis jetzt gesehen haben. Er ist der ideale Typ in Bezug auf Farbe und Körperbau.

- Zweiter Preis: Vos, der Fräulein J. Van Haesendonck gehört. Er ist bereits hinreichend bekannt:
- Dritter Preis: Tjop, der bereits den ersten Preis in der Novizen klasse erhalten hat.

Novizen Hündinnen:

Der erste Preis geht an Lady, von J. Dengler. Sehr gut markiert, aber sie präsentierte sich schlecht und versteckte sich in den Beinen ihres Herrn.

Offene Klasse Hündinnen:

- Erster Preis: Marte, von G. Delbrassine. Immer noch in guter Form.
- Zweiter Preis: Cora I, von Louis Opdebeeck.
- Dritter Preis: Lady, die bereits den ersten Preis in der Novizenklasse erhalten hatte.

In seinem Bericht zählte der Richter nur neun Hunde, die er als gestromt bezeichnete. Einige von ihnen haben hartes Fell. Mehrere weisen zu weit auseinanderstehende oder zu lange Ohren auf.

Rauhaar:

Novizen Rüden:

- Erster Preis: Pitou, von Ad Claessens. Ein junger Hund mit viel
  Zukunft, der dazu bestimmt ist, Basoef zu schlagen,
  sobald er
- seine ganze Entwicklung erreicht hat.
- Zweiter Preis: Duc de Rummen. Er hat ein etwas langes Fell und
  eine zu hoch angesetzte Rute.

Offene Klasse Rüden:

- Erster Preis: Basoef, von Ad Claessens.
- Zweiter Preis: Duc de Rummen, von M. Gadeyne-Renard.

Novizen Hündinnen:

- Erster Preis: Rita, Besitzer Ad Claessens.
- Zweiter Preis: Streep, von H. van Albada de Haan Hettema. Eine
  kleine, gut gebaute Hündin mit gutem Haar, aber sie ist absolut zu
  klein.

Offene Klasse Hündinnen:

- Erster Preis: Mira, von Ad Claessens. Sie ist den Liebhabern hinreichend bekannt.
- Zweiter Preis: Cora II. Das Fell ist etwas lang und nicht dunkel
  genug.

Ausstellung belgischer Schäferhunde am 27. April 1902 in Brüssel

Auf der Jahresausstellung, die am 27. April 1902 vom Club du Chien de Berger Belge veranstaltet wurde, waren alle drei offiziell anerkannten Varietäten vertreten. Die 43 Hunde mit schwarzem Langhaar, die sogenannten Groenendael-Hunde, stellten sicherlich nicht das Kontingent, das man von dieser Varietät erwarten kann, die sozusagen auf dem Höhepunkt der Perfektionierung angekommen ist. Dax, von Herrn Van Ophem, gewann leicht den ersten Preis in der offenen Klasse. Bei den Hündinnen gewann Frida den ersten Preis.

Wir zählten 61 Hunde, die stärkste Klasse, mit einem deutlichen Anstieg im Vergleich zum Vorjahr, fast alle aus Mechelen, das sich als die wahre Wiege der Herkunft erwiesen hat. Das Unterkomitee Mechelen hat wirklich eine grosse Vitalität bewiesen. In der offenen Klasse gewann Tjop den ersten Preis. Der Richter L. Libens beschreibt ihn als "bewundernswert im Ring, seltene Kraft und Eleganz, sollte mehr geköhlert (mehr charbonage wäre wünschenswert) sein".

Bei den Hündinnen gewann Wanna, von F. Huyghebaert, vor Miss Bella, von A. Orban, und Cora II. In der Erhaltungsklasse ging die Prämie an Cora I, die auch den ersten Preis in der Vorzüglichkeitsklasse gewann. Am Ende seines Berichts gibt der Richter folgende allgemeine Bemerkung ab:

"Viele der guten Hunde der untersuchten Klassen zeigen zu stark gemischtes Fell mit rauem Haar".

Die Nachhut bildeten 13 Hunde der aschgrauen rauhaarigen Varietät, deren Vertreter, obwohl sie nicht zahlreich waren, eine deutliche Verbesserung zeigten. In der Novizenklasse erschien Boer Sus, Sohn von Basoef. Der Richter H. Hettema beschrieb ihn wie folgt:

„Es ist ein Hund von wirklich bemerkenswerter Struktur, stark und gross, ausdrucksvoll, ausgezeichneter Typ, gutes Haar, aber wir müssen ihm seine nicht genügend dunkle Farbe vorwerfen."

Der Gruppenpreis geht an das Trio de Claessens: Basoef, Mira, Rita.

Boer Sus von Herrn J. Haitot aus Brüssell

Bei der Ausstellung am 14, 15 und 16 Juni 1902 in Brüssel, die von der Société Royale Saint-Hubert organisiert wurde, erwies sich Boer Sus, Rauhaar, als ein erstklassiges Exemplar

Der Höhepunkt der Ausstellung, schrieb der Richter H. Hettema, war sicherlich die Klasse mit der ausgeprägtesten Charbonage, fahlgelb Kurzhaar unter schwarzer Maske. Hier sein Urteil über die offene Klasse:

Offene Klasse:

„Hunde Dewet, von Frau Duchenoy, Tjop, der bekannte Hund von Herrn Huyghebaert, und Lord, von Herrn Dengler, bilden ein bemerkenswertes Trio. Drei der erfolgreichsten Hunde, die jedoch klassifiziert werden müssen.

Dewet gewann den ersten Preis. Er ist ein wunderbarer Hund, sehr gut gebaut, von ausgezeichneter und besonders empfehlenswerter Haartextur, ein nervöser und ausdrucksvoller Hund, bemerkenswert in Schulter und Brust, Lenden und Hinterteil aus der Reihe, guter Kopf von der Art, die uns gefällt, tadellose Rutenhaltung, kleine und gut dreieckige Ohren, ausgezeichnetes Ensemble. Aber, denn es gibt immer ein Aber, die Farbe ist etwas blass.

Dieser Mangel wird jedoch durch die stark schattierte Maske und die Schultern mehr als ausgeglichen.

Dieser Hund gewinnt übrigens deutlich im Hinblick auf die Struktur, wir verleihen ihm auch den Ehrenpreis.

Tjop, der mehrfach von autorisierten Federn detailliert gezeichnet wurde, belegt den zweiten Platz. Er ist ein ausgezeichneter, lebhafter und intelligenter Hund. Wir bemängeln jedoch seine für einen Rüden zierlichen Formen. Während Dewet trotz seiner blassen Farbe eine ausgeprägte Charbonage aufweist, fehlt Tjop diese deutlich, obwohl seine Farbe dennoch ansprechend ist".

Die beiden Säulen der Malinois: Tjop und Dewet

Dewet, geboren am 5. Januar 1901, hatte als Vater Vos, der Fräulein Van Haesendonck aus Antwerpen gehörte, und als Mutter Mouche, die Frau Duchenoy-Bertrand aus Watermael gehörte. Mouche war die Schwester von Diane, wodurch Tjop und Dewet eine Dosis gemeinsames Blut teilten. Dewet hatte einen Widerrist von 60 cm. Sein Manko war, dass dieser prächtige Hund nicht exakt dem Begriff des charbonage fahlgelb entsprach. Das Fell war an allen Teilen des Körpers und der Gliedmassen einheitlich fahlgelb, aber die Haarspitzen auf dem Rücken, um den Hals und am oberen Teil der Rute waren schwarz. Die Charbonage sollte zu den Flanken und Gliedmassen hin immer heller werden, ohne dass eine klare Trennlinie zwischen fahlgelb und charbonné entsteht, ausser an der Schnauze, die schwarz maskiert sein sollte, und an den Ohren, die aussen mit feinem, schwarzem Haar bedeckt sein sollten. Die Körperunterseite war mit blasserem Haar bedeckt.

Dewet

Tjop

Auf den folgenden Seiten werden wir feststellen, dass unter den Arbeitshunden mehrere Hunde Cora I und Tjop als Vorfahren haben, während die Nachkommen von Dewet und Lolo de Watermael am häufigsten in den Ausstellungslinien zu finden sind. Tjop war auch ein vielfach eingesetzter Zuchtrüde. Wenn man die "Zwinger-Nachrichten" liest, war er der wichtigste Zuchtrüde vor 1914.

Les origines du poil court

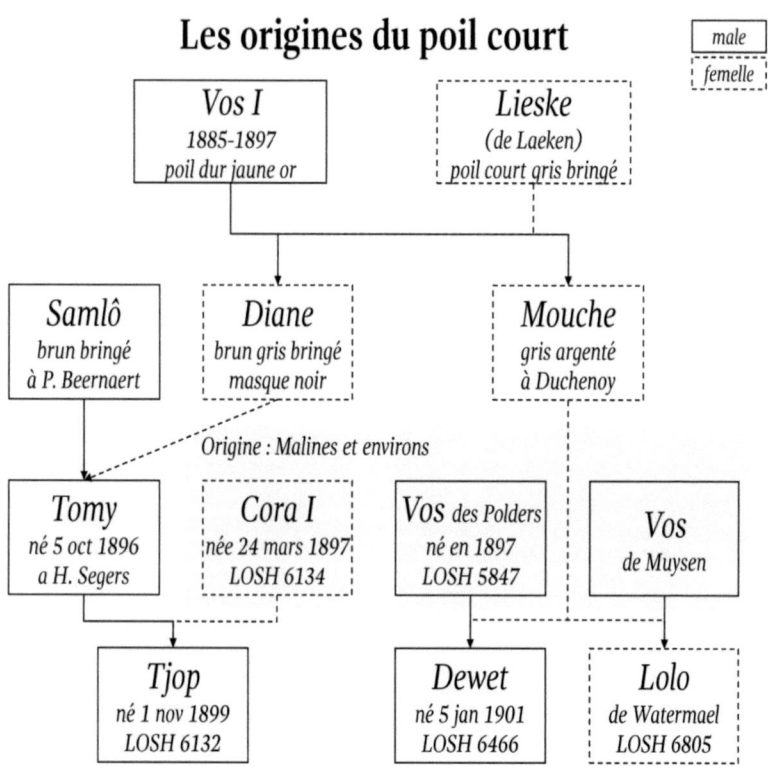

	male
	femelle

Vos I
1885-1897
poil dur jaune or

Lieske
(de Laeken)
poil court gris bringé

Samlô
brun bringé
à P. Beernaert

Diane
brun gris bringé
masque noir

Mouche
gris argenté
à Duchenoy

Origine : Malines et environs

Tomy
né 5 oct 1896
a H. Segers

Cora I
née 24 mars 1897
LOSH 6134

Vos *des Polders*
né en 1897
LOSH 5847

Vos
de Muysen

Tjop
né 1 nov 1899
LOSH 6132

Dewet
né 5 jan 1901
LOSH 6466

Lolo
de Watermael
LOSH 6805

40

Das erste Dressurturnier in Mechelen im Juli 1903

Der Mechelner Klub veranstaltete am Sonntag, dem 12. Juli 1903, in Meche-
len eine grosse Ausstellung von Hirten- und Zughunden. Im Anschluss an
die Ausstellung fand am Montag, dem 13. Juli, ein Dressurwettbewerb mit
Schwimmprüfungen für Belgische Schäferhunde statt, um deren Intelligenz,
Gehorsam und Treue hervorzuheben. Um das Interesse am Dressurwettbewerb zu steigern, hatte Herr Huyghebaert die Teilnahme von Hunden der
Polizei der Gemeinde Saint-Gilles unter der Leitung des Polizeibeamten C.
Coene angeregt. Die charbonné Kurzhaar-Variante (Malinois) zählte allein
65 Tiere. Der Wettbewerb in der Zucht dieser Varietät nahm stetig zu, und
die Fortschritte, die die Züchter machten, wurden auf jeder neuen Ausstellung deutlich sichtbar. Den ersten Preis in der offenen Klasse gewann Tjop.
Bei den Hündinnen ging der erste Preis an Wanna von Frans Huyghebaert,
vor Flèche von Fräulein Van Haesendonck aus Antwerpen und Pretty von
Herrn Huon aus Tournai. Hier die Beurteilung des Richters Victor Fally:

Wanna von Frans Huyghebaaer

„Wanna, geboren am 5. Mai 1897, von Tom hors de Miss, Züchter
M. Cloetens: tadellose Formen mit einem idealen Kopf, erscheint
jedoch etwas gealtert; einzige Fehler: etwas welliges Haar und blasse
Farbe."

"Flèche, geboren am 10. März 1902, von Vos (LOSH 5847) hors de Tom, Züchter M. Orta: guter Körperbau und Farbe, jedoch etwas zu dicke Wangen. Pretty, geboren am 18. Juni 1901, von Tjop hors de Lady (LOSH 6135), Züchter J. Dengler: hübscher Kopf, etwas zu langer Körper und welliges Haar auf der Kruppe".

Für den Dressurwettbewerb am 13. Juli wurde den Besitzern völlige Freiheit gelassen, wie sie ihre Hunde präsentieren wollten. Es gab keine vorgeschriebenen Übungen. Das Ziel des Wettbewerbs bestand vor allem darin, die Intelligenz und den Gehorsam des Schäferhundes hervorzuheben. Der Hund musste auf Kommando vor dem Hundeführer gehen oder ihm folgen, an Land oder im Wasser apportieren, Sprünge in die Höhe, Weite oder Tiefe ausführen oder einen vom Hundeführer bezeichneten Gegenstand bewachen. Die Dauer der Arbeit jedes angemeldeten Hundes war auf zehn Minuten begrenzt. Die Hunde konnten paarweise oder in Gruppen vorgeführt werden.Louis Opdebeeck und die anderen Malinois-Züchter präsentierten wunderbare Hirtenhunde, die in Bezug auf Intelligenz und Dressur herausragten. Cora I erwies sich als unschlagbar und war allen Konkurrenten überlegen. Der Richter zeigte besonderes Interesse an Cora I, als diese eine Leiter überstieg.

Cora I beim Übersteigen einer Leiter

Der Richter Adolphe Reul verlieh ihr mit grosser Freude den ersten Preis. Fritz, von Herrn Heynen aus Woluwé-Saint-Pierre, ein Groenendael-Rüde, der von Louis Opdebeeck vorgestellt wurde, gewann den zweiten Preis. Diese beiden Hunde gewannen auch den Wettbewerb für Hunde, die als Paar arbeiten. Nur eine Gruppe nahm am Gruppenwettbewerb teil. Die Gruppe bestand aus Cora I und ihrer Tochter Thylla, die erst 10 Monate alt war. Hier noch eine Einschätzung, die Reul über Cora I schrieb:

> „Wir hatten uns nicht getäuscht, was die psychischen Qualitäten dieses tapferen Tieres betraf. Am Nachmittag konnten wir sehen, wie viel Intelligenz und Spürsinn diese Cora hat, vor allem den Spürsinn, und das erstaunte uns – viele der besten Vorstehhunde haben weniger davon als sie! Alle, die bei dieser Show anwesend waren, waren begeistert. Wir freuten uns, dass die Hündin, der wir am Morgen den ersten Preis für ihre körperlichen Qualitäten verliehen hatten, so viel Intelligenz und einen ausgeprägten Geruchssinn zeigte."

Die nächsten Übungen waren dem Hochsprung, dem Weitsprung und dem Wassersprung zugeordnet. Bei der letzten Übung erhielt Cora den Sonderpreis für diese Disziplin. Anschliessend demonstrierten die Groenendaels der Polizei von Saint-Gilles den Angriff auf den Scheintäter, die Verteidigung des Meisters und das Bewachen vor. Die Bewachung der Gegenstände durch Satan war in dieser Hinsicht beeindruckend; er versteht seinen Dienst wie ein echter Polizist und gehorcht auf Finger- und Augenkontakt.

Satan, der von den Herren Coene und Derremont von der Gemeindeverwaltung von Saint-Gilles vorgestellt wurde, lieferte in Mechelen eine glänzende Demonstration seines Könnens und seiner Fähigkeiten. Die spezielle Arbeit dieses Polizeihundes konnte jedoch mit keiner der Geschicklichkeits- und Intelligenzprüfungen verglichen werden, die von Cora gezeigt wurden. Aus all diesen Gründen wurden zwei erste Preise verliehen: einer für Cora, der andere für Satan.

Satan beim überspringen der Palisade

Cora I von Luis Opdebeeck

Satan, Hundeführer Derremont

Porträts, Studien, Zeichnungen und Fotografien

Der Katalog widmet dem Wettbewerb für "Porträts, Studien, Zeichnungen und Fotografien" eine Seite. Es war eine Ausstellung, die hauptsächlich aus einem Dutzend Ölgemälden bestand, die den Belgischen Schäferhund zum Thema hatten. Die Autoren dieser Werke waren Albert Geudens, Tuerlinckx und A. Van den Kerckhoven. Laut Katalog stellte A. Van den Kerckhoven fünf Porträts vor, darunter eines von Tjop. Wir haben eines seiner Bilder gefunden und identifiziert, das signiert und mit Juni 1903 datiert ist. Es ist fast 70 cm x 90cm gross und stellt die Hündin Mina dar, die Herrn Van den Kerckhoven gehörte.

Das Basrelief von Tuerlinckx war ebenfalls Teil dieser Porträtausstellung. Die Technik dieses Objekts ist besonders, da es sich um eine Zeichnung aus Gips handelt, die mit einer Metallplatte abgedeckt ist.

Cora I Zeichnung von Albert Geudens 1903

Nach den Erfahrungen, die bei der Organisation der im Juli 1903 abgehalte-
nen Prüfungen gesammelt wurden, erarbeitete die Sektion Mechelen in ihrer
Sitzung vom 1. Juni 1904 ein Programm für praktische Prüfungen, deren
Hauptzweck darin bestand, die Qualitäten der Intelligenz, des Gehorsams
und der Hingabe des Hütehundes hervorzuheben. Dieses Programm wurde
am 2. Juni der Société Royale Saint-Hubert vorgelegt, um Zertifikate für die
Meisterschaft in praktischen Prüfungen zu erhalten. Die Gesellschaft
antwortete am 9. Juni mit einer negativen Antwort, da sie der Meinung war,
dass diese Zertifikate nur anlässlich von Prüfungen verliehen werden können, die dazu bestimmt sind, die besonderen Qualitäten jeder Hunderasse
hervorzuheben – d.h. Prüfungen an Schafen für Schäferhunde. Diese
Entscheidung wurde von der Sektion Mechelen mit grossem Bedauern zur
Kenntnis genommen und auf ein Missverständnis zurückgeführt. Am 20.
November 1904 nahm der CCBB einstimmig die Schlussfolgerungen des
Berichts von Herrn Huyghebaert an, der die Société Royale Saint-Hubert
aufforderte, ihre Position zu überdenken. Anfang 1905 wurde in Brüssel der
Club du Chien Pratique (Wach-, Verteidigungs-, Herdenhunde usw.) gegrün-

det. Das Ziel war nicht nur, die Entwicklung der Qualitäten und körperlichen Fähigkeiten von Hunden zu fördern, sondern auch die Verbreitung des praktischen Hundes unter all jenen, die ihn sinnvoll einsetzen können. Der Initiator war Julien Libberecht, ehemaliger Reitlehrer an der Reitschule in Ypern. Edmond Moucheron, den man als den Vater der Ringvorführung bezeichnen könnte, war ein hervorragender Vermarkter, der viele Emotionen weckte und geschickt für Aufmerksamkeit sorgte. Ihm gebührt Respekt, denn dank seiner Bemühungen wurde der Belgische Schäferhund auch im Ausland bekannt: In Paris, Amsterdam, Roubaix und Nancy triumphierte sein Zwinger. Seitdem haben sich die Clubs und Dressurgesellschaften vervielfacht, und in vielen belgischen Gemeinden gab es in den folgenden Jahren mindestens eine solche Gruppierung. Eine davon war der Club du Chien de Défense, der als erster das Training ohne Maulkorb durchführte. Sie organisierten Feldtrainings und führten unter der Leitung ihres Vorsitzenden und Dressurleiters François Semal die Fährtenarbeit ein, die damals in Belgien noch unbekannt war. Der Aufschwung war spürbar.

Auf der linken Seite der Palisade Herr Edmond Moucheron

Der Belgische Schäferhund Club BBC

Was ist aus dem Berger Belge Club geworden, diesem am 18. Juli 1898 gegründeten Splitterverein, dessen Programm die Legitimierung der vom Ausschluss betroffenen Farben zum Inhalt hatte? Die Anfänge des neuen Vereins waren bescheiden. Ausgehend von der Annahme, dass die Farbe fahlgelb die Grundfarbe des Belgischen Schäferhundes ist, bemühte sich der Club zunächst darum, dieser Farbe Gerechtigkeit widerfahren zu lassen. In seinem ursprünglichen Lokal in der Maison Rouge veranstaltete der Club seine erste Ausstellung, die dem fahlgelbn Rauhaar vorbehalten war. Das fahlgelb Langhaar, später als Tervueren genannt, wurde schnell zum Gegenstand der Aufmerksamkeit des Berger Belge Clubs. Die Verbreitung dieser Varietät erfolgte schneller, da sie in Form und Farbe attraktiver war. Nach Aufgabe der alten Räumlichkeiten der Maison Rouge verlegte der Berger Der

Berger Belge Club verlegte seinen Sitz nach Schaerbeek und führte dort bedeutende Ausstellungen zur Förderung der Belgischen Schäferhunde durch. Am Sonntag, dem 2. Oktober 1904, fand in den Räumen des Schlachthofs von Schaerbeek die 3. Ausstellung des Berger Belge Clubs statt. Insgesamt 118 Hunde wurden präsentiert, darunter 35 rauhhaarige Falbfarbene (Poils Durs Fauve).Ein Jahr später, am 1. Oktober 1905, organisierte der Berger Belge Club seine 4. Ausstellung. Diese Veranstaltung war ausschliesslich den falbfarbenen, rauhhaarigen, langhaarigen und kurzhaarigen Belgischen Schäferhunden gewidmet. Insgesamt wurden etwa 125 Hunde ausgestellt, darunter 51 falbfarbene Rauhhaarige. Es sei daran erinnert, dass der Berger Belge Club ein völlig unabhängiger Verein war und nicht die offiziellen Ehren der Société Royale Saint-Hubert genoss. Interessanterweise scheinen für diese Ausstellung keine offiziellen Ergebnisse veröffentlicht worden zu sein.

BBC Kupfer Plakette

Ende der Ära A. Reul

Professor Reul konnte während seiner mehr als dreissigjährigen Lehrtätigkeit und seiner bemerkenswerten Aktivität freien Lauf lassen und sich so seiner anspruchsvollen Arbeit widmen. Obwohl er in den letzten Jahren gezwungen war, sich zu schonen, konnte er sich nicht dazu entschliessen, seine wertvolle Mitarbeit aufzugeben. Auf seinen Antrag hin und aus gesundheitlichen Gründen wurde der Professor am 30. Dezember 1905 emeritiert. Für den Wettbewerb in Rijmenam am 29. April 1906 hatte der Professor versprochen, als Preisrichter zu kommen, liess sich jedoch wegen Krankheit entschuldigen.

Einige Monate später, am 10. Januar 1907, verstarb Reul im Alter von 58 Jahren. Er widmete sich fast fünfzehn Jahre lang unseren „Nutzhunderassen" und prägte zweifellos die belgische Kynologie nachhaltig. Es ist eine Tatsache, dass fast alle unsere Elite-Hunde, die ein Höchstmass an Einheitlichkeit und Typenkonformität aufweisen, entweder von einem einzigen Mann oder unter der Leitung eines einzigen Liebhabers geschaffen wurden.

Die Entwicklung der Varietäten des Belgischen Schäferhundes – Groenendael, Tervueren, Malinois und Laekenois – war keine Ausnahme. Dieser Mann war Professor Adolphe Reul. Es sei daran erinnert, dass er mit seiner Kompetenz und Autorität der Hauptverantwortliche für die Abfassung des ersten Standards von 1892 und dessen Überarbeitung im Jahr 1898 (veröffentlicht 1899) war – im Sinne einer grösseren Genauigkeit, aber auch einer grösseren Strenge. Aus denselben Gründen wurde er vom Klub gebeten, in drei aufeinanderfolgenden Jahren von 1898 bis 1900 als Einzelrichter zu fungieren, was zweifellos zur Festlegung der Rassentypen beitrug.

Mit der Genehmigung der Eintragungen unserer Belgischen Schäferhunde in das St.-Hubertus-Stammbuch ab 1901 und ihrer Umschulung zu ausgezeichneten Wach- und Verteidigungshunden waren alle notwendigen Voraussetzungen gegeben, um den Belgischen Schäferhund in eine Periode der Expansion und des Erfolgs zu führen, die im Laufe der Jahre immer grösser werden sollte.

In dieser Zeit spielte auch Louis Huyghebaert eine wichtige Rolle. Er erstellte 1898 das erste Dressurprogramm und organisierte zusammen mit seinem Bruder Frans im Juli 1903 in Mechelen den ersten Dressurwettbewerb. Professor Adolphe Reul, der alle Prüfungen allein beurteilte, bezeichnete dies als weltweit einzigartiges Experiment.

Professor Adolphe Reul schrieb:

„Die Selektion bei den Nutztierrassen ist nur dann rationell, wenn sie gleichzeitig nach dem Äusseren und nach der Leistung erfolgt. Neben den ästhetischen Wettbewerben gibt es auch praktische Prüfungen. Das ist beim Schäferhund der Fall. Der wirklich gute Hund ist in diesem Fall derjenige, der durch sein Äusseres den Anforderungen des Standards genügt und sich gleichzeitig in der praktischen Arbeit auszeichnet."

Kurzhaar Malinois, Zeichung Herr Alexandre Clarys

Bornzemodell eines Malinois von Herr Jean Joire 1907

KAPITEL 2

Zweite Periode von 1906 bis 1918

Der Verband der belgischen Hundevereine

Das dominierende Ereignis des Jahres 1905 war die Oppositionsbewegung, die sich auf der Generalversammlung der Société Royale Saint-Hubert am 15. Februar 1905 manifestierte und zum Austritt einiger (gesponsorter) anerkannter Clubs führte. Eine zu strenge Bevormundung war der Hauptgrund dafür. Nach den Unruhen, die durch diese Versammlung entstanden waren, beschloss die Société Royale Saint-Hubert am 13. März 1905, einen Delegiertenrat einzurichten, um den anerkannten Hundevereinen ein Initiativrecht und eine beratende Stimme zu verleihen.

Trotz dieser Reform gründete das Komitee der Gegner am 18. Juni 1905 den Verband der belgischen Kynologenvereine (Fédération des Sociétés Canines de Belgique). Unter den zehn Vereinen, die sich dem neuen Verband anschlossen, befanden sich zwei der wichtigsten und einflussreichsten Vereine der damaligen Zeit: der Club du Chien de Berger Belge und der Club du Chien Pratique. Am 24. September 1905 beschloss der Club du Chien de Berger Belge, auf die Schirmherrschaft der Société Royale Saint-Hubert zu verzichten. Die Sektion aus Malines des Club du Chien de Berger Belge ihrerseits traf am 11. November 1905 die Entscheidung, nicht denselben Weg zu gehen, und machte sich unter dem Namen Société du Chien de Berger Belge selbstständig.

Am 13. September 1905 führte der neue Verband der belgischen Kynologenvereine sein eigenes Zuchtbuch ein, das Belgische Stammbuch (LOB). Anfang 1907 wurde der Berger Belge Club, der unter der Leitung von Joseph Demulder stand, gebeten, sich wieder der Société Royale Saint-Hubert anzuschliessen. Dies geschah unter der Bedingung, dass die beiden 1898 ausgeschlossenen Varietäten fahlgelb Langhaar und fahlgelb Rauhaar anerkannt werden.

Der Berger Belge Club veranstaltete am 5. Mai 1907 seine fünfte Ausstellung, die erste unter der Schirmherrschaft der Société Royale Saint-Hubert, bei der Hunde mit fahlgelb Langhaar und fahlgelb Rauhaar offiziell teilnehmen durften. Diese beiden Varietäten erschienen erstmals wieder in getrennten Klassen auf der Ausstellung des Schipperkes Club in Brüssel vom 16. bis 18. März. Seitdem wurde der Belgische Schäferhund in der Société Royale Saint-Hubert durch fünf Varietäten vertreten. Unter diesen fünf Varietäten war das fahlgelb in allen drei Felltexturen zu finden.

Am Sonntag, dem 28. Januar 1906, veranstaltete der Club du Chien de Berger Belge unter der Schirmherrschaft des Verbands der belgischen Kynologenvereine in Schaerbeek Prüfungen mit Schafen sowie praktische Arbeiten und Dressurprüfungen. Für die Dressurprüfungen gab es dreizehn Anmeldungen. Der erste Preis ging an den schwarzen Langhaar Paul, der Herrn Ringoir aus Aalst gehörte. Über die Teilnahme des Groenendael Dax sagte der Richter Omer Reumon:

> „Der berühmte Dax, der diese Prüfung zum Champion gemäss den Regeln des Verbands der belgischen Kynologenvereine absolviert hat, liefert uns eine sehr gute und vollständige Arbeit."

Dax war der erste Belgische Schäferhund, der den begehrten Titel des Champions von 1906 erlangte. Bei den Hündinnen gewann Folette von M. Siméons den ersten Preis vor Miss Pratique von Herrn Edmond Moucheron. Der dritte Preis ging an Frida von P. Demoulin, eine Wurfschwester von Dax.

FRIDA (61521), chienne de berger belge noire, à M. DEMOULIN, de Koekelberg

Frida von P. Demoulin

Bei der zweiten Ausstellung des Verbands der belgischen Kynologenvereine im April 1907 waren 37 schwarze langhaarige Belgische Schäferhunde angemeldet. Omer Reumon fungierte als Richter. Dax und Frida gewannen bei den Hündinnen den Preis in der offenen Klasse. In der Gruppenklasse ging der erste Preis an den einzigen prächtigen Satz von fünf Hunden, der Edmond Moucheron (Dax) gehörte.

Die von G. Drabs beurteilten kurzhaarigen Belgischen Schäferhunde mit Charbonage in fahlgelb waren 29 angemeldet. Es gewann Dewet aux Frères Mairesse (Chenil des Templiers) vor Sirdar de l'Enclus, Besitzer und Züchter: Edgard Couvreur, Bahnhofsvorsteher von Amougies, in der Nähe von Renaix. Bei den Hündinnen gewann Elza (LOSH 7819), geboren am 4. Juli 1904 und im Besitz von Louis Huyghebaert, den ersten Preis vor Ninon de l'Enclus von Edgard Couvreur.

Ninon de l'Enclus, die vor dem Ersten Weltkrieg die meisten Championatszertifikate erhielt, wurde am 5. Dezember 1905 aus demselben Wurf wie Sirdar de l'Enclus geboren. Beide sind direkte Nachkommen von Dewet und Tjop.

Ninon, Cor a und Sirdas de lÈnclus

Ninon de l'Enclus   Cora de l Enclus

Vos des Polders (LOSH 5847) ♂
fawn, black overlay
BEL 1897, Malinois

Dewet (LOSH 6466) ♂
fawn, mask, black overlay
BEL 1901, Malinois

Mouche (Jules Duchenoy) ♀
brindle
BEL, Malinois

Vos I (Vos de Laeken) ♂
fawn
1885, Laekenois

Lieske (Lise de Laeken) ♀
brindle
BEL, Malinois

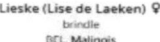

Tomy (FSCB 138) ♂
fawn, black overlay
BEL 1896, Malinois

Ninon de l'Enclus ♀
fawn, mask, black overlay
BEL 1905, Malinois
COI 1.56 % *

Tjop (LOSH 6132) ♂
red, black overlay
BEL 1899, Malinois

Cora I (LOSH 6134) ♀
fawn, black overlay, white markings
BEL 1897, Malinois

Cora de l'Enclus ♀
fawn, mask, black overlay
BEL 1903, Malinois

Tom (Van Bredam) ♂
Malinois

Wanna (LOSH 6475) ♀
fawn, mask, black overlay
BEL 1899, Malinois

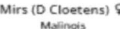

Mirs (D Cloetens) ♀
Malinois

Entstehung des Kennel Club Belge 1908

In den Jahren 1907 und 1908 erlebte der Verband der belgischen Hundevereine eine schwierige Zeit. Es fanden mehr oder weniger vertrauliche Gespräche zwischen einigen Führungskräften des Verbands der belgischen Hundevereine und der Société Royale Saint-Hubert statt. Ziel dieser Gespräche war es, eine mögliche Wiederannäherung zwischen den beiden Organisationen zu sondieren, nachdem die Trennung zuvor für Spannungen gesorgt hatte.

Diese Gespräche führten zu einem Pakt, der am 8. Januar 1908 unterzeichnet wurde. Die Vereinbarung wurde jedoch innerhalb des Verbands der belgischen Hundevereine nicht einstimmig angenommen und löste erhebliche Unruhen aus. Der Club du Chien de Berger Belge, der am 2. Februar 1908 zu einer ausserordentlichen Generalversammlung zusammenkam, erklärte den Pakt für null und nichtig.

Trotz dieser Spannungen organisierten der Club des Belgischen Schäferhundes und der Club des Praktischen Hundearbeit vom 13. bis 15. Juni 1908 eine Ausstellung im Parc du Cinquantenaire in Brüssel. Dort wurden 77 Hunde versammelt. Diese Veranstaltung markierte die erste Aktivität der neu gegründeten Organisation, dem Belgischen Kennel Club. Der Belgische Kennel Club übernahm im Anschluss daran die Verwaltung des Belgischen Stammbuchs (LOB).

Die Jahre 1906 bis 1914 unter der Schirmherschaft der SRSH

Die Dressurprüfungen in Rijmenam, 29. April 1906

Sar

Titus

Sar und Titus

Die Gesellschaft für den Belgischen Schäferhund organisierte am 29. April 1906 in Rijmenam bei Mechelen Dressurprüfungen für Belgische Schäferhunde. In diesem Wettbewerb wurde erstmals das Tragen eines Maulkorbs für die Hunde abgeschafft, das zuvor Pflicht gewesen war, um eine Teilnahme zu gewährleisten. Der Scheintäter, ausgestattet wie ein Taucher, trug eine Fechtmaske sowie Stiefel und Knieschützer. Zum Schutz war er unter einem Mantel mit einem schweren Lederanzug versehen.

Ein Chronist der Zeitschrift Chasse et Élevage kommentierte die Prüfungen wie folgt:

„Es wäre uns eine Freude gewesen, den Hunden bei der Arbeit zuzusehen, aber unsere Enttäuschung war gross. Erstens griffen die meisten Hunde, die zu den in den Regeln vorgesehenen Verteidigungsübungen zugelassen waren, den unteren Teil des Mantels des Scheintäters an. Dieser geriet in einen so erbärmlichen Zustand, dass einer der Organisatoren das Spiel abbrechen musste, da, wie er sagte, für die weiteren Hunde nichts mehr übrig bleiben würde. Zweitens ist die Verpflichtung, Hunde bei der Verteidigungsarbeit an der Leine zu führen, der grösste Unsinn, den es gibt."

Zorka (LOSH 7824) war die erste fahlgelb Rauhhaar, die 1908 in das Zuchtbuch von Saint-Hubert eingetragen wurde. Sie wurde am 15. April 1904 geboren und gewann mehrere erste Preise. Auf der 16. Ausstellung des Schipperkes Clubs in Brüssel, die vom 16. bis 18. März 1907 stattfand, bildeten etwa 61 Exemplare das Kontingent der Belgischen Schäferhunde. Unter diesen

Zorka NHSB 3044 von M. Carl Farenthold

Hunden fanden sich auch die beiden neu anerkannten Farbvarietäten – die rauhaarigen und die langhaarigen fahlgelb – mit insgesamt 10 Exemplaren.

„Die Sorte mit aschgrauem Rauhaar war vollständig abwesend", schrieb Richter V. Fally. Diese vollständige Abwesenheit ist ungeeignet, die Meinung zu entkräften, die auf mehr als zehn Jahren der Beobachtung basiert und mit der wir vor einiger Zeit unsere Vorbehalte gegen die behauptete Reinheit des Ursprungs dieser Varietät zum Ausdruck brachten. Was diese Ansicht immer mehr stärkt, ist die Tatsache, dass die besagte Sorte, obwohl sie falbfarben ist, tatsächlich bemerkenswerte Exemplare beinhaltet und eine Gesamthomogenität besitzt, die für sich genommen schon das Kriterium der Rassenreinheit erfüllt."

Internationale Ausstellung von 1907

Anlässlich des 25. Jahrestages der Gründung der Königlichen Saint-Hubertus Gesellschaft fand am 15., 16. und 17. Juni 1907 in Antwerpen die 24. Internationale Hundeausstellung in Zusammenarbeit mit der Antwerpener Kynologischen Union statt.

Hier ist der Bericht des Richters Frans Huyghebaert:

„Die kurzhaarigen Hunde eröffnen die Ausstellung. In der Klasse der Novizen gewann den ersten Preis Gluck ter Heide, geboren am 2. Juli 1906 (Tjop x Elza), von Louis Huyghebaert (jetzt wohnhaft in Lierre); mittelgross, aber insgesamt sehr korrekt: Schädel etwas zu breit; wäre perfekt in der Farbe, wenn er etwas mehr Charbonage hätte. Louis Huyghebaert erhielt ausserdem den Ehrenpreis für den schönsten Schäferhund und die schönste Schäferhündin.

Der zweite Preis geht an Flut, geboren am 2. Februar 1906 (Tjop x Zet), dessen Besitzer der Tierarzt G. Hasse aus Antwerpen ist: ein schöner, koketter, schlanker und leichter Hund mit einem sehr ausdrucksvollen Kopf; die Rute ist leider hakenförmig abgewinkelt, und das Haar ist etwas zu lang und zu üppig."

Stop und Flut G. Hass

Dritter Preis ging an Sips ter Heide, geboren am 2. Juli 1906 (Tjop x Zet), von Louis Huyghebaert: ein Hund von guter Grösse, kräftig, mit rustikalem Aussehen und einem massiven, kurzen Schädel. Die Ohren sind klein und gut angelegt; jedoch gibt es eine fehlerhafte Rutenhaltung. Das Fell ist ausgezeichnet in Farbe und Textur.

In der offenen Klasse setzte sich Gluck ter Heide leicht gegen seine Konkurrenten durch.

Wirklich bemerkenswert ist die offene Klasse der Hündinnen, in der es vier Tiere gibt, die es verdienen, hervorgehoben zu werden. Der Kampf um den ersten Preis beschränkte sich jedoch auf Stella, geboren am 5. Oktober 1904 (Tjop x Dina), von F. Van Moer aus Mechelen, und Elza (LOSH 7819) von Louis Huyghebaert. Form, Gangart und Temperament waren bei beiden gleichwertig, doch da eine Präferenz markiert werden musste, führte eine leichte Überlegenheit in der Grösse dazu, Stella den ersten Preis zu verleihen.

Elza, LOSH 7819 Louis Huyghebaert

Stella, 1904 (Tjop x Dina),
F. Van Moer aus Mechelen

„Kommen wir zu den schwarzen Langhaarigen. In der offenen Klasse erhielt Boby Dax (LOSH 7580) von Edmond Moucheron den ersten Preis: Der Kopf ist grossartig, aber das Ganze wirkt eher leicht. Der Hund hat Charakter und Eleganz, wird jedoch nie das sein, was sein Vater war. Négro (LOSH 7822) von J. Verberckt aus Lierre belegt den zweiten Platz. Dieser Hund ist sehr gut geformt. Pluton (LOSH 7583) von Carl Sottiaux aus Bracquegnies folgt ihm; er ist jedoch fast zu gross und hat einen zu starken Kopf. Trotz seiner Grösse besitzt er ein opulentes Fell von schönem Schwarz. (LOSH 7585) von Edmond Moucheron, immer noch bemerkenswert gut in Form, erhält ebenfalls den ersten Preis."

Boby Dax

Pluton

Bei den Hunden mit aschgrauem Rauhaar gibt es eine einzige Anmeldung in der Siegerklasse, Boer Sus, und eine weitere in der offenen Klasse, Tony, beide von J. Hautot aus Brüssel. Wir verleihen beiden einen ersten Preis. Belgische Schäferhunde mit fahlgelbfarbenem Rauhaar waren nur in geringer Zahl vertreten. In der offenen Klasse fehlte Quick, geboren am 15. April 1904 (Turc x Carmen), von Frau A. Philippot aus Brüssel.
Bei den Hündinnen waren drei Hündinnen gemeldet und der Kampf beschränkte sich auf Zorka, die Wurfschwester von Quick, von G. Borres und Nelly, geboren 1904, von V. Mosselman aus Brüssel. Nach eingehender

Prüfung der beiden entschied der Richter Joseph Demulder, Nelly auf den ersten Platz zu setzen.

BOER SUS ET TONY.
Chiens de berger belges à poil dur gris cendré foncé. Nombreux certificats de championnat, premiers prix, prix d'honneur et prix spéciaux à Bruxelles, Anvers, Saint-Trond.

Boer Sus und Tony von M.Jules Hautot aus Brüssel

Dick

Die fünf Belgischen Schäferhunde mit fahlgelbem Langhaar wurden dem Urteil von Paul Delombaerde unterzogen. Bei den Rüden fanden wir den wohlbekannten Milsart, der mittlerweile über zehn Jahre alt ist. Milsart, gezüchtet von Charles Danhieux, gehört noch immer F. Cloetens aus Tervueren und erhielt den ersten Preis. Sein Sohn Dick war nicht anwesend. Dick, geboren am 26. April 1903 (Milsart x Miss), der Mutter von Milsart, gehörte seinem Züchter Charles Danhieux (Zwinger de la Mare). Dick ein langhaariger Rüde, ist nicht nur der Vater des berühmten Groenendael Jules du Moulin, sondern auch von mehreren wichtigen und hochwertigen Tervueren.

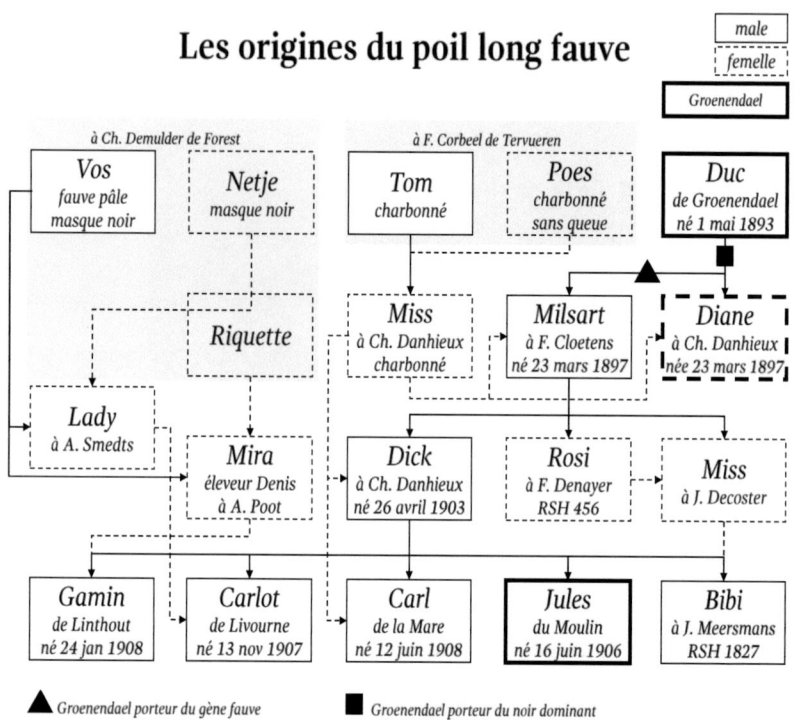

Les origines du poil long fauve

male

femelle

Groenendael

à Ch. Demulder de Forest

à F. Corbeel de Tervueren

Vos
fauve pâle
masque noir

Netje
masque noir

Tom
charbonné

Poes
charbonné
sans queue

Duc
de Groenendael
né 1 mai 1893

Riquette

Miss
à Ch. Danhieux
charbonné

Milsart
à F. Cloetens
né 23 mars 1897

Diane
à Ch. Danhieux
née 23 mars 1897

Lady
à A. Smedts

Mira
éleveur Denis
à A. Poot

Dick
à Ch. Danhieux
né 26 avril 1903

Rosi
à F. Denayer
RSH 456

Miss
à J. Decoster

Gamin
de Linthout
né 24 jan 1908

Carlot
de Livourne
né 13 nov 1907

Carl
de la Mare
né 12 juin 1908

Jules
du Moulin
né 16 juin 1906

Bibi
à J. Meersmans
RSH 1827

▲ Groenendael porteur du gène fauve ■ Groenendael porteur du noir dominant

Herr Felix Corbeel, Brauer in Tervueren, hatte einen Bruder in Brüssel, der ebenfalls eine Brauerei führte. Dieser Bruder besass einen langhaarigen Hund mit viel Charbonage namens Tom, bekannt für sein wildes und aggressives Verhalten.

Corbeel nahm den Hund bei sich auf, wo er unter den Hausbewohnern für Angst und Schrecken sorgte. Tom war nicht nur ein ausgezeichneter Wächter, sondern auch ein starker Zughund und aussergewöhnlich mutig.

Aus einer Verpaarung mit einer fahlgelben Hündin zog Corbeel einen vielversprechenden Wurf. Zwei der Welpen schenkte er Herrn Charles Danhieux, die später eine ganze Reihe hervorragender Hunde hervorbrachten, darunter die berühmten Milsart, Bibi und andere.

Die Prüfngen in der Kampagne SNACBB

Während spezialisierte Vereine Wettkämpfe für den Einsatz von Polizeihunden veranstalteten, die oft im Ring abgehalten wurden, organisierte Louis Huyghebaert Feldtests, Fährten und Schwimmübungen.
An diesen konnten alle Hirtenhunde teilnehmen, unabhängig davon, für welchen Dienst sie vorgesehen waren.

Eine erste Prüfung fand am 15. und 16. Mai 1909 in Lierre statt, organisiert von der am 7. Dezember 1908 gegründeten Gesellschaft und unter der Schirmherrschaft der Société Royale. Die Société Nationale pour l'Amélioration du Chien de Berger Belge (SNACBB), anerkannt von der Société Royale Saint-Hubert, organisierte die Veranstaltung.

Die Hunde wurden vor Beginn der Feldprüfungen hinsichtlich ihrer Form beurteilt, ohne dabei an der Leine gehalten zu werden.
Ein Sonderpreis von 20 Franken (francs) wurde demjenigen Belgischen Schäferhund aller Varietäten, unabhängig vom Geschlecht, verliehen, der die Punkte des Standards am besten erfüllte.

Samson des Preelles

Kanp ter Heide

Die Prüfungen waren heiss umkämpft. Besonders der Groenendael Samson aus Les Préelles erwies sich als einer der besten Fährtenhunde. Die Fährtenarbeit von Knap ter Heide war ebenfalls sehr bemerkenswert. Er gewann den Sonderpreis für den besten Fährtenhund und den Ehrenpreis für den besten Malinois. Bei der Fährtenarbeit kann man die Qualitäten der Hundenase beurteilen, indem man die Hunde in unberührtem Gelände arbeiten lässt.

Ergebnisse der Gesamtwertung:

- Fido ter Heide, Malinois-Hündin (LOSH 8206, geboren am 5. Oktober 1905 von Tjop x Zet), geführt von Willem Albers de Lierre. Er erhielt auch das Championatszertifikat.
- Samson des Préelles, Groenendael (LOSH 8224), geführt von Nestor Baise.
- Zet, Malinois-Hündin (LOSH 8210), geführt von Louis Huyghebaert.
- Cocq, Groenendael, geführt von P. Pens.
- Knap ter Heide, Malinois (LOSH 8201, geboren am 3. Oktober 1907 von Tjop x Zet), geführt von Louis Huyghebaert.

Anmerkung: Obwohl Knap die brillanteste Fährtenarbeit zeigte, ist sein Platz in der Rangliste nicht höher, da sein Besitzer ihn nicht zum Schutzhund abrichten wollte.
Zwei der bekanntesten Kynologen ihrer Zeit wurden eingeladen, diese Prüfung zu beurteilen: H. Sodenkamp, Direktor der Zeitschrift Chasse et Pêche, und Paul Mégnin,

Direktor der Zeitschrift L'Éleveur aus Paris. Eindrücke aus ihrem Bericht:Sodenkamp schrieb:

„Nach den Stunden, die ich mit den Schäfern in Lierre verbracht hatte, kam ich völlig verblüfft und so überwältigt von dem, was ich gesehen hatte, zurück, dass ich es noch immer nicht glauben kann, während ich diese Zeilen schreibe. Ich habe in meinem Leben einige Apportierwettbewerbe für Vorstehhunde und Spaniels gesehen, aber ich zögere nicht zu glauben, dass, wenn die Malinois aus Lierre zu diesen Wettbewerben zugelassen würden, sie alle bekannten Top-Apportierer bei der Suche und dem Apportieren von verletztem Wild schlagen würden."

Paul Mégnin ist nicht weniger begeistert:

„Es klingt nach nichts, aber in Belgien hat sich gerade eine kleine Revolution im Hundesport vollzogen, die sicherlich ein Meilenstein in der Geschichte des Belgischen Schäferhundes sein wird und die in nicht allzu ferner Zukunft der Ausbildung des sogenannten Verteidigungshundes eine völlig neue Richtung geben könnte"

Ein Hund der frei vorgeführt wird 1910   Groenendal Rève d'Or

Die SNACBB (Société Nationale pour l'Amélioration du Chien de Berger Belge) veranstaltete am 30. April und 1. Mai 1910 ihre zweite Ausstellung für Belgische Schäferhunde sowie einen Feldwettbewerb. Es war ein Erfolg, der die Ergebnisse von 1909 noch übertraf – sowohl durch die Qualität der ausgestellten Hunde als auch durch die Fortschritte, die seit dem Vorjahr erzielt worden waren.

Die Prüfungen umfassten Sprünge über Hecken, Palisaden, Gräben und natürliche Hindernisse, wie sie auf dem Land vorkommen. Schwimmen und Apportieren im Wasser ergänzten die Geschicklichkeitsprüfungen. Zusätzlich wurden Gangart, Temperament, Ausdauer und Gehorsam bewertet.

Die Fährtenprüfung war der Höhepunkt des Treffens. Die Strecken waren etwa 200 Meter lang und verliefen über grosse Wiesen mit zahlreichen

Winkeln. Der Gegenstand, ein Paar Handschuhe, wurde am Ende des Parcours abgelegt.

Nach dem Auffinden durfte der Hund so schnell zurückkehren, wie er wollte, vorausgesetzt, er apportierte den Gegenstand in die Hände seines Hundeführers. Hella, eine Tochter von Tjop und Anna, gewann diese Prüfung dank ihrer ausgezeichneten Nase.

Endgültige Gesamtwertung:

- Samson des Préelles, Groenendael, geführt von Nestor Baise (erhielt das CAC).
- Siméon, rauhhaarig fahlgelb, geführt von Xavier Rutten.
- Flèche II, Malinois-Hündin, geführt von Georges Danna aus Lille.
- Porthos (genannt Turcos), Groenendael, geführt von François Semal (der Hund war krank).
- Champagne, Malinois, geführt von F.E. Verbanck.
- Knap ter Heide, Malinois, geführt von Louis Huyghebaert.
- Hella, Malinois-Hündin, geführt von Louis Huyghebaert.
- Dale, Groenendael, geführt von J. Mohn aus Brügge.

Samson des Prèelles Lier 1910

Um das Meisterschaftszertifikat zu erhalten, musste eine Angriffs- oder Verteidigungsübung absolviert werden. Diese beinhaltete Übungen mit Maulkorb. Die dabei erzielten Punkte führten zu folgendem Ergebnis:

- Champagne, geführt von F.E. Verbanck: 0 Punkte, da sein Besitzer ihn nicht zum Angriff abrichten wollte.
- Samson, geführt von Nestor Baise: 15 Punkte, Perfektion des Genres.
- Knap, geführt von Louis Huyghebaert: 0 Punkte, führt keinen Angriff aus.
- Flèche II, geführt von Georges Danna: 12 Punkte, guter Angriff und gehorsam.
- Siméon, geführt von Xavier Rutten: 14 Punkte, sehr guter Angriff, könnte noch gehorsamer sein.
- Porthos, geführt von François Semal: 13 Punkte, guter Angriff.
- Dale, geführt von J. Mohn: 15 Punkte, ausgezeichneter Angriff und sehr gehorsam.
- Hella, geführt von Louis Huyghebaert: 0 Punkte, führt keinen Angriff aus.

Es wäre unmöglich, alle Prüfungen für Polizeihunde detailliert darzustellen. Die Popularisierung dieses hervorragenden Helfers unserer Stadt- und Feldpolizei wurde von verschiedenen Dressurvereinen stark vorangetrieben:

- Club du Chien de Défense, unter der Leitung seines aktiven Präsidenten François Semal.
- Société pour l'Amélioration du Chien de Berger Belge, geleitet von Louis Huyghebaert.
- Société du Chien de Berger Belge, Berger Belge Club und Club du Chien Utile, die alle bemerkenswerte Veranstaltungen durchführten.

Ducon (LOSH 8835), geboren am 5. April 1909, starb 1920 bei seinem Besitzer. Hier sind Auszüge aus seiner Laudatio, die am 11. April 1920 in Chasse et Pêche erschien:

„Er war einmal ein ganz Grosser unter den Groenendaelen. Unter der geschickten Leitung von François Semal hatte er im Alter von zehn Monaten die Perfektion der Dressur erreicht. In diesem Alter war er Teil des Teams, das unter der Leitung von Frans Huyghebaert den Ruf unserer belgischen Polizeihunde bis nach Buenos Aires trug. Während dieser denkwürdigen Fahrt war Ducon der Leithund und trug erheblich dazu bei, die Belgischen Polizeihunde in Szene zu setzen. Ein Amerikaner bot dem Besitzer 3000 Francs, was abgelehnt wurde, und Ducon kehrte in die Rue Saint-Lazare zurück, um dort komfortabel zu leben. 1912 gewann er den kombinierten Preis für Fährtenarbeit und Ringtraining. Bei der Arbeit war er unschlagbar, aber er gewann auch viele erste Preise bei Ausstellungen. Ohne in den Details tadellos zu sein, hatte dieser Hund viel Charakter und Typ, was seinen natürlichen Qualitäten keinen Abbruch tat."

Gründung des Groenendael Clubs im Jahr 1910

Eine Gruppe von Liebhabern des Club du Chien de Berger Belge, der mit dem Belgischen Kennel Club verbündet war, traf sich am 31. März 1910 unter dem Vorsitz von Vital Tenret zur konstituierenden Generalversammlung eines neuen Vereins: des Groenendael Clubs, einer Gesellschaft zum Schutz des langhaarigen schwarzen Belgischen Schäferhundes. Einige Wochen später erhielt der neue Club die Anerkennung der Königlichen Gesellschaft Saint-Hubert und schloss sich damit dem Berger Belge Club an.

Saut de la palissade, par DUGON, chien de berger belge " groënendael "
appartenant à M. A. Bernard de Bruxelles.

Die Ausstellungen der Jahre 1908, 1909 und 1910

Der Berger Belge Club veranstaltete am Sonntag, den 5. Juli 1908, seine 6.Ausstellung in den Räumlichkeiten des Schlachthofs von Schaerbeek.Da nicht alle Richterberichte vorliegen, geben wir hier nur die allgemeinen Eindrücke wieder, die von Richter V. Fally festgehalten wurden:

„Zunächst einmal", schrieb er, „ist es die schwarze Varietät, die immer noch das Seil der grossen Beliebtheit in der Hand hält. Die Begeisterung des Publikums für diese Hunde hat die Produktion erheblich gesteigert und eine strenge Auswahl aus einer grossen Anzahl von Tieren ermöglicht. Von den Groenendaels gab es dreiunddreissig, wie übrigens auch von den Malinois. Das Lob dieser Varietät ist kaum zu überbieten. Ihre besonderen Qualitäten wurden frühzeitig erkannt, so dass sie immer beliebter wurde und mittlerweile auch über die Landesgrenzen hinaus bekannt ist.

Was soll man über die aschgraue rauhaarige Varietät sagen, ausser dass die breite Öffentlichkeit ihr leider weiterhin Gleichgültigkeit entgegenbringt? Sie zählte nur fünf Tiere. Neben diesen bekannten Varietäten gibt es noch zwei weitere, ebenfalls belgische, die aufgrund traditioneller Engstirnigkeit und Kurzsichtigkeit bis in die jüngste Zeit kaum in Erscheinung getreten sind: die langhaarige und die rauhaarige Varietät, beide von falbfarbener Farbe, die wir bereits erwähnt haben. Die Ausstellung in Schaerbeek war in dieser Hinsicht sehr aufschlussreich. In der Tat waren sechzehn langhaarige und zehn rauhaarige Hunde überzeugend.

Doch neben dem Angenehmen gibt es auch das Nützliche, wobei das eine das andere perfekt ergänzt; daher hatte der BBC am Nachmittag eine Dressurvorführung organisiert. Die Übungen bezogen sich vor allem auf Angriff und Verteidigung, Springen, durchs Feuer gehen, Köder ablehnen, Gegenstände bewachen etc."

Postkarte anlässliche des 10 Jährigen Jubiläum des Berger Belge Club

Bei der Hundeausstellung in Ostende am 21. und 22. August 1909 wurden die Richter Frans Huyghebaert, A. Van den Kerckhoven und Joseph Demulder gebeten, sich über die Vergabe des von der Union Canine du Littoral gestifteten Ehrenpreises für den schönsten Belgischen Schäferhund der fünf Varietäten zu einigen.

Der Preis wurde einstimmig an Tjop verliehen, der wie folgt beschrieben wurde:

„Überragend in Form und trotz seiner 10 Jahre von allen bewundert. Dies wird wahrscheinlich der letzte Lorbeer sein, da sein Herrchen darauf bedacht ist, dass er ein gutes Ende findet"

Auf dieser Ausstellung in Ostende konnte das Publikum eine Kopfstudie von Tjop, einer Radierung des talentierten Künstlers Isodore Opsomer, bewundern. Wir drucken sie unten ab, umgeben von zwei Fotos desselben Tjop. Das rechte Foto mit Tjop im Profil zeigt einen Kopf mit einem geraden Nasenrücken, der genauso lang ist wie die Stirn Ausgezeichnete Parallelität zwischen der Linie des Nasenrückens und der oberen Linie der Stirn.

73

Der Bruch der Nase (Stop) ist mässig. Die Stirn ist abgeflacht Die Ohren, ohne zu grossen Abstand zwischen ihnen, sind gerade getragen mit spitz zulaufender Spitze. Die Ohrmuscheln sind gut gerundet. Der Nacken ist leicht gewölbt. Die mittelgrossen Augen sind leicht mandelförmig mit einem direkten, lebhaften, intelligenten und fragenden Blick. Die schmalen Lippen sind fest zusammengepresst, der Hals ist schön frei und verbreitert sich allmählich zu den Schultern hin. Bemerkenswert ist auch ein Kragen, der vom Ohransatz ausgeht und sich zur Brust hin verliert.

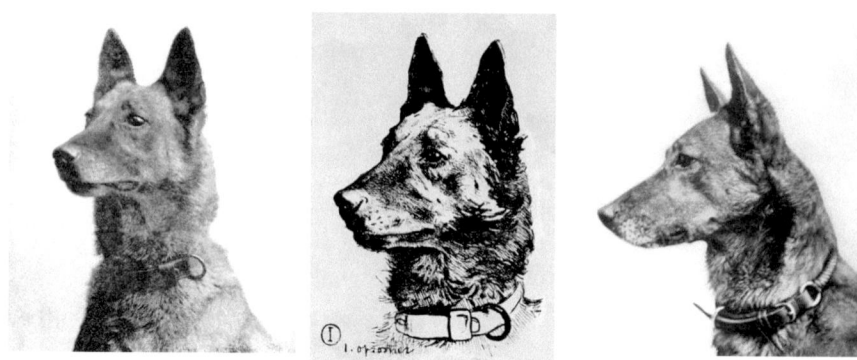

Tjop Geboren 1896 aus Tomy x Cora I von F. Huygehbaert

Die 8. BBC Ausstellung vom 20. und 21. März 1910

Der Berger Belge Club, dessen bescheidene Anfänge und erste Ausstellungen in Laeken und Schaerbeek unter dem beharrlichen Einsatz seines Vorsitzenden Joseph Demulder in Erinnerung bleiben, hat enorme Fortschritte gemacht und ist auf dem besten Weg, einer der bedeutendsten Clubs zu werden. Derzeit zählt der Club mehr als 100 Mitglieder.

Bei der Ausstellung waren 174 Hunde anwesend – eine Zahl, die noch nie zuvor erreicht wurde. Die Groenendaels waren mit 86 Hunden vertreten. Diese wurden von Frans Huyghebaert beurteilt. Die Rasse wurde für ihre Perfektion und Einheitlichkeit gelobt. Der Groenendael, eine der vier Varietäten des Belgischen Schäferhundes, ist bekannt für sein langes, glattes, schwarzes Fell. Der Text deutet darauf hin, dass der aktuelle Zustand der Rasse, gekennzeichnet durch bemerkenswerte Einheitlichkeit und Qualität, durch selektive Zucht aus einer begrenzten Anzahl von Individuen erreicht wurde, unter Einbeziehung von Inzucht (konsanguinen Kreuzungen).

Diese Zuchtpraxis, die bestimmte wünschenswerte Merkmale stabilisieren kann, erfordert eine sorgfältige Verwaltung, um die Gesundheit und genetische Vielfalt der Rasse zu erhalten.

Die Malinois waren mit 32 Tieren nicht sehr stark vertreten. Die Zahl der Hunde mit langem, fahlgelbfarbenem Fell betrug 27. Der berühmte Milsart von F. Cloetens, der bereits 13 Jahre alt war, wurde als Prototyp dieser Sorte auf der Ausstellung hervorgehoben. Diese Hunde, mit ihrem opulenten Fell, den warmen Farbtönen und ihrem rustikalen Temperament, erfreuen sich unter Liebhabern von Schäferhunden grosser Beliebtheit. Unter den rauhaarigen Hunden gab es eine grosse Anzahl sehr guter Schäferhundtypen mit:

- guten Knochen,
- guter Fülle,
- einem gut verlaufenden Rücken,
- einer recht kurzen Lende und
- einer korrekten, gut getragenen Rute.

Bei den Hunden mit dunkelgrauem, aschgrauem Rauhaar ging der erste Preis in der offenen Klasse an Bazoef, im Besitz von C. Cloetens.

Bazoef & Mira LOSH 6141

Ausstellung von Hunden Belgischer Rassen in Brüssel am 23. und 24. Oktober 1910

Ein ganz besonderes Interesse galt dieser Ausstellung, auf der sich zum ersten Mal ausschliesslich Vertreter unserer nationalen Hunderassen versammelten.

Neben den Schipperkes, den Brüsseler Griffons, den Kleinen Brabantern, den Belgischen Griffons, den Papillons und Zwergspaniels, den Schäferhunden der fünf Varietäten und den Zugmastiffs wurde auch den Bluthunden besondere Aufmerksamkeit eingeräumt – einer Rasse, die ursprünglich aus unseren Ardennen stammte und mit der Französischen Revolution ausgestorben war.

Diese alte Rasse, die besser unter dem Namen Bloodhounds bekannt ist, den die Engländer ihr gaben, als sie sie adoptierten, taucht dank einiger Importe wieder auf Ausstellungen auf. Georges Danna aus Lille war der einzige französische Aussteller, der anwesend war.

Er konnte sich über seine Anreise nicht beklagen, denn mit seinen drei Malinois – Fram du Bois de la Deûle, Toinon du Bois de la Deûle und Tempête erzielte er den umfassendsten Erfolg, den sich ein Züchter nur wünschen kann.

Fram du Bois de la Deule

Toinon du Bois de la Deule

Die Partie der Groenendaels bestand aus 117 Tieren. Das ist ein Rekord, denn eine solche Zahl wurde noch nie zuvor erreicht.
Der Richter Frans Huyghebaert erklärt:

„Das Verdienst ist auf die Bemühungen des Groenendael Clubs zurückzuführen, der erst vor kurzem gegründet wurde, aber unter seinen Mitgliedern die klügsten Züchter und die ältesten Liebhaber unserer Hirtenhunde zählt. Ich möchte hier nur einige Namen nennen: Hettema, Rose, Dupuis, Martens, Semal, Kint, Tenret, Verheughe, Bernard."

Van den Kerckhoven hatte die Aufgabe, 31 Malinois zu beurteilen. Georges Danna, der in der Stadt Lille lebende Amateur, ist der grosse Gewinner des Tages.In der Klasse für Hundeanfänger (Novizen, 7 Anmeldungen) präsentierte er einen wunderschönen jungen Hund, Fram du Bois de la Deûle.

- Beschreibung: Ein sehr guter Hund mit einem extra grossen Kopf.
  Ergebnis: Er erhält den ersten Preis und das
  Championatszertifikat.

Bei den Hündinnen in der Siegerklasse erhält Toinon du Bois de la Deûle ebenfalls den ersten Preis und das Championatszertifikat.In der Klasse der Hündinnen gewinnt Tempête. Die Hunde von Georges Danna nehmen auch die erste Auszeichnung in den Klassen der Paare und der Gruppen mit nach Hause.

Malinois von Herrn Georges Danna aus Lille:Von links nach rechts:
Fram du Bois de la Deûle, Tempête du Bois de la Deûle, Malines du Bois de la Deûle, unbekannt, Dick du Bois de la Deûle und Star du Bois de la Deûle.

Bezüglich der offenen Klasse der Sorten mit fahlgelbfarbenem Langhaar und fahlgelbfarbenem Rauhaar gibt es folgende Bewertungen von Joseph Demulder:

„In der offenen Klasse belegt Blackon von J. Van Tuyckom aus Woluwé-Saint-Pierre den ersten Platz. Er ist ein schöner Hund, ziemlich gross, mit gutem Knochenbau, schönem Kopf, mit gutem Ausdruck, guter Rückenlinie, guten Beinen, gut gefransten Vorderbeinen, gutem Fell, von einem schönen, ziemlich charbonage fahlgelb. Die Rute ist sehr gut behaart, könnte aber korrekter getragen werden. Ich gewähre ihm dennoch das Championatszertifikat. In der offenen Klasse Hündinnen gewann Rachel von J. Van Hemelryck, die in gutem Zustand präsentiert wurde, den ersten Preis und das Championatszertifikat. Rachel übertrumpft ihren Bruder Blackon beim Sonderpreis für den Besten der Varietät durch ihren schöneren Ausdruck und ihr dreieckigeres, steiferes und ständig spitzes Ohr. Bei den Rüden mit Rauhhaar steht Quick an der Spitze und macht den ersten Preis in der Siegerklasse. Die Hündinnen sind den Rüden in Typ, Haar und Farbe weit überlegen. Zorka von C. Farenthold fügt den vielen Preisen, die sie bereits besitzt, den ersten Preis in der Siegerklasse hinzu.

Tod von Louis Vander Snickt im Jahr 1911

Louis Vander Snickt, der hervorragende Chefredakteur von Chasse et Pêche, starb am 20. Oktober 1911 in Brüssel. Er war mit einer scharfen Intelligenz, einer bemerkenswerten Beobachtungsgabe und einem ungeheuren Gedächtnis ausgestattet. In Chasse et Pêche vom 22. Mai 1898 schrieb er Folgendes:

In einem Artikel mit dem Titel „Stärkende Arbeit - schwächende Untätigkeit", der wie sein Glaubensbekenntnis klang, schrieb er:

„Welche Tierrasse auch immer verbessert werden soll, wir haben uns immer für Wettbewerbe auf Ausstellungen ausgesprochen.

Allerdings legten wir grösseren Wert auf praktische Arbeitsprüfungen und Rekorde.

Jeder Hirtenhund", fuhr er fort, „muss, wenn er seiner Rasse Ehre machen will, in seinem Stammbaum mindestens zwei Vorfahren höchstens zweiten Grades aufweisen, die sich in praktischen Arbeitsprüfungen ausgezeichnet haben. Wenn diese Bedingung nicht erfüllt wird, muss die Rasse auf fatale Weise degenerieren.

Wir lassen kein Tier, keinen Hund, kein Pferd, kein Huhn, keine Ente, keine Taube zu, das nicht zu etwas nütze ist, und halten es auch nicht der Ermutigung für würdig. Es ist völlig nutzlos, wenn nicht sogar schädlich, Ermutigungen in einem anderen Sinn zu verteilen, als in der Perfektion der zu leistenden Arbeit."

Wettbewerbe und Rekorde in der Fährtenarbeit

Am 13. und 14. Mai 1911 veranstaltete die SNACBB, deren aktiver Sekretär Louis Huyghebaert war, unter dem Vorsitz von J. Verberckt ihren dritten jährlichen Wettbewerb für Belgische Schäferhunde in Lierre. Das vereinfachte Programm war hauptsächlich auf die Fährtenarbeit ausgerichtet.

Am nächsten Tag herrschte warmes Wetter mit einem leichten Wind. Die elf Teilnehmer für den Meisterschaftspreis standen bereit. Eine fünf Minuten Fährte, die in sehr flottem Tempo angelegt wurde, um Distanz zu schaffen, führte über Wiesen, Erd- und Pflasterstrassen sowie über Gräben und durch Gestrüpp.

Die Personen, die die Spur legten, kehrten auf genau demselben Weg Schritt für Schritt zurück.

Nach einer äusserst ernsthaften Arbeit ergab sich die Rangliste wie folgt:

•   Hella, Malinois weiblich, von Ritter P. Hynderick de Theulegoet;

- Thy ter Heide, Malinois Hündin, 12 Monate alt, von Ritter P. Hynder ick de Theulegoet;
- Mania, Malinois weiblich, von Ph. Hellemans aus Brügge;
- Rita, Malinois Hündin, von J. De Wulf, Brügge;
- Jules, Groenendael, von V. Eloy aus Halle.

Hella

Thy ter Heide

Was aus der bewundernswerten Nasenarbeit, die während der zweitägigen Prüfungen geleistet wurde, besonders hervorgeht, ist, dass Belgien eine Klasse ausgezeichneter Fährtenhunde unterschiedlichen Blutes und eine ganze Kategorie überzeugter Hundeführer ausgebildet hatte.

Auf Initiative der SNACBB fand am Sonntag, den 4. Februar 1912, in der Nähe von Lierre die erste Prüfung für Hütehunde statt, die auf kalten Fährten ausgebildet wurden.

Eine Fährte wird als warm bezeichnet, wenn der Hund ihr kurz nach dem Legen folgen kann. Die drei Teilnehmer waren:

- Gaston Mathieu aus Antwerpen mit Lilly, weibliches Rauhhaar fahlgelb
- Der Maréchal des logis de gendarmerie C. Fulbert, Besitzer von Dusky, Groenendael
- Léon Beaupain aus Verviers, der die ihm gehörende Groenendael-Hündin Lary führte

Larry, Lilly und Dusky

Die Aufgabe der Hunde bestand darin, zu beweisen, dass sie eine Spur verfolgen können, die mindestens eine Stunde und 30 Minuten alt ist. Ausserdem sollten sie, wenn sie am Ziel angekommen sind, aus einer Gruppe von mindestens vier Personen diejenige bestimmen, die die Spur gelegt hat.
Die Durchschnittstemperatur an diesem Sonntag lag bei sechs Grad unter Null. Ein ziemlich starker Wind wehte aus Nordosten, und es lagen zwei Fingerbreit Schnee. Lilly und Dusky erhielten das Sonderpatent für Spürhunde, aber das endgültige Diplom wird ihnen erst ausgestellt, wenn sie durch eine weitere Prüfung nachweisen, dass sie den Fährtenleger identifizieren können.
Da Lary weniger gut als die beiden anderen Teilnehmer gespurt hat, muss er sich einer weiteren vollständigen Prüfung unterziehen, bevor er das Diplom erhalten kann.
Die Besitzer von Lary und Dusky wollten nicht zulassen, dass das Jahr zu Ende ging, ohne ihre Hunde erneut einer Richterprüfung zu unterziehen. Auf ihren Wunsch hin führte die SNACBB eine zweite Prüfungsrunde für Spürhunde durch.
Die Prüfung fand am Sonntag, den 10. November 1912, in Verviers statt.
Am Ende der Prüfungen erhielt Groenendael Lary das Diplom für Fährtenhunde auf kalter Fährte, aber Dusky, der den angeblichen „Verbrecher" unter mehreren Personen nicht identifizieren konnte, musste in Bezug auf

die Identifikationsarbeit noch einmal überprüft werden, bevor er das offizielle Diplom erhielt. Am 7. Dezember 1912 organisierte die SNACBB zum 4. mal die Feldprüfungen für Belgische Schäferhunde. Die Teilnehmerzahl betrug 11 Hunde In der ersten Runde müssen alle Hunde eine fünfminütige Fährte verfolgen. In der zweiten Runde wird die Fährte dreimal von einer falschen Fährte durchschnitten Anschliessend wird das folgende Ergebnis verkündet:

Punch, Enkel von Dewet und Tjop

- Punch (LOSH 8820), Malinois von A. Leprince aus Brüssel;
- Jeckon, Groenendael von Th. Kolh aus Verviers;
- Flac, Groenendael von F. Dupuis, Lasne-Chapelle;
- Zor, geboren am 18. Oktober 1910, Malinois von C. Slachmuylders aus Herboden;
- Dalha, Malinois Hündin von A. Delreux aus Espierres.

Knappe

Am 3. und 4. Mai 1913 veranstaltete die SNACBB ihren fünften Wettbewerb in Gent für Belgische Schäferhunde. Es nahmen 16 Hunde teil. Der Erfolg der Prüfungen war beispiellos. Die Entfernung betrug fünf Minuten Fussweg, also zehn Minuten für den Hin und Rückweg. Knappe, LOSH 8826, geboren am 15. November 1911, im Besitz von Herrn R. Vermandere aus Avelgem, war die glückliche Gewinnerin. Sie war erst 18 Monate alt und zeigte sich als ebenso frühreife wie gute Fährtlenleserin. Was die Geschwindigkeit betrifft, war sie nicht die Beste, aber ihre Arbeit war wunderbar in Bezug auf Sicherheit, Vorsicht Genauigkeit und Intelligenz bei der Suche.

Internationale Feldversuche in Strivay (Esneux) 20. 21. und 22. September 1913

Die Internationalen Feldversuche fanden vom 20. bis 22. September 1913 in Strivay (Esneux) statt. Organisiert wurden diese Prüfungen vom Kynos Club Liégeois, der sowohl Belgische Schäferhunde als auch Deutsche Schäferhunde teilnehmen liess. Insgesamt nahmen 23 Hunde teil, davon 21 Belgische Schäferhunde und zwei Deutsche Schäferhunde.

Der Preis des Kynos Clubs mit SRSHMeisterschaftszertifikat umfasste Übungen zur Fährtenarbeit im Freifolgen und an der Leine sowie Sprung, Schwimm, Angriffs und Verteidigungsübungen.

Für alle Prüfungen ergab sich folgende Gesamtwertung des Wettbewerbs:

- Turcodos, Malinois, von J. De Were aus Méry;

- Dusky, Groenendael, von C. Fulbert aus Tilleur;

- Punch, Malinois, von A. Leprince aus Brüssel;

- Zetta, Malinois Hündin, von F. Huge aus Lüttich;

- Mirettie, Malinois Hündin, von D. Delville aus Esneux;

- Zor, Malinois, von C. Schlachmuylders aus Malderen;

- Mimax, Malinois, von F. Huge aus Lüttich;

- Marcq, Malinois, von Herrn Splingaert aus Huizingen.

Das Programm war das umfassendste, das Schäferhunde bis zu diesem Zeitpunkt zu absolvieren hatten. Für das Championatszertifikat waren mindestens 70 % der möglichen Punkte erforderlich. Die drei erstplatzierten Hunde übertrafen diese Anforderung deutlich:

Turcodos, Malinois, von J. Dewere aus Méry

Apportieren aus dem Wasser

Dusky

Mimax

Sprung ins Wasser von Punch

Sechster SNACBB Wettbewerb in Leuven 1914

Am 4. und 5. April 1914 fand die Fährtenprüfung auf heisser Spur in der Umgebung von Louvain statt. Die Zahl der Teilnehmer belief sich auf 21 Hunde. Die Lütticher stellten allein die Hälfte des Teilnehmerfeldes und waren alle Ringtrainer oder ehemalige Ringtrainer. Es gibt also keine „Unvereinbarkeit" zwischen diesen beiden Unterteilungen der Dressur. So können gute Verteidigungshunde ohne Nachteile auch hervorragende Fährtensucher sein.

Julo, P. Colson

- Der erste Preis und das Meisterschaftszertifikat gingen an: Del, eine Malinois-Hündin, von C. Slachmuylders;
- Zweiter Platz: Julo, Groenendael, ein Jahr alt, von P. Colson aus Lüttich;
- Dritter Platz: Mitanie, Groenendael-Hündin, von E. Fayt aus Roeulx.

Die Prüfungen wurden von Louis Huyghebaert, F.E. Verbanck und Paul Mégnin von L'Éleveur français beurteilt. Mégnin bemerkte, wie sehr er die enormen Fortschritte in Belgien geschätzt habe. Unter den Gästen befand sich auch Charles Huge.

Die Zeit von 1908 bis 1914 war geprägt vom Kampf um die Zulassung des Fährtensports. Der Nationale Verein für die Verbesserung des Belgischen Schäferhundes und der Kynos Club Liégeois hatten die Ehre und das Verdienst, diese Sportart immer erfolgreicher zu machen.

Leider unterbrach der Krieg von 1914 alle sportlichen Aktivitäten und stoppte den Fortschritt in einer Zeit, als Belgien bereits eine Reihe erstklassiger Hunde besass, die sich auf die Fährtenarbeit spezialisiert hatten.

Belgischer Club du Chien Ambulancier (Rettungshunde)

Am 12. Januar 1910 wurde der belgische Club du Chien Ambulancier gegründet. (Der Begriff „Chien Ambulancier" lässt sich als „Sanitätshund" oder „Rettungshund" übersetzen.) Diese Hunde wurden trainiert, um Verletzte auf Schlachtfeldern zu finden und Sanitätspersonal zu diesen zu führen oder medizinische Hilfsgüter zu tragen.

Das Ziel des Clubs war es, eine Reserve von Rettungshunden zu bilden, die in Kriegszeiten eventuell dem Gesundheitsdienst der Armee zur Verfügung gestellt würden, um Verwundete zu retten. Der Club plante, die Hunde auch während Manövern, bei Katastrophen oder Unglücksfällen und generell in Situationen einzusetzen, in denen ihre Nützlichkeit verlangt würde. Das Sekretariat des Clubs wurde von Leutnant Van de Putte vom Regiment der Karabiniers übernommen.

In Belgien bezieht sich der Begriff „Karabiniers" historisch auf eine bestimmte militärische Einheit, die Karabiniers genannt wurde. Diese belgischen Karabiniers und die italienischen Carabinieri sind historisch und organisatorisch getrennte Einheiten, die in unterschiedlichen nationalen Kontexten entstanden sind.

Ein erster internationaler Wettbewerb wurde 1911 in Brüssel veranstaltet. Nach diesen Wettbewerben fand am 10. Mai 1914 ein nationaler Wettbewerb im Wald von Soignes statt.

Ablauf des Wettbewerbs:

Der erste Teil bestand darin, fünf Soldaten zu finden, die sich in einem 200 x 400 Meter grossen Gelände versteckt hatten. Den zehn Teilnehmern wurden dafür zehn Minuten eingeräumt. Am Nachmittag standen Dressurprüfungen auf dem Programm.
Ergebnisse:

Vier Hunde erhielten das offizielle Diplom als Rettungshund, weil sie mindestens 50 % der Punkte erreicht und mindestens zwei Menschen entdeckt hatten. Die prämierten Hunde waren:

- Erran, Groenendael, von Herrn Briot von der Gendarmeriebrigade in La Hulpe;
- Diane, Groenendael-Hündin, von Herrn Jacobs;
- Diane, Tervueren-Hündin, von M. Pierard;
- Zor, Malinois, von Herrn Slachmuylders.

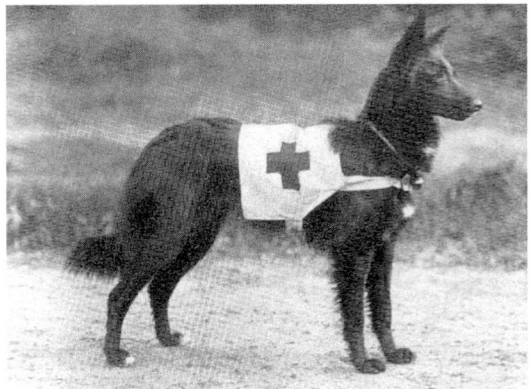

Diane, Groenendael-Hündin, von Herrn Jacobs

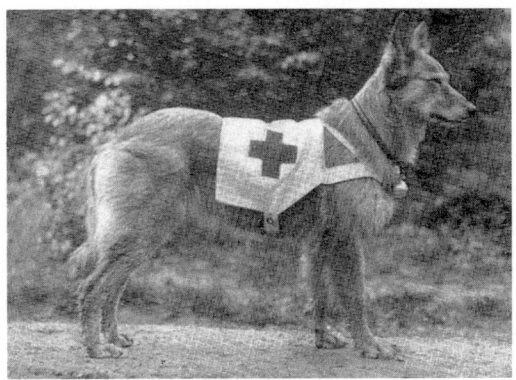

Diane, Tervueren-Hündin, von M. Pierard

Die 9. Ausstellung belgischer Schäferhunde

Die vom Berger Belge Club am 12. und 13. März 1911 organisierte Ausstellung eröffnete die jährliche Serie. Insgesamt waren etwa 165 Hunde versammelt, die sich wie folgt aufteilten:

- Groenendael: 72
- Langhaarig fahlgelb: 18
- Rauhaarig fahlgelb: 26
- Dunkelgraues aschgraues Rauhaar: 2
- Malinois: 35
- Schwarzer Kurzhaar: Etwa ein halbes Dutzend, eine Varietät, die früher ausgeschlossen wurde.

Malinois:
Fram du Bois de la Deûle von Georges Danna aus Lille setzte sich bei den Rüden durch. Richter V. Fally beschrieb den einjährigen Hund als Modell für die Rasse.
- Ausgezeichnetes Gesamtbild
- Guter Knochenbau
- Perfekte Farbe
- Ganz kleine Spur von Weiss an der Brust

Ninon de l'Enclus von E. Couvreur belegte erneut den ersten Platz bei den Hündinnen. Beide Hunde erhielten das Championatszertifikat.

Groenendael:
Der erste Preis und das Championatszertifikat gingen an Filou (LOSH 8313 alias Filou de la Garenne) von Georges Dupuis aus Maurage.
Filou überzeugte durch eine unvergleichliche Überlegenheit gegenüber anderen Hunden der Varietät.
Bemerkung: Er hatte einen weissen Fleck auf der Brust.

Jeck

Filou

<u>Langhaarig fahlgelb:</u>
Die Bewertung dieser Varietät machte es dem Richter Joseph Demulder
schwer. Das Championatszertifikat wurde an Jeck (LOSH 8593) vergeben.
Geboren: 27. Juni 1909 von Bibi hors de Betzy Züchter: E. Van Tricht aus
Kortenberg.

Beschreibung:
- Schöne Grösse
- Guter Kopf, schöner Ausdruck.
- Guter Stand und gutes Fell in einem schönen, köhlerfarbenen
  fahlgelb.

91

- Bemerkung: Schade, dass ihm die Afterkrallen nicht entfernt wurden.

Bei den Hündinnen wurde das Zertifikat nicht vergeben.

<u>Rauhaarig fahlgelb:</u>
Die Auswahl der rauhaarigen fahlgelben Hunde spiegelte laut Joseph Demulder den Standard der Varietät wider. Besonders beeindruckte die Präsentation von Carl Farenthold, der acht herausragende Tiere vorstellte, die durch Einheitlichkeit in Grösse, Fell und Farbe bestachen.

Aus dieser Gruppe stach Turcodos (LOSH 9213), geboren am 15. August 1908 von Quick hors de Miss, hervor. Er erhielt den ersten Preis in der Klasse der Zuchttiere für seine hervorragenden Nachkommen. Ebenso überzeugte Marceau in der limitierten Klasse und wurde für sein dichtes, festes Fell ausgezeichnet.

Beschreibung:
- Haar von guter Länge und Härte.

Marceau   Turcodos LOSH 9213

Schwarzer Kurzhaar:
Für die neu anerkannte Varietät der Schäferhunde mit schwarzem Kurzhaar erhielten: Black, von Herrn Simon, und Jeanne, von Herrn Bertrand jeweils einen ersten Preis.

Mastock wurde am 3. Juli 1909 bei O. Garcy in Carnières geboren. Seine Eltern sind Dingo LOSH 8199, auch bekannt als Dingo des Bas Jardins, und Corette LOSH 8205.

- Dingo, der Vater, war ein Enkel des legendären Tjop, was Mastocks Abstammung eine besondere Bedeutung verleiht.
- Corette, die Mutter, war eine Tochter von Dewet, einem weiteren wichtigen Vertreter der Rasse.

Im Jahr 1911 gewann Mastock auf der Ausstellung des Berger Belge Club (BBC) den zweiten Preis. Im selben Jahr holte er auf der Ausstellung der Société Royale Saint-Hubert (SRSH) den ersten Preis sowie das begehrte Championatszertifikat. Mastock war ein hervorragender Vertreter seiner Rasse, der sowohl durch seine Abstammung als auch durch seine Leistung und Erscheinung beeindruckte.

Mastock

93

Ausstellung des Groenendael Clubs vom 18. Juni 1911

Dies ist die zweite Ausstellung, die vom Groenendael Club organisiert wird. Die schlechteste Partie, sowohl als Ganzes als auch für die einzelnen Tiere, war die Partie der männlichen Groenendael. Der Richter Frans Huyghebaert vergab kein Championatszertifikat. Die Klasse der 71 Hündinnen, die von François Semal beurteilt wurde, präsentierte sich jedoch insgesamt ausgezeichnet. In der offenen Klasse erhielt Sultane de Rixensart (LOSH 8323) den ersten Preis und das, obwohl sie durch eine bereits sehr fortgeschrittene Trächtigkeit in einem unterlegenen Zustand war.

Hier ein Auszug aus dem Bericht von Henry Sodenkamp, einem häufig angefragten Richter auf dem europäischen Kontinent:

„Die Zucht des Malinois in Belgien kann kaum die Nachfrage befriedigen, die aus allen Teilen Europas einströmt, zumal diese Rasse ihre ganz besondere Eignung für die Ausbildung als Polizeihund und für die Fährtenarbeit bewiesen hat. Unsere Malinois sind schön und gut, und die einzige Gefahr, die der Rasse zu drohen scheint, ist die Tendenz, kleiner zu werden und durch die Veredelung des allgemeinen Erscheinungsbildes, die in relativ kurzer Zeit durch eine manchmal etwas übertriebene Inzucht erreicht wurde, die Rustikalität und die Solidität des allgemeinen Körperbaus zu verlieren, die einen Hund für die Herde auszeichnen müssen.

Auf diese Entwicklung wird man achten müssen. Das Problem ist umso schwieriger, als man nicht genau weiss, auf welche ähnliche Rasse man zurückgreifen sollte, falls man eine Kreuzung ausserhalb des gewohnten und bewährten wünscht. Der Deutsche Schäferhund scheint nicht geeignet zu sein, und man wird eher in Holland fündig werden, wo einige holländische Schäferhunde eine Ähnlichkeit mit den unsrigen haben, aus der wir Qualitäten schöpfen könnten."

„Was die Groenendaels betrifft, so sind sie die Triumphatoren des Tages. Jeder will sie, jeder hat sie, und trotz der enormen Produktion übersteigt die Nachfrage das Angebot. Ich habe sie in ganz Europa gesehen, von Aix-les-Bains über Lyon bis nach Moskau. Es gibt sie in Italien und angeblich auch in New York und Argentinien. Unsere rauhaarigen Hirtenhunde sind im Ausland viel weniger gefragt, obwohl die fahlgelben Rauhhaarhunde seit der Zulassung dieser Varietät einen deutlichen Fortschritt gemacht haben. Ich habe in Holland ausgezeichnete Hunde gesehen, wo sie manchmal auch als Viehtreiber ausgestellt werden. Was die fahlgelben Langhaarigen betrifft, so zeigt man uns allmählich sehr schöne Exemplare, und diese Sorte scheint eine echte Zukunft zu haben. Dasselbe gilt für die kurzhaarigen Groenendaels, die im Ausland mit Misstrauen betrachtet werden und von denen man bei uns nicht genügend Exemplare sieht, um glauben zu können, dass sie sich einer dauerhaften Welle erfreuen werden."

Charles Huge, der in diesem Buch noch mehrmals erwähnt wird, da seine Zuchttipps auf sehr viel Erfahrung beruhen, schrieb in Chasse et Pêche vom 22. März 1913 über das schwarze Kurzhaar:

Heute ist es schwieriger, die schwarzen Kurzhaarigen zusammenzubringen. Aber keine Angst, sie werden sich halten, denn diese Hunde gab es bei uns schon lange und in grosser Zahl. Wer auf dem Land gelebt und die Schäfereien gekannt hat, hat sie gekannt, zum Teil sehr schöne Hunde."

Der Typ des Schwarzen-Kurzhaar darf nicht von dem unseres Malinois abweichen. Diese Varietät sollte ein Zweig des Malinois sein, im gleichen Masse, wie der Belgische Griffon eine Ableitung des Brüsseler Griffons ist.

Die Schwarzen haben immer zusammen mit den Fauves und sogar mit den Gestromten existiert, bevor sie fälschlicherweise aus dem nationalen Erbe ausgeschlossen wurden.

„Aber könnten Sie mir bitte sagen, welchen Nachteil es hätte, gelegentlich einen schwarzen, kurzhaarigen Hund mit einem falbfarbenen, kurzhaarigen Hund zu kreuzen, wenn beide vom gleichen Typ sind, dieselbe Felltextur und identische Anatomie und Fähigkeiten haben? Niemand, der ernsthaft und mit etwas Erfahrung ist, könnte einen Einwand erheben. Ich gehe noch weiter und füge hinzu, dass es unklug wäre, das schwarze Kurzhaar abzulehnen und verloren gehen zu lassen, wenn man Wert auf die schwarze Maske legt und die dunkle Farbe beim Malinois."

Expo Groenendael Club 1909/1910

Elfte Ausstellung des Berger Belge Club

Am Sonntag, dem 15. März 1914, veranstaltete der Berger Belge Club (BBC) in Brüssel seine 11. Ausstellung von Belgischen Schäferhunden und Bouviers de Roulers. Es waren 180 Hunde angemeldet. In der Zeitschrift La Chasse Moderne wurde ein Bericht über diese Ausstellung veröffentlicht, der mit CH (Charles Huge) unterzeichnet war. Besonders interessant ist dieser Bericht, da er auch auf die nicht anerkannten Varietäten Bezug nimmt. Nachfolgend einige Passagen:

„Die Belgischen Schäferhunde von nicht anerkannten Varietäten zeigten wenig Enthusiasmus, von den Vorschüssen zu profitieren, die ihnen vom BBC gemacht wurden. Es stimmt, dass ihnen nur die kleine Tür geöffnet wurde, doch durch diese gingen auch die Tervueren, deren Aufschwung ich bereits erwähnt habe, sowie die Laekenois und die schwarzen Kurzhaarhunde. Für diese Varietäten ist das grosse, offizielle Tor jedoch noch immer geschlossen. Der Hund, der dem Ideal des Belgischen Schäferhundes am nächsten kam, war zweifellos eine 10 Monate alte Hündin namens Créole von Herrn Coulon. Créole war überraschend kräftig, bewundernswert geformt und hatte ein undankbares Fell von weisslichgrauer Farbe, das am Hals dunkler war. Bemerkenswert war die schwarze Unterwolle. Genau so, wie sie ist, beweist Créole zusammen mit den vorherigen Hunden, dass die nicht offiziell zugelassenen Varietäten eine Reserve darstellen, aus der man schöpfen sollte, um die Vitalität der Rasse zu stärken."

Dieser Bericht unterstreicht die Bedeutung genetischer Vielfalt, insbesondere durch die Einbeziehung bisher nicht anerkannter Varietäten. Der Begriff „anämisch" wird hier metaphorisch verwendet, um die Schwächung der genetischen Vielfalt durch enge Zuchtlinien zu beschreiben.

Créole nahm auch an der Ausstellung der Société Canine Nemrod am 7. und 8. Juni 1914 in Mons teil.

Der Richter J. Drossart war dort für die Bewertung der Klasse Langhaar, andersfarbig als schwarz und falb zuständig. Créole war die einzige Hündin dieser Klasse und gewann den ersten Preis.

„Das ist der schönste Belgische Schäferhund, den ich in
meinem Leben gesehen habe," sagte Richter Drossart.

Die Genetik zeigt, dass Créoles graue Farbe eigentlich ein verwässertes Falbgelb ist, das durch ein rezessives Gen verursacht wird. Dieses Gen ist nur sichtbar, wenn es in doppelter Ausprägung vorliegt (von beiden Elternteilen vererbt).

Ein Blick auf Créoles Stammbaum zeigt, dass sowohl der Vater Démon de l'Enfer als auch die Mutter Doka den berühmten Sam (NHSB 1488) in ihrer Ahnenreihe haben.

Sam wurde vom SHSB aufgrund seiner nicht konformen Farbe abgelehnt. Sam war nicht vollständig schwarz, sondern gestromt, ähnlich seinem Vater Tom de Saventhem, einem grau gestromten Langhaar.

Andere Bewertungen der Ausstellung. In der Klasse der Kurzhaar ausser schwarz, falb oder Charbonage erhielten zwei Bringés (gestromte Hunde), ein Rüde und eine Hündin, beide einen verdienten ersten Preis.

Demon de l Enfer, LOSH 8834, Geboren 25.12.1908,
Besitzer Joseph Drossart aus Wasmes

Pedigree von Crèole

<table>
<tr><td></td><td></td><td></td><td></td><td>16 Pitt (6148)</td><td>32 Picard d'Uccle</td></tr>
<tr><td></td><td></td><td>8 Porthos (6149)</td><td></td><td></td><td>33 Petite</td></tr>
<tr><td></td><td></td><td></td><td></td><td>17 Diane (Danhieux)</td><td>34 Duc de Groenendael</td></tr>
<tr><td></td><td>4 Fantôme</td><td></td><td></td><td></td><td>35 Miss, fauve (Danhieux)</td></tr>
<tr><td></td><td>de l'Enfer</td><td></td><td></td><td>18 Pek Zwet</td><td>36 Sam (NHSB 1488)</td></tr>
<tr><td></td><td></td><td>9 Ferry</td><td></td><td></td><td>37 Lise</td></tr>
<tr><td></td><td></td><td></td><td></td><td>19 Bergère</td><td>38 Picard d'Uccle</td></tr>
<tr><td></td><td></td><td></td><td></td><td></td><td>39 Baronne</td></tr>
<tr><td>2 Démon de l'Enfer</td><td></td><td></td><td></td><td></td><td></td></tr>
<tr><td></td><td></td><td></td><td></td><td>20</td><td>40</td></tr>
<tr><td></td><td></td><td>10 Don Juan</td><td></td><td></td><td>41</td></tr>
<tr><td></td><td></td><td>de Rixensart</td><td></td><td></td><td></td></tr>
<tr><td></td><td></td><td></td><td></td><td>21</td><td>42</td></tr>
<tr><td></td><td>5 Printemps</td><td></td><td></td><td></td><td>43</td></tr>
<tr><td></td><td>de Rixensart</td><td></td><td></td><td></td><td></td></tr>
<tr><td></td><td></td><td></td><td></td><td>22 Porthos (6149)</td><td>44 Pitt (6148)</td></tr>
<tr><td></td><td></td><td>11 Katty</td><td></td><td></td><td>45 Diane (Danhieux)</td></tr>
<tr><td></td><td></td><td></td><td></td><td>23 Cléa (6151)</td><td>46 Pitt (6148)</td></tr>
<tr><td></td><td></td><td></td><td></td><td></td><td>47 Olga (6154)</td></tr>
</table>

<table>
<tr><td></td><td></td><td></td><td>24 Pek Zwet</td><td>48 Sam (NHSB 1488)</td></tr>
<tr><td></td><td></td><td>12 Ulysse</td><td></td><td>49 Lise</td></tr>
<tr><td></td><td>6 Filou (8313)</td><td></td><td>25 Topsy</td><td>50 Pitt (6148)</td></tr>
<tr><td></td><td></td><td></td><td>de Cambron</td><td>51 Marah</td></tr>
<tr><td></td><td></td><td></td><td>26 Athos (6479)</td><td>52 Porthos (6149)</td></tr>
<tr><td></td><td></td><td>13 Ritta</td><td></td><td>53 Cléa (6151)</td></tr>
<tr><td></td><td></td><td></td><td>27 Mascotte</td><td>54 Picard d'Uccle</td></tr>
<tr><td>3 Doka (9199)</td><td></td><td></td><td></td><td>55 Diane (Rose)</td></tr>
<tr><td></td><td></td><td></td><td>28 Duc (7048)</td><td>56 Sam (NHSB 1488)</td></tr>
<tr><td></td><td></td><td>14 Hardy</td><td></td><td>57 Belle</td></tr>
<tr><td></td><td></td><td>poil long 'gris'</td><td>29 Diane (7584)</td><td>58 Dax (6147)</td></tr>
<tr><td></td><td>7 Dara</td><td></td><td></td><td>59 Frida (6152)</td></tr>
<tr><td></td><td></td><td></td><td>30 Dax (6147)</td><td>60 Pitt (6148)</td></tr>
<tr><td></td><td></td><td>15 Diane (7584)</td><td></td><td>61 Olga (6154)</td></tr>
<tr><td></td><td></td><td></td><td>31 Frida (6152)</td><td>62 Pitt (6148)</td></tr>
<tr><td></td><td></td><td></td><td></td><td>63 Olga (6154)</td></tr>
</table>

Ausstellung in Jemeppe-sur-Meuse in den Cockerill Werken am 20. und 21. Juni 1914

Bei der grossen Ausstellung aller Rassen, die vom Club du Chien de Berger de Jemeppe in den Cockerill-Werken organisiert wurde, waren die kurzhaarigen schwarzen Schäferhunde gut vertreten. Sechzehn angemeldete Tiere bildeten eine Partie von perfekter Homogenität.

Richter Legros schrieb in seinem Bericht:

> „Diese Varietät ist zweifellos endgültig geschaffen worden, dank der zahlreichen Liebhaber, die es im Lütticher Land gibt und die ihre Zucht auf diesen neuen Typ ausrichten. In diesem Zusammenhang sei daran erinnert, dass die schwarz kurzhaarigen Hirtenhunde mit einer höheren Intelligenz, einem besonders wendigen und sozialen Charakter ausgestattet sind, wobei sie beim Angriff sehr bissig und ihrem Herrn äusserst ergeben sind. Auch an Geruchssinn mangelt es ihnen nicht."

Im Ring der kurzhaarigen schwarzen Schäferhunde

Auf der gleichen Ausstellung in Jemeppe tauchten erneut gestromte Langhaarige auf. Aber was war aus unseren einst auf den Ausstellungen preis-
gekrönten Bringé geworden? („Bringé" ist ein französischer Begriff, der im
Kontext von Hunden „gestromt" bedeutet. Gestromte Hunde haben ein
charakteristisches Fellmuster.) Seit ihrer Verdrängung im Jahr 1899 wurden
viele der ausgeschlossenen Hunde, die in Belgien von belgischen Eltern geboren wurden, in den Stammbüchern als Holländischer Schäferhund eingetragen. Einige Kopien von LOB-Stammbäumen tragen sogar den Vermerk:

„Chien de Berger Belge dit Hollandais"

Dies ist nur eines von vielen Beispielen für eine Stammbaumkopie, die einen
Belgischen Schäferhund, genannt Holländischer Schäferhund, mit einer
nicht anerkannten Fellfarbe zeigt. Der dargestellte Fall, ein gestromtes Lang-
haar, ist umso interessanter, als es sich um eine sortenübergreifende Paarung
zwischen einem Groenendael und einem Tervueren handelt. Der Vater von
Gamine ist ein heterozygoter Groenendael, der das Brindle-Gen (kbr) trägt.
Das Brindle-Muster, bei dem nur ein Exemplar des kbr-Allels ausreicht, um
sich auszuprägen, ist dominant über das fahlgelb-Allel. Hier ist, was Louis
Huyghebaert in seinem Bericht auf der SRSH-Ausstellung vom 21. bis 23.
Mai 1910 schrieb, nachdem er die Holländischen Schäferhunde und die Bou-
viers beurteilt hatte:

„Unter unseren ersten Malinois besassen wir auch Brings, und
Samlo, Tjops Grossvater, war ein sehr schönes Exemplar. Ich verstehe nicht, warum wir diese Sorte völlig vernachlässigt haben."

Dies ist nur eines von vielen Beispielen für eine Stammbaumkopie, die einen
Belgischen Schäferhund, genannt Holländischer Schäferhund, mit einer
nicht anerkannten Fellfarbe zeigt. Der dargestellte Fall, ein gestromtes Langhaar, ist besonders interessant, da es sich um eine sortenübergreifende
Paarung zwischen einem Groenendael und einem Tervueren handelt. Der
Vater von Gamine ist ein heterozygoter Groenendael, der das Brindle-Gen
(kbr) trägt. Dieses Gen für das gestromte Muster benötigt nur ein Exemplar
des kbr-Allels, um sichtbar zu sein, da es dominant über das Fahl gelb-Allel

wirkt. Hier ist, was Louis Huyghebaert in seinem Bericht auf der SRSH-Ausstellung vom 21. bis 23. Mai 1910 schrieb, nachdem er die Holländischen Schäferhunde und die Bouviers beurteilt hatte:

„Unter unseren ersten Malinois besassen wir auch Bringés, und Samlo, Tjops Grossvater, war ein sehr schönes Exemplar. Ich verstehe nicht, warum wir diese Sorte völlig vernachlässigt haben."

KENNEL CLUB BELGE
Union Professionnelle des Eleveurs de Chiens de Belgique
Reconnu par le Gouvernement   Affilié à l'
UNION CANINE INTERNATIONALE (U.C.I. Br.)
AVENUE PONSNY 120   -   1060 BRUXELLES
Téléphone (02) 537 04 57   C.C.P. 000-0103757-64

BELGISCHE KENNEL CLUB
Beroepsvereniging der Belgische Hondenfokkers
Door de Regering erkend   Aangesloten bij de
UNION CANINE INTERNATIONALE (U.C.I. Br.)
PONSNYLAAN 120   1060 BRUSSEL
Telefoon (02) 537 04 57   P.C.R. 000-0103757-64

GESTICHT IN 1908

L.O.B.   No

Nom de chenil de l'éleveur (1)
Kennelnaam van de fokker (1)

à M.me Paridant
van
rue Acheteur : Franvolle Colais
straat   te

GÉNÉALOGIE : Nom et affixe   Gamine
AFKOMST :   Naam en Kennelnaam
Race   Berger Belge dit Hollandais   N° Tatouage
Ras   N° Tatoeëring
Couleur et nature du poil   long bringe
Kleur en aard van de beharing
Né le (en toutes lettres)   31 mars 1919
Geboren op (voluit)

Mâle — Femelle
Reu — Teef

1 Sultan Ricko
LOB 3930

2 Ninon de Valdor

3 Abbou - Beck

4 Rida

5 Barbot de Li Sourse
LOB 123

6 Gamine des Dahlias
LOB 4327

7 Faro dit Porthos
LOB 1836

8 Sultane de Rixensaert

9 Leroy de Boitsfort
LOB 2364

10 Stella

11 Dick de la Amare

12 Lady en Miss (?)

13 Marquis des Hans LOB 621

14 Ita des Dahlias

15 Hero de Cambron LOB 51
16 Topsy de Cambron
17 Due du Moulin LOB 343
18 Rixicke de Rixensaert
19 Sweep of Boendael LOB 812
20 Miss noire
21 Sultan
22 Fina
23 Milsart
24 Miss à Cambron
25 Tom
26 Foes
27 Dick de la Mare
28 Miss à Cambron
29 Pipe
30 Fifi

Polizeihundewettbewerbe in Esneux, 1. und 2. Juli 1911

Wir können nicht vollumfänglich sein, da es mittlerweile viele Polizeihundewettbewerbe gab. Wir werden die wichtigsten von ihnen herausgreifen. Beginnen wir mit der Veranstaltung in Esneux in der Nähe von Lüttich. Dieser Wettbewerb wurde an zwei Tagen abgehalten: am Samstag, dem 1. Juli 1911, mit einer Feldprüfung und am Sonntag, dem 2. Juli, mit einer öffentlichen Prüfung im Ring.

- Talion, Tervueren, 4 Jahre alt, von D. Verheughe aus Etterbeek.
- Ducon (LOSH 8835), Groenendael, 2 Jahre alt, von A. Bernard aus Brüssel.
- Turcos (LOSH 8316, genannt Porthos), Groenendael, 6 Jahre alt, von François Semal aus Brüssel.
- New York (LOSH 8839), Groenendael, 2 Jahre alt, von François Semal aus Brüssel.
- Fedor, Groenendael, 2 Jahre alt, von Leo Dallemagne aus Haren Nord.
- Grain d'Or (LOSH 8200), Malinois, 2 Jahre alt, von E. Wimet aus Lüttich.
- Jules, genannt Duc, Groenendael, von G. Rensonnet aus Verviers.

Turcos (LOSH 8316, genannt Porthos):
Ein beeindruckender Groenendael-Rüde, der durch seine elegante Erscheinung und Arbeitsfreude hervorsticht.

Grain d'Or (LOSH 8200):
Ein vielversprechender Malinois von E. Wimet aus Lüttich, bekannt für seinen Eifer und seine herausragende Arbeitsleistung.

Die Jahre 1908 bis 1914 unter dem Deckmantel der KCB

Dressurwettbewerbe

Um eine gewisse Anarchie zu vermeiden, berief der Belgische Kennel Club den ersten Kongress der Dressurvereine ein, um ein gemeinsames Programm für die Wettbewerbe zu erstellen. Als Grundlage diente das Programm des Club du Chien Pratique, das dieser Verein zuvor in den vorbereitenden Sitzungen für den Kongress diskutiert und überarbeitet hatte.

Der Kongress fand am Sonntag, dem 20. Dezember 1908, in Brüssel statt. Auf dem zweiten Kongress am 27. Februar 1910 waren 37 Vereine mit insgesamt 102 Delegierten vertreten. Unter den Teilnehmern befanden sich auch Delegierte von französischen Vereinen aus Paris, Valenciennes und Wattrelos. Zahlreiche Persönlichkeiten aus dem Sport, die in diesem Bereich als Experten galten und über grosse Erfahrung verfügten, unterstützten den Kongress mit ihrem Wissen.

Unter ihnen sind die Namen der Herren Reumon (der auch die Funktion des Berichterstatters ausübte), Embrechts, Roberfroid, Libbrecht, Heine, Smets, Colson und Semal hervorzuheben. Es wurden zwei Programme beschlossen. Der Kongress einigte sich auf die Einführung von zwei standardisierten Programmen:

Programm für Feldprüfungen:

- Fährtenarbeit (mit und ohne Leine),
- Gehorsam und Freifolge,
- Hindernisüberwindung (z. B. Sprünge, Gräben),
- Apportieren.

Programm für Ringprüfungen:

- Angriffs- und Verteidigungsübungen,
- Schutz und Bewachung von Gegenständen,
- Verhalten bei Ablenkung (z. B. Ablehnung von Ködern),
- Unterordnung.

Der grosse Provinz-Wettbewerb wurde am 3. April 1910 in Mons vom Club Montois du Chien de Berger Pratique organisiert. Der erste Preis mit dem Titel Champion von Hennegau wurde dem Groenendael Lou de Bellevue von René Piron, Industrieller in Jumet, mit dem Maximum von 290 Punkten verliehen. Dieser hervorragend begabte und ausgebildete Hund leistete tadellose Arbeit.

„Es ist übrigens," fügt Joseph Couplet hinzu, "das erste Mal, dass meine Kollegen in der Jury und ich, vor denen schon eine ansehnliche Anzahl von Hunden gelaufen sind, seit wir uns mit Dressur beschäftigen, gesehen haben, dass ein Teilnehmer die Höchstpunktzahl erreicht hat."

Lou de Bellevue Besitzer Renè Piron aus Jumet

Beim Wettbewerb in Chênée, der vom Club Liégeois du Chien de Berger Belge organisiert wurde, gewann der Malinois César des Elfes von Joseph Lousberg aus Lüttich mit 197 von 210 Punkten den ersten Preis sowie einen Sonderpreis für die beste Leistung bei den Angriffsübungen.

Bemerkenswert war, dass César keine schwarze Maske hatte, ein eher unübliches Merkmal für einen Malinois.

Am 15. August 1910 fand in Mons ein weiterer Dressurwettbewerb statt, organisiert von der Société Canine du Hainaut. Neun Hunde nahmen daran teil und wurden von einer Jury bestehend aus Ch. Roberfroid und J. Couplet beurteilt. Der Richter Couplet kommentierte:

„Dies war bei weitem der beste Wettbewerb für Verteidigungshunde, dem wir jemals beiwohnen durften."

Cesar des Elfes

Stammbaum von Cesar des Elfes

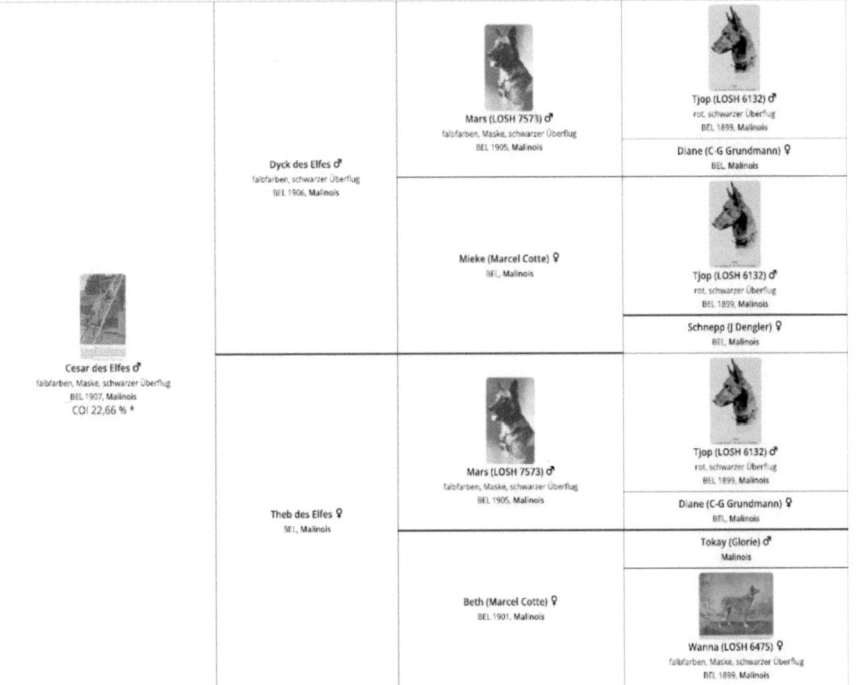

Linienzucht auf Tjop

Tjop (LOSH 6132), geboren 1899, ist ein Schlüsselhund in dieser Abstammung. Er erscheint dreifach in den Ahnen von Cesar des Elfes:
Einmal als Vater von Mars (LOSH 7573) Zweimal als Vater von weiteren Hunden in der Linie der Mütter.
Dies weist darauf hin, dass Tjop aufgrund seiner besonderen Merkmale selektiv in der Zucht bevorzugt wurde. Diese Strategie wurde wahrscheinlich angewandt, um wichtige Rassetypische Merkmale wie:

- Fellfarbe: Falbfarben (Fauve) mit schwarzer Maske und Charbonné
- Anatomie: Harmonische Proportionen
- Charakterliche Eigenschaften: Arbeitsfreude, Wachsamkeit, Robustheit

Palisade, Weitsprung und Schutzdienst

Mons 1910

Annahme des fahlgelben Langhaars im Jahr 1910

Club du Chien de Berger Belge Generalversammlung vom 29. Februar 1910. Die Tagesordnung dieser satzungsgemässen Versammlung, die von Omer Reumon geleitet wird, enthält mehrere Punkte von erstrangigem Interesse. Der wichtigste Punkt ist, dass die Versammlung auf Vorschlag des Vorsitzenden und auf der Grundlage eines Berichts, der verlesen wird, das fahlgelb Langhaar als vierte Varietät des Belgischen Schäferhundes annimmt, wobei der Standard bis auf die Farbe derselbe sein wird wie der des derzeitigen schwarzen Langhaars.

Gamin de Linthout, Tervueren

Im Sommer 1910 veranstaltete der junge Hundeverein für den fahlgelben Schäferhund von Tervueren unter dem Vorsitz von Herrn Danhieux und dem Vizevorsitzenden Herrn Corbeel einen Dressurwettbewerb. Unter den ersten fünf waren drei Söhne des Tervueren Dick de la Mare von Charles Danhieux.

- Jules du Moulin, Groenendael, ist ein Sohn von Dick;
- Carl de la Mare, Tervueren von Charles Danhieux, ist von Dick x Miss, kohlrabenschwarz, von Charles Danhieux;
- Ritha du Golf, Groenendael weiblich, von E. D0esees, aus Tervueren;
- Pick, Bouvier, von F. Van Doorslaer, Auderghem;
- Gamin de Linthout, Tervueren von H. Machiels, aus Woluwe Saint Lambert, ist aus Dick x Mira.

Nach einer sehr langen Krankheitsphase starb Omer Reumon am 3. August 1912 im Alter von 38 Jahren Die Beerdigung fand am Dienstag, den 6. August 1912, in Bourgeois Rixensart statt. Sein Wissen über den Schäferhund war tiefgehend und einzigartig. Seine Aufmerksamkeit galt nicht nur den ästhetischen Qualitäten unseres Schäfers, sondern umfasste auch die charakterlichen Fähigkeiten und physiologischen Eigenschaften. Als Präsident und Gründer der Hundeausbildungs Gesellschaft von Rixensart widmete er sich mit apostolischem Glauben der Ausbildung von Hunden, deren immense Entwicklung er zu seiner grossen Freude miterleben durfte. Reumon war Präsident des Club de Chien de Berger Belges von 1908-1912

Omer Reumon 1874-1912

Die Ausstellungen von 1911 bis 1914 des CCBB

Die Ausstellung des Klubs für Belgische Schäferhunde, die am Sonntag, dem 24. September 1911, in den geräumigen Räumen des Palais du Cinquantenaire in Brüssel stattfand, war die Krönung von zwanzig Jahren Bemühungen. Am Nachmittag fand eine Vorführung von Polizeihunden statt, die vom Club du Chien Pratique de Bruxelles und dem Dressage Club Centre organisiert wurde.

Zulassung aller Farben für Rauhaar

Einige Monate nach dem Tod seines Präsidenten Omer Reumon entschied sich der CCBB für einen Kurswechsel beim Rauhaar. Tatsächlich wurde auf der Generalversammlung des Belgischen Kennel Clubs am 24. November 1912 ein Brief des CCBB, der die Zulassung aller Farben für rauhaarige Belgische Schäferhunde vorschlug, der Versammlung vorgelegt. Der Vorschlag wurde von der Versammlung abgestimmt. Die rauhaarigen Schäferhunde werden in den gleichen Klassen aufgeführt, ohne Unterscheidung der Farbe. Alle Bemühungen von Omer Reumon hatten leider nicht die erhoffte Wirkung. Er konzentrierte sich sehr stark auf das dunkelgraue aschgraue Rauhaar und blieb damit den Ideen von Professor Adolphe Reul treu, der im fahlgelben Rauhaar Fremdblut sah.

„In der Realität ist es wahrscheinlicher, dass Fremdblut über Briard-Hunde eingekreuzt wurde bei den rauhaarigen grauen und dunklen aschgrauen, als bei den fahlgelben, welche seit Generationen im Kennel von Schäfer Jansen gezüchtet wurden. Inwieweit der politische Anteil bei dem Thema auch eine Rolle spielt, lässt sich heute nicht mehr genau eruieren."

Auf der Jahreshauptversammlung am 19. Februar 1913 wurde Joseph Couplet zum Präsidenten des Club du Chien de Berger Belge ernannt.

Ausstellung des CCBB am 21. und 22. September 1913

Gemäss seinen Traditionen veranstaltete der Club du Chien de Berger Belge seine 22. Jahresausstellung. Bei den Malinois gewann Fram du Bois de la Deûle die Meisterschaft der Rüden, und Ninon de l'Enclus die Meisterschaft der Hündinnen. Bei den Groenendael stehen Filou de la Garenne und Tosca d'el Longue Ville von Herrn Majolini im Vordergrund.
Bei den Tervueren gewann A. Smedts beide Championatszertifikate mit Carlot de Livourne und Nora de Caroline.
Gemäss seinen Traditionen veranstaltete der Club du Chien de Berger Belge seine 22. Jahresausstellung. Bei den Malinois gewann Fram du Bois de la Deûle die Meisterschaft der Rüden, und Ninon de l'Enclus die Meisterschaft der Hündinnen. Bei den Groenendael stehen Filou de la Garenne und Tosca d'el Longue Ville von Herrn Majolini im Vordergrund. Bei den Tervueren gewann A. Smedts beide Championatszertifikate mit Carlot de Livourne und Nora de Caroline.

Carlo de Livourne und Nora Zeichnung von Alexandre Clarys

114

Herr Felix Corbeel, Brauer in Tervueren, hatte einen Bruder in Brüssel, der sich ebenfalls mit Brauereien beschäftigte. Er besass einen langhaarigen Hund mit viel Charbonage namens Tom, der für sein ungewöhnliches, wildes und aggressives Verhalten bekannt war. Herr Corbeel hatte das Glück, Tom sofort mitnehmen und bei sich zu Hause unterbringen zu können, wo er sogar unter den Hausbewohnern Angst und Schrecken verbreitete. Tom war ein ausgezeichneter Wächter, ein starker Zughund und zudem sehr mutig. Herr Corbeel bekam einen guten Wurf von seinem Hund Tom mit einer ebenfalls fahlgelben Hündin. Er schenkte Herrn Danhieux zwei Welpen, die später eine ganze Reihe von Hunden brachten, darunter die berühmten Milsart und Bibi. Während es im KCB viele Wettbewerbe für Verteidigungs- und Polizeihunde gab, widmeten sich einige Vereine auch der Fährtenarbeit. Dies war der Fall beim Club du Chien de Berger, de Garde et de Défense in Antwerpen. Dieser veranstaltete am Sonntag, dem 23. April 1911, in der Westmalle Heide seinen zweiten Wettbewerb im Fährten.

Foto einer Fährtenprüfung in der Nähe von Westmalle 1911.

Der vom KCB organisierte Kongress der Dressurgesellschaften am 11. Februar 1912 gewann eine gewisse Bedeutung. Die verabschiedeten Programme sollten als Grundlage für den Erwerb der offiziellen Dressurzertifikate dienen. Der Kongress empfahl unter seinen allgemeinen Bemerkun-

gen den Teilnehmern ausdrücklich, ihre Hunde human zu behandeln und jegliche Brutalität ihnen gegenüber zu vermeiden.
Die veranstaltenden Vereine wurden dringend gebeten, alle notwendigen Massnahmen zu ergreifen, damit die Tiere nicht unter Durst, überhöhter Temperatur oder schlechtem Wetter leiden müssen.

Die ersten Meisterschaften im Ring 1913 und 1914

Erste Belgische Meisterschaft, organisiert vom Belgischen Kennel Club am 21. und 22. Juni 1913. Dreiundzwanzig Teilnehmer, von denen viele bereits zahlreiche Championatszertifikate in der Dressur erworben hatten, wurden gemeldet. Alle bekannten Hunde waren anwesend.

Bei dieser ersten Meisterschaft, die vom Belgischen Kennel Club im Palais du Cinquantenaire organisiert wurde, stand der Titel des Arbeitschampions für das Jahr 1913 auf dem Spiel. Es war Jules du Moulin, der bei dieser Gelegenheit zum belgischen Meister 1913 erklärt wurde.

Dies ist die würdige Krönung für den Hund und seinen Besitzer nach einer gut erfüllten Karriere, die im Hinblick auf die Aufwertung der Ausbildung unserer Hirtenhunde zu beeindruckenden Ergebnissen geführt hat.
Sechzehn Hunde von einundzwanzig Teilnehmern erhielten das Meisterschaftszertifikat. Dieses umfasste 70 % der Gesamtpunktzahl der Prüfung.

Hier ist die Tabelle der von den ersten fünf Teilnehmern erzielten Punkte:

PLATZ	HUND	VARIETÄT	BESITZER	RESULTAT
1	JULES DU MOULIN	GROENENDAL	CH.TEDESCO, AUDERGHEM	377.00
2	TOP DE LA JOLIETTE	GROENENDAL	VAN DER VEKEN, WOLUWE	368.50
3	CARL DE LA MARE	TERVUEREN	CH. DANHIEUX, TERVUREN	337.25
4	TOM DES CROSNERS	MALINOIS	G.MAHIE,MOLENBEEK-ST-JEAN	335.50
5	COB DE LA MALAKOFF	GROENENDAL	BAEKELAND, MOLENBEEK-ST-JEAN	322.50

Die zweite belgische Meisterschaft wurde am 20. und 21. Juni 1914 in der grossen Halle des Cinquantenaire in Brüssel ausgetragen. Zweiundzwanzig der besten Hunde aus dem In und Ausland hatten sich angemeldet.

Es war wieder Jules du Moulin, der den ersten Preis und den Titel des belgischen Champion 1914 vor dem Groenendael Cartouche aus Flawinne von E. Pigneur gewann.

Ohne zu sehr ins Detail zu gehen, sei nur so viel über die internationalen Wettbewerbe in Paris gesagt: Jules du Moulin gewann sie mehrmals, nämlich in den Jahren 1908, 1909, 1910, 1912, 1913 und 1914.

Einige seiner Wettbewerbe trugen den Namen Championat. Die Ausgabe von 1911 scheint nicht stattgefunden zu haben. Als Nachkomme der Tervueren Linie Tom, Milsart und Dick war Jules du Moulin ein phänomenaler Champion bei Dressurturnieren. Der Ausbruch des 1.Weltkrieg machte seiner Karriere einen Strich durch die Rechnung und er soll 1918 verstorben sein.

Cartouche et son Maître
(2º du Championnat)

JULES DU MOULIN, *chien de berger belge "groenendael"*
1ᵉʳ Prix et 3 fois Champion du Monde
à M. Ch. Tédesco d'Auderghem.

Jules Du Moulin

Während der Besetzung von 1914-1918

Prüfungen und Requisitionen

Die belgische Kynologie blühte, als die deutschen Armeen Anfang August 1914 in das Grossherzogtum Luxemburg, Belgien und Frankreich einmarschierten. Die Mobilisierung betraf nicht nur die Männer. Tiere, die für diensttauglich erklärt wurden, spielten eine wichtige Rolle: Pferde, Hunde und Tauben, um Nachrichten zu übermitteln, wurden eingezogen.

Die Verwüstungen, die während des Krieges 1914/18 durch die Requirierung (Beschlagnahmung von zivilen Sachgütern für Heereszwecke) von Tausenden von Hunden in den Zwingern angerichtet wurden, dezimierten unsere Hundepopulation stark und versetzten der Zucht unserer belgischen Hunderassen einen herben Rückschlag.

Da das belgische Territorium vier lange Kriegsjahre lang besetzt war, mussten unsere Schäferhunde, Viehtreiber und Mastiffs vor allem wegen der Requirierungen einen sehr hohen Preis zahlen. Man konnte einen Moment lang glauben, dass der Hundebestand endgültig gefährdet sein würde. Léandre, Malinois, LOSH 8298, wurde von den Deutschen getötet. Er erhielt den dritten Preis in der offenen Klasse und den ersten Preis in der Novizenklasse auf der Ausstellung in Brüssel, die von der SRSH am 21., 22. und 23. Mai 1910 veranstaltet wurde.

Vom ersten Tag ihrer Ankunft in Gent an liessen die Deutschen den Gemeindezwinger bewachen. Der Ruf unserer tapferen Schäferhunde hatte sich weit über unsere Grenzen hinaus verbreitet. Die Besitzer der Hunde mussten am eigenen Leib erfahren, wie sehr diese vom Feind gesucht und in ihren Besitz genommen wurden.

Follette von Herr Carl Farenthold.

Follette, Nachrichtenhund der Belgischen Armee. Bevor sie sich verletzt vor ihren Hundeführer auf den Boden legte, durch einen Granatsplitter verwundet, hatte sie ihren Auftrag ausgeführt und den Meldezettel zurückgebracht.

Das Buch von Jos M. Panési, das 1916 erschien

Es enthält wichtige Aussagen zum Hundetraining. Panési betont:

„Ein erfahrener Hundetrainer wird niemals das Konzept derjenigen teilen, die ihre Hunde mit Peitschenhieben oder Fusstritten trainieren: Diese Methode wird nur von Anfängern und Unverbesserlichen angewandt, oder noch schlimmer, von denen, die niemals etwas Gutes erreichen werden. Ein guter Trainer wird sich immer für einen solchen Hund bewerben, weil er weiss, dass ein solcher Hund ihn niemals enttäuschen wird, wenn es darum geht, eine ordentliche Arbeit zu leisten. Egal, wie bösartig ein Hund auch erscheinen mag, ein kluger Trainer wird mit Konsequenz und Sanftheit immer gute Ergebnisse erzielen."

John de la Loutre, ein Groenendael-Rüde im Besitz von Herrn Huger, war einer der bekanntesten Prüfungshunde seiner Zeit. Als er zum ersten Mal an einer Prüfung teilnahm, erhielt er den ersten Preis mit mehr als 70% der Punkte, und das im Alter von nur einem Jahr. John war alles andere als einfach zu führen, was seine Leistung umso beeindruckender macht.
Fox van Happaert, ein schöner Malinois-Rüde, der dem Rechtsanwalt Eugene Van den Bosch gehörte, wurde nach einigen Monaten Dressur ebenfalls zu einem hervorragenden Hund. Er erhielt einen zweiten Preis, obwohl er erst im Alter von vier Jahren mit dem Training begann. Zu Beginn rieten einige unerfahrene Züchter sogar: „Töte ihn, der ist sehr gefährlich." Fox zeigte keine Furcht und bewies schliesslich, wie loyal und zuverlässig er war, indem er seinen Herrn bewundernswert verteidigte.
Fox van Happaert BP 744, ein männlicher Groenendael aus Hoboken, war zunächst als einer der gefährlichsten Hunde bekannt. Man schlug auf seinen Kopf mit einem Stock, ohne ihn bändigen zu können. Doch nach nur wenigen Tagen gezielten Trainings nahm dieser Hund erfolgreich an einem grossen Wettbewerb teil und beeindruckte alle Anwesenden.

Fox van Happaert BP 744

Nox d'Ogy, ein Groenendael-Rüde, war anfangs so zornig, dass ihm Schaum aus Mund und Nase quoll. Doch innerhalb weniger Wochen wurde er durch konsequentes und sanftes Training zu einem der besten Hunde.

Diese Transformation zeigt, dass Geduld und sanfte Konsequenz immer zu guten Ergebnissen führen können. Die Liste solcher Beispiele liesse sich noch weiter fortsetzen, um zu verdeutlichen, dass derjenige, der mit Konsequenz und Sanftheit trainiert, den Charakter eines Hundes nicht bricht, sondern ihn fördert. Darin liegt die wahre Kunst des Trainings."

„Denn wenn ein Hund seinen Charakter und das Selbstvertrauen verloren hat, versucht man oft vergebens, es ihm wiederzugeben; es ist möglich, aber vielleicht führt ein erfolgreicher Fall auf viele Tausende von Enttäuschungen."

Medal Berger Belge Club

Medal Club du Chien de
Chien de Berger Belge

Medal Groenendael Club

Medal Ministry of Agriculture

Medal Shepherd Dog

Medal Xantos

KAPITEL 3

Dritte Periode von 1919 bis 1944

SRSH: Die Jahre 1919 bis 1923

Im Jahr 1919 wurden die Hundeaktivitäten nach den Strapazen des Krieges wieder aufgenommen. Ausstellungen und Wettbewerbe kehrten zurück und markierten den Beginn einer neuen Ära für die belgische Kynologie.

Die Société Royale Saint-Hubert (SRSH), die während des Krieges ihre Büros offen hielt, spielte eine führende Rolle bei der Wiederaufnahme dieser Veranstaltungen. Mit ihrem Engagement leitete sie das neue Zeitalter der Hundeausstellungen ein. Der Kynos Club Liégeois, der Groenendael Club und der Berger Belge Club, alle Mitglieder der SRSH, folgten diesem Beispiel und setzten sich für die Wiederbelebung der belgischen Hundezucht und ihrer Aktivitäten ein.

Ausstellung der Société Royale Saint-Hubert vom 8. und 9. Juni 1919

Als Richter bei der SRSH-Ausstellung äusserte sich Ritter Heynderick de Theulegoet in seinen Kommentaren wie folgt: ·

> „Ich war angenehm überrascht, als ich feststellte, dass die durchschnittliche Qualität der 34 vorgestellten Malinois höher war, als ich es erwartet hatte. Die Rasse hatte stark unter den Folgen des Krieges gelitten. Liebhaber berichteten mir, dass Herr Danna seine Zuchttiere verloren hatte, darunter Fram, Mirko und den restlichen Bestand:
>
> Man erzählte mir weiter, dass Knap ter Heide nicht mehr existiere und dass ganze Zwinger gestohlen wurden. Unsere führenden Zuchttiere sind verschwunden. Jetzt liegt es an den Züchtern, die Rasse wieder aufzubauen."

Das Championatszertifikat wurde an Toreador verliehen. Unter den Hündinnen fand er keine Tiere, die diese Auszeichnung verdient hätten. In seinem Bericht empfahl der Richter eine Sonderklasse, in der Rüden mit ihren Nachkommen zugelassen werden sollten. Die Preissumme sollte sehr hoch sein. Er schrieb:

> „Was nützt der schönste Hund, wenn er keine guten Nachkommen produziert? Die Züchter sollten die Qualität der Zucht mit eigenen Augen beurteilen können. Dies würde den Fortschritt der Rasse mit Riesenschritten vorantreiben."

Bei den Groenendaels ging der erste Preis und die Meisterschaftsurkunde vom Richter Vital Tenret an Filou, von G. Dupuis. Ich kann nur eines sagen", schrieb der Richter, "nämlich dass er immer noch er ist und dass er sehr leicht gewonnen hat, obwohl er im Rentenalter ist"

Der Kynos Club Liégeois

Duco

Im September 1919 veranstaltete der Kynos Club Liégeois Fährtenprüfungen auf dem Plateau von Strivay. An der Prüfung von Strivay, wo der Pokal vom ersten Tag vergeben wurde, wurde dieser von Duco (RSH 10169) Kurzhaar schwarz, im Besitz von l. Crunenberg, gewonnen. Der Preis des Kynos Clubs, und die Prüfungen die am zweiten Tag stattfand, ging an die 10 Jahre alte Malinois Hündin Mirettie (RSH 7052) mit alternder grauer Maske, von D. Delvil 72 Jährig. Ionne (RSH 10165), Malinois Hündin, 6 Jahre alt von F. Huge aus Lüttich wurde Zweite vor Pil (RSH 9947), Malinois, geboren am 15. Juni 1918, von C. Slachmuylders aus Malderen.

Charles Huge 1865-1948

Charles Huge und seine Rolle in der Kynologie Charles Huge war eine herausragende Persönlichkeit im Hundewesen. Als Mitglied der Société Royale Saint-Hubert und Vorsitzender der Delegiertenversammlung der der Union Cynologique Saint-Hubert angeschlossenen Vereine hinterliess er einen prägenden Einfluss. Unter seinem Zwingernamen „Sanior" züchtete er fast tausend Hunde. Darüber hinaus war er ein geschätzter Richter, der alle Rassen und Arbeitsprüfungen bewertete, mit Ausnahme des Ringsports.

Der Franzose Robert Dommanget äusserte sich im Oktober 1935 in der französischen Zeitschrift Le Saint-Hubert über Charles Huge:

„Herr Charles Huge aus Brüssel ist eine der grössten Persönlichkeiten des Hundewesens in Europa. Als Doktor der Pharmazie, Züchter, Ausbilder, Jäger und geschätzter Richter schon im letzten Jahrhundert, besitzt dieser berühmte Pointerman einen wissenschaftlichen und praktischen Hintergrund, der seine Gutachten von hohem Wert macht."

Auf dem dritten Kynologischen Weltkongress im April 1935 präsentierte Huge einen Bericht mit dem Titel „Selektion durch Vererbung", der auf breite Anerkennung stiess. Dieses interessante Dokument enthielt unter anderem folgende Kernaussage:

„Das Motto der Zucht ist die Selektion im Sinne der Nütz -
lichkeit, indem man die in dieser Hinsicht nur Besten Zucht
tiere nimmt."

Der Groenendael Club

Der Groenendael Club veranstaltete am Sonntag, den 28. September 1919,
in Binche seine erste Ausstellung. Ziel war es, eine Bestandsaufnahme unseres Hundebestands in der Provinz Hennegau zu machen. Da es keine Klassifizierung gab, erhielt jeder Besitzer, dessen ausgestellter Hund eine Auszeichnung verdiente, ein von allen Mitgliedern der Jury unterzeichnetes
Diplom. Es waren auch einige Hunde mit schwarzem Kurzhaar anwesend,
und Vital Tenret, Vorsitzender des Groenendael Clubs seit seiner Gründung
im Jahr 1910, schrieb:

„Es ist die Bestätigung einer Idee, die mich seit vielen Jahren ver-
folgt hat, unsere Schäferhunde in Freiheit beurteilen zu lassen,
anstatt sie unbeweglich zu sehen, als wären sie an Ort und Stelle fest-
genagelt. An der Leine genügt es, wenn der, der sie hält, ein wenig
auf Präsentation abgerichtet ist, um dem Richter Sand in die Augen
zu streuen, während beim Freilaufen auf Befehl des Richters der
kleinste Fehler sofort sichtbar wird."

Zwölfte Ausstellung des Berger Belge Club

Die Ausstellung in Strivay und Binche waren kaum fertig, als der Berger
Belge Club unter der Leitung von Joseph Demulder, der seit der Gründung
des Clubs im Jahr 1898 und nach einem fünfjährigen Exil in den Niederlanden Präsident des Clubs war, am 5. und 6. Oktober 1919 in Brüssel seine 12.
Ausstellung in der Halle des Palais du Midi veranstaltete. Er erhielt den Auftrag, die Malinois und Tervueren zu richten.

„Die Malinois, schrieb er in seinem Bericht, „waren gut vertreten.
Sie übertrafen in Quantität und Qualität bei weitem die anderen Varietäten unseres nationalen Schäferhundes."

Vic RSH 10310 Von Lt. Dupuis   Sammy

Toreador musste die Meisterschaft an den grossartigen Vic von Leutnant Dupuis abtreten, dicht gefolgt von zwei sehr guten Hunden. Eine junge Hündin, Marpha von Edmond Lefebvre, Chenil de Collarmont aus Carnières, gewann das CAC. Sie geht in den Besitz von Herrn de Laveleye, Chenil d'Angousart aus Brüssel, über.

In Tervueren fallen zwei gute junge Hunde auf: Sammy (LOSH 10159), geboren am 27. April 1918, von L. Dupuis, Grâce Berleur (Lüttich), und Jeck du Cottilage, von M. Leburton, Lüttich. Bei den Groenendaels, die von J. Drossart beurteilt wurden, gab es praktisch keine herausragenden Hunde. In der Offenen Klasse Rüden hielt der Richter alle Preise zurück. Zur BBC-Ausstellung hier einige Gedanken von Charles Huge, der als Richter für die schwarzen Kurzhaar fungierte.

„In schwarzem Kurzhaar habe ich zwei gute Hündinnen. Die Novizin Nelly, die Herrn Lammens gehört, schlägt die alte Mirette, die Herrn Gateaux gehört, um den Ehrenpreis. Ich bedauere aufrichtig, dass ich Herrn Van Ginneken vor dem Urteil über den gestromten Hund Capy nicht gesehen habe, der bei den Holländern angemeldet ist. Ich bin sicher, dass er sich mit mir geeinigt hätte, ihn wieder in die belgische Klasse aufzunehmen, denn er hat einen sehr charakteristischen Typ und sogar einen guten Kopf, dessen Schnitt absolut an Tjop erinnert."

Nelly RSH 10276 von Herr M. Lemmens

„Ich möchte die Zucht nach der Mendelschen Methode verstärken, aber ich möchte, dass die unausgesprochenen Produkte, die an die alten Sorten erinnern, wie schwarze und gestromte, den Platz im Licht der Öffentlichkeit einnehmen, auf den sie alle Rechte haben. Herr Dupuis zitierte gestern eine gestromte Hündin, die von ihm aufgrund ihrer Farbe als zuchtuntauglich bewertet wurde, obwohl die Mutter von 128 schwarzen Groenendaels war. Und Sie werden mir zustimmen, dass es zumindest undankbar wäre, diese produktive Mutter in der Klasse der Holländischen Schäferhunde zu führen und dass ihre Aufnahme in eine spezielle Klasse der Familie der Groenendael nicht geschadet hätte."

Die aschgrauen, rauhaarigen Schäfer werden zum Mythos. Das ist eine Klasse, in der es keinerlei Probleme damit gibt, alle zugelassenen Fellfarben zu zeigen – also die fahlgelben, die aschgrauen, die schwarzen und die braunen. Ich würde sie alle gegeneinander antreten lassen, selbst auf die Gefahr hin, Sonderklassen für irgendeine Farbe zu bilden, wenn der Tag kommt, an dem sich die Notwendigkeit dazu ergibt.

Doch eines sollte klar sein: Rauhaar ist eine sehr schwierige Sache, um es zu fixieren, ohne von Zeit zu Zeit Kurzhaar einzukreuzen. Und die ursprünglich als exklusiver Typ gewählte Farbe war ein Unfall unter den im Land bekannten rauhaarigen Schäfern.

Vor dem Krieg hatte es in Antwerpen mehrere Jahre lang keine Hundeausstellungen gegeben. Es ist der Verdienst der Gesellschaft Le Chien Dressé, den Hundesport in unserer Handelsmetropole wiederbelebt zu haben. In ihrem Bericht über die Antwerpener Ausstellung vom 25. und 26. Dezember 1919 äusserte sich Miss J. Van Haesendonck, die als Richterin für die Malinois amtierte, wie folgt:

„Ich war erstaunt, dass unser kleines Land noch so schöne Malinois-Hunde besitzt, und ich stelle mit Genugtuung fest, dass ich nicht ‚die Einzige‘ war, die während der feindlichen Besetzung das Unmögliche versucht hat, meine Hunde zu schützen und zu behalten.‘‘

In der offenen Hundeklasse gewann Césary von C. Bonhomme den ersten Preis vor Mastock von J. Horlait und Loupô von E. Ernotte. In der offenen Klasse für Hündinnen erhielt Marpha von M. de Laveleye den ersten Preis. In der Gruppenklasse gab die Richterin der schönen Gruppe junger Hunde den Vorzug, die alle den Zwingernamen Goldener Löwe trugen, von H. Hansen.

Die wiederanerkennung der alten Variäteten

Die Société Royale Saint-Hubert organisierte am 9. Juni 1919 eine Vollversammlung der Kynologen

Mehr als 200 Hundeliebhaber folgten ihrem Aufruf. Unter den Reformen, die zur Diskussion standen, dominierten zwei, die anderen waren im Übrigen miteinander verbunden: die Wiederherstellung der belgischen Nationalrassen und die Reform des Ursprungsbuches (LOSH).

Herr Albert Houtart, Generalsekretär der SRSH, entwickelte diese Fragen und lud die Fachleute ein, sie untereinander mit Wort und Feder zu diskutieren. Charles Huge betonte die Notwendigkeit, die Arbeitsqualitäten bei den Nutztierrassen zu entwickeln. Für den Belgischen Schäferhund äusserte er den Wunsch, dass die Zucht weitgehend für Hunde geöffnet wird, die zwar nicht streng die derzeit geforderten Farb- und Haarmerkmale aufweisen, aber durch ihren Typ und ihr Temperament der gesunden Vorstellung entsprechen, die man sich von der Rasse des Belgischen Schäferhundes machen sollte.

Er legte eine mit zahlreichen Unterschriften versehene Petition auf den Tisch, die die offizielle Zulassung des kurzhaarigen schwarzen Belgischen Schäferhundes forderte.

Die beratende Generalversammlung vom 8. Februar 1920

Am 8. Februar 1920 fand in Brüssel eine beratende Versammlung statt, zu der die Société Royale Saint-Hubert die Delegierten der 22 anerkannten Vereine, die sich speziell mit den nationalen Rassen befassen, sowie einige besonders kompetente Persönlichkeiten aus der Welt der Hunde eingeladen hatte. Auf der Tagesordnung standen zwei sehr wichtige Fragen: die Anerkennung bestimmter, derzeit nicht zugelassener Farben beim Belgischen Schäferhund und die Massnahmen, die im Hinblick auf die Wiederbelebung der nationalen Rassen zu ergreifen sind.

In einer fast siebenstündigen Debatte fand die Versammlung Formulierungen, die offenbar zufriedenstellend waren, und alle einigten sich auf die folgenden Wünsche, die dem Obersten Rat übermittelt werden sollten:

- Die vollständige Beibehaltung der fünf bestehenden Varietäten, die weder direkt noch indirekt zum Verschwinden gebracht werden sollen. Die Bezeichnungen Groenendael und Malinois werden für die beiden unter diesen Bezeichnungen bekannten Varietäten beibehalten.

- Die Qualifikation als Belgischer Schäferhund wird Hunden zuerkannt, die streng dem Standard dieser Rasse entsprechen, selbst wenn sie eine andere Farbe haben als die für die fünf alten Varietäten zugelassenen. Voraussetzung ist, dass diese Farbe in der Farbpalette von Schwarz bis Lohfarben oder in einer Mischung davon enthalten ist. Ein wenig Weiss wird toleriert. Für diese Hunde werden in jeder Variante der Haarstruktur (lang, kurz, hart) spezielle Klassen mit Championatszertifikaten eröffnet. Sie werden auch in das Zuchtbuch (LOSH) aufgenommen. Von den Richtern wird die grösste Strenge in Bezug auf den Typ verlangt.

- Hunde aller zulässigen Farben und mit derselben Haartextur dürfen miteinander gekreuzt werden. Die Kreuzung Kurzhaar und Rauhaar ist zulässig. Andere Kreuzungen, wie Kurzhaar x Langhaar und Langhaar x Rauhaar, sind nicht erlaubt.

Die Delegiertenversammlung genehmigte an ihrer ersten Sitzung vom 11. Juli 1920 in letzter Instanz alle diese Beschlüsse, die damit für alle von der SRSH anerkannten Vereine verbindlich wurden. Sie beschloss auch die Verpflichtung, unter der Kontrolle der Vereine, die Würfe innerhalb von zwei Monaten nach der Geburt bei der SHSL einzutragen.

Charles Huge erklärte sich in Chasse et Pêche vom 22. Februar 1920 über die Farben des Belgischen Schäferhundes:

„So sehr ich auch dafür eintrete, unserer einheimischen Schäferhun-
drasse wieder den Platz zurückzugeben, der ihr historisch zusteht,
so sehr lehne ich Farben ab, die nach der Erinnerung erfahrener
Liebhaber niemals in unserem Land verbreitet waren. Niemals sahen
wir einen schokoladenbraunen Belgischen Schäferhund, einen
mausgrauen (blauen) oder einen schwarzen mit hellen Abzeichen,
wie sie beim Dobermann oder Beauceron vorkommen. Als natürliche Farbgrenzen unserer Rasse gelten für mich fahlgelb (fauve)
und schwarz, mit gelegentlichen weissen Abzeichen auf der Brust
und manchmal an den Extremitäten. Die fahlgelbe Farbe zeigt jedoch eine enorme Variabilität. Hier dürfen wir nicht zu exklusiv
sein, sondern müssen das gesamte Spektrum anerkennen. Sie reicht
von einem lebhaften, stark charbonné (dunkel schattierten) Rotton,
wie man ihn beim Fuchs findet, bis hin zu einer isabellfarbenen Tönung – und all diese Schattierungen treten selbst heute noch innerhalb eines einzigen Wurfes auf. Es ist jedoch nicht die äusserliche
Perfektion eines Hundes, die entscheidend ist, sondern der Typ und
der Charakter. Diese sollten als Leitlinie gelten, denn sie bilden die
Grundlage der Rasse. Die Farbe hingegen ist nur eine dekorative
Vollendung. Um jedoch den landestypischen Stil zu bewahren, sollten wir uns auf alle Schattierungen von Schwarz, Weiss und deren
Mischformen (Brindé – gestromt) mit Weiss beschränken."

Ausserdem mussten wir die Interessen von Fachleuten respektieren,
die sich ausschliesslich an die beliebten Varietäten halten wollten.
Dies wurde auch getan. Aber die alten Varietäten, die trotz allem
wieder auftauchen, sollten ihren berechtigten Platz in Ihrem Lande
haben, sie sollten das Recht auf nationale Anerkennung haben und
nicht mehr wie Ausgestossene behandelt werden, wenn sie zu Prüfungen und Ausstellungen kommen, um zu beweisen, dass sie alle
transzendenten Qualitäten der echten Belgischen Schäferhunde besitzen.''

Verzichten Sie entschlossen auf Tiere, die nicht klar einer Rasse
zuzuordnen sind, die keinen ausgeprägten Charakter haben oder die

eine Neigung zu nervösem Verhalten zeigen. Dies sollte die Hauptaufgabe für Züchter und Richter sein. Sie verwalten Ressourcen von unschätzbarem Wert. Daher ist es essentiell, dass sie bei der Auswahl ihrer Zuchttiere besonders hohe Anforderungen an die charakterlichen Eigenschaften stellen.

Was das Rauhaar betrifft, so wird die Zucht umso mehr erleichtert, wenn seine Kreuzung mit dem Kurzhaar zulässig ist. Grundsätzlich kann man sagen, dass diese Textur des Rauhaars nicht fixiert ist, weder beim Schäferhund noch bei anderen Rassen, und unsere Züchter des Brüsseler Griffons, die Züchter aller anderen Griffons, wissen, dass es wertvoll ist, die kurzhaarigen Tiere der Rasse zu verwenden, um die geforderte Härte des groben Haares zu erhalten. Sobald die miteinander verpaarten Rauhhaare beginnen, Barthaare zu bilden, d.h., wenn der sich über dem Rauhaar verlängernde Flor unscharf wird und wie ein Flaum aussieht, ist es Zeit, auf Kurzhaar zurückzugreifen, am besten auf Kurzhaar aus zwei Rauhhaaren, oder alternativ aus einem Rauhaar mit einem Kurzhaar, oder schliesslich aus einem Kurzhaar mit grobem Haar. Es ist jedoch nicht empfehlenswert, Rauhaar mit Langhaar zu kreuzen, da Rauhaar immer die Tendenz hat, zu lang zu werden. Die Kreuzung von Kurzhaar mit Langhaar hat weniger Nachteile, wird aber nicht mehr offiziell zugelassen, um nicht durch die Produktion von zu vielen Mischhaaren (mittellang) zurückzufallen, was wiederum eine Selektion über mehrere Generationen erfordern würde, in der Regel drei, bevor die reine Familie in der einen oder anderen Richtung nach der Mendelschen Theorie gefunden werden kann."

Im Anschluss an die Beratenden Versammlung vom 8. Februar 1920 wurde kein offizieller Standard, der als Ergebnis der oben genannten Versammlung überarbeitet wurde, in der Zeitschrift Chasse et Pêche, dem offiziellen Organ der SRSH, veröffentlicht.
In Ermangelung dessen ist die Referenz der Standard, der 1923 in einer Broschüre veröffentlicht wurde, die vom Berger Belge Club herausgegeben wurde. Praktisch gesehen, wie wurden die verschiedenen Varietäten auf den

Ausstellungen klassifiziert? Wenn man die Stammbücher der Société Royale Saint-Hubert aus den Jahren 1922 und 1923 sowie die Ausstellungskataloge aus den Jahren 1923 bis 1925 zu Rate zog, wurden die Varietäten in acht verschiedene Klassen eingeteilt. Die FCI hielt sich an diese Einteilung und vergab ihrerseits acht CACIB:

- Malinois-Schäferhunde;
- Kurzhaarige Belgische Schäferhunde, andere als Malinois;
- Groenendaeler Schäferhunde;
- Belgische Schäferhunde mit fahlgelbem Langhaar;
- Langhaarige Belgische Schäferhunde, andere als schwarz oder fahlgelb;
- Belgische Schäferhunde mit fahlgelbem Rauhaar;
- Belgische Schäferhunde mit dunkelgrauem, aschgrauem, hartem Fell;
- Belgische Schäferhunde mit hartem Haar, andere als fahlgelb oder dunkelgrau-aschgrau.

Auf der Grundlage der von 1915 bis 1921 im SHSB registrierten Hunde war die Verteilung wie folgt:

Variétés	1915 à 1920	1921
Malinois	51	72
Groenendael	25	49
Poil long fauve	3	20
Poil dur fauve	1	2
Poil dur gris cendré	0	0

Die Antwerpener Feste von 1920

Die Genossenschaft der Antwerpener Feste gründete eine Hundesektion mit dem Auftrag, anlässlich der VII Olympiade, die von August bis September 1920 in der belgischen Metropole Antwerpen stattfand, Sportveranstaltungen in der Provinz Antwerpen zu organisieren. Neben verschiedenen jagdlichen Wettbewerben beschloss die Kynologische Sektion, folgende Veranstaltungen zu organisieren: einen Fährtenwettbewerb, eine internationale Ausstellung für Hunde aller Rassen und einen Ringwettbewerb für Schutzhunde.

Die Fährtenprüfung vom 11. April 1920

So kam es, dass die SNACBB am 11. April 1920 die Prüfung „Fährtenlesen auf warmer Spur" ins Leben rief. Für diesen Wettbewerb stellte die SRSH den Richtern freundlicherweise eine Meisterschaftsurkunde zur Verfügung. Nur sechs Teilnehmer waren angemeldet. Der Fährtensport hatte sehr unter dem Krieg gelitten, und das Training sowie die Ausbildung in dieser Spezialdisziplin sind langwierig und schwierig.

Die Teilnehmer hatten zwei Prüfungen zu absolvieren. Die erste war eine fünfminütige Fährte. Die zweite Prüfung bestand aus einer zehnminütigen Fährte, die zweimal von einer falschen Fährte durchquert wurde.

- Der erste Preis ging an Margota, eine sehr schöne Malinoishündin von A. Van Goolen aus Antwerpen. Sie klebte förmlich die Nase mit Ruhe und Sicherheit an den Boden und kehrte mit dem Gegenstand in 12 Minuten und 35 Sekunden für die erste Prüfung und in 16 Minuten und 29 Sekunden für die zweite Prüfung zurück.
- Pil, Malinois, von Leutnant G. Binon, gewann den zweiten Preis. Er hatte ein völlig entgegengesetztes Temperament zu Margota, war sehr lebhaft und suchte die Strecke mit sehr grossem Eifer und grosser Geschwindigkeit ab. In der ersten Prüfung brauchte er genau 2 Minuten und 35 Sekunden, verfehlte jedoch die zweite Prüfung vollständig.

- Yvonne, Malinois, von Fernand Huge aus Lüttich, erhielt den dritten Preis.

Margota (RSH 10842), geboren am 30. März 1914, war keine andere als die berühmte Ringhündin Margot du Rupel.

Margota, Yvonne, Zezette und Pill

Die internationale Ausstellung vom 2. und 3. Mai 1920

Der SNACBB organisierte am 2. und 3. Mai eine internationale Ausstellung im Parc des Rossignols. Es waren 400 Hunde anwesend. Die Schäferhunde hatten ihren üblichen Erfolg. Lassen Sie uns die Ergebnisse Revue passieren: Bei den fahlgelbfarbenen Langhaarhunden gewann Bili von M. Ponsart in der offenen Klasse bei den Rüden, und Gammy von Ch. Dossogne bei den Hündinnen. Joseph Demulder, der auch für die Beurteilung von Langhaar anderer Farben zuständig war, vergab das CAC an Jan, der f. Spruytels gehörte. Die Laudatio des Richters lautete wie folgt:

"Sehr guter Hund, der durch seinen ausdrucksstarken Belgischen Schäferhund Typ, einen vorbildlichen Körperbau, eine fehlerfreie Rückenlinie, korrekte Winkelungen und eine leicht gekrümmte Rute besticht. Er besitzt ein qualitativ hochwertiges Fell in Brindle braun. Im Wettbewerbsring beweist Jan mit seinem beeindruckenden Temperament, dass sein Alter von neun Jahren ihm in keiner Weise anzumerken ist. Jan hat seine Anwendbarkeit in der Praxis bereits bewiesen, indem er sich nur acht Tage zuvor an der Spitze der Qualifikationsrunde des Wettbewerbs in Antwerpen positionierte. Somit repräsentiert dieses Tier den Belgischen Schäferhund Typ so authentisch wie möglich und zeigt herausragende Fähigkeiten als Arbeitshund. Hätte der Wettbewerb nur etwas länger gedauert, hätte er ihn absolviert, sogar ohne offiziell registriert zu sein. Das unterstreicht den gravierenden Nachteil, den die willkürliche und inkorrekte Definition seiner Merkmale für die Zucht unseres Belgischen Schäferhundes bedeutet. Für Jan ist der Weg zum Championat nun frei. Diese bedeutende Ehrung wurde lange Zeit nicht verliehen, und der letzte Empfänger kam nicht annähernd an die Qualität dieses Brindles heran, der bis vor kurzem noch von seiner eigenen Familie zurückgewiesen wurde."

In der Offenen Klasse der Hündinnen ging das CAC an die vorzügliche silberfarbige fahlgelbe Langhaarhündin Mam'zell, geboren am 27. Juli 1915, von Carlot de Livourne und Gammy (alias Gamine des Dahlias) (LOB 4327). Gammy ist eine Tochter von Marquisy, alias Marquis des Houx, und Ita (LOB 621). Besitzer war De Wolf aus Aalst. Er ist eine Kombination aus den Linien vom Typ „Forest" und vom Typ „Tervueren". Die Malinois wurden von R. Deffernez aus Binche gerichtet.

Mam`zell geb. 27.Juli 1915

In der Offenen Klasse wurden zwei Hunde ins Rampenlicht gestellt:

- Loupô (LOSH 9481), geboren am 24. April 1918, von Emile Ernotte aus Verviers, erhielt das CAC mit dem Prädikat „Vorzüglich".
- Vic (LOSH 9490), geboren am 10. Dezember 1913, bei G. Dupuis aus Bracquegnies, wurde mit dem Prädikat „Sehr Gut" bewertet.
- Minox (LOSH 10043), geboren am 10. August 1916, Eigentümer A. Hanappe aus Jolimont Haine St. Pierre, erhielt die Bewertung „Gut".

Minox war ein Hund mit einem schönen Ausdruck und gut getragenen Ohren, sowie einer guten Linienführung. Er hatte jedoch Wolfskrallen, war leicht zehenweit und hatte einen zu langen Rücken. Minox, Sohn von Fidos II de Jolimont und Bergère II de Jolimont, ist der Vater von Minox (LOSH 15141), geboren am 6. Mai 1921, im Zwinger von P. Denis in St. Vaast. Dieser war ein langhaariger fawnfarbener Tervueren, der eine gewisse Bedeutung in der Zucht des Tervueren hatte. Sowohl der Malinois Minox als auch sein Vater Fidos II (Quiqui de la Louvière LOB 10025 x Bergère de Jolimont) trugen das rezessive Gen für langes Fell.
Bei den Hündinnen besiegte Marpha, im Besitz von M. von Laveleye, Venus (LOSH 10070), geboren am 16. März 1914, Eigentümer Edmond Lefèvre aus Carnières. Beide erhielten die Bewertung „Sehr Gut".

Loupò

Marpha

Prüfungen im Ring

Der Club Le Chien Dressé, der dem SRSH angeschlossen ist, und L'Interclub Anversois, der mit dem KCB verbündet ist, organisierten Ringdressurprüfungen für Arbeitshunde der belgischen Rassen.

Den ersten Preis gewann Jan, ein gestromter Belgischer Langhaar-Schäferhund von F. Spruytels aus Sint Josseten Noode (Brüssel). Jan (LOSH 10177) wurde am 24. April 1911 von Gamin de Linthout und Moll (Picard d'Uccle x Diane) geboren. Er ist ein Nachkomme von Dick de la Mare, Milsart und Tom. Bei seiner Geburt als Holländischer Schäferhund registriert, wurde er nach der Anerkennung der alten Varietäten im Jahr 1920 in das LOSH aufgenommen. Als Vertreter des Berger Belge Club gewann er mit 258,3 Punkten.

Er wurde von den Zuschauern bewundert; er ist ein ernsthafter Hund, der trotz seiner neun Jahre noch immer geschmeidig und kräftig ist.

„Jan", schrieb der Richter A. Peffer, „ist der gute Hund geblieben, den wir vor dem Krieg kannten. Seine Sprünge sind gut, seine Gangart ausgezeichnet, seine Angriffe von unerhörter Heftigkeit."

- Zweiter Preis, Rita de la Campine, eine junge Malinois Hündin, Besitzer Herrn Bogemans, wohnhaft Quai de la Campine in Antwerpen. Diese Hündin verlor den ersten Platz aufgrund von grossen taktischen Fehlern ihres Hundeführers (250,8 Punkte). Sehr gute Gangart, die vor allem darauf zurückzuführen ist, dass ihr Hundeführer sie sehr gut führt. Beste Bewachung des Objekts, und ebenfalls erreicht sie das Maximum im ausgelösten Angriff auf Distanz.
- Dritter Preis, Zigomar, Groenendael, Besitzer Hilaire Lagrange aus Antwerpen, aber vorgeführt von H. Noé. Gut dressierter Hund, von Meisterhand vorgeführt, verliert vor allem in den Sprüngen.

- Vierter Preis, Burgot des Dentelles, Besitzer De Cante. Kleiner Groenendael voller Feuer, sehr nervös, was dem allgemeinen Eindruck schadet, aber er erwies sich als ausgezeichneter Springer. Er zeigte sich schwach in den Angriffsübungen.

- Fünfter Preis, Carlo de la Fontaine, Malinois, von Herrn Besseleers aus Borgerhout Hund von allererster Güte.
- Sechster Preis mit 214,8 Punkten ging an Margot du Rupel, eine weibliche Malinois Hündin, im Besitz von A. Van Goolen aus Antwerpen. Eine Hündin mit viel Temperament und Gehorsam. Verliert zwanzig Punkte bei der Suchaufgabe aufgrund eines Fehlers ihres Besitzers und dadurch zwei bis drei Ränge.

Ausstellungen und Dressurprüfungen

In Esneux, einer hübschen Ortschaft am Ufer der Ourthe, fand am 12. September 1920 der vom Kynos Club Liégeois organisierte Wettbewerb für Angriffs- und Verteidigungshunde im Feld statt. Das Programm versprach, interessant zu werden. Die Palisaden und Scheinhecken, die auf dem begrenzten Raum der Ringe errichtet worden waren, wurden durch brennende Hecken und eine natürliche Mauer von etwa 2,50 m ersetzt.

Das Programm für die Suche nach dem Scheintäter sah folgendermassen aus: Der Hund wurde hinter einem Unterstand etwa fünf Meter von einem Schuppen des Bauernhofs entfernt gebracht, wo sich ein Mann versteckt hielt und von wo aus er einen Schuss abgeben sollte. In diesem Moment, als der Schuss abgegeben wurde, galt es gleichzeitig als Startschuss; der Hund musste den Verbrecher aufspüren und an der Tür anhaltend verbellen. Bei der Verteidigungsübung des Hundeführers: Der Teilnehmer startet mit seinem Hund von einem bestimmten Ort aus und biegt in einen Weg im Wald ein. Er weiss vorher nicht, was ihm für eine Aufgabe gestellt wird. Nachdem er etwa 30 Meter zurückgelegt hat, geben Männer, die sich im Wald versteckt haben, Schüsse ab. Im selben Moment kommt ein anderer Mann (Scheintäter) aus dem Wald und packt den Hundeführer. Dieser Angriff erfolgt mit Maulkorb. Dann folgt der Angriff ohne Maulkorb: Der Helfer trifft auf den Hundeführer und seinen Hund, hält ihn an, spricht kurz mit ihm und packt ihn dann.

- Der erste Preis ging an Loux (LOSH 11457), einen kurzhaarigen Schäferhund, der von Henri Noé aus Antwerpen gezüchtet wurde. Schöner Hund, sehr gefällig und von schöner Linie, der in Holland ein CAC erhalten hatte, wachsames und energisches Gangwerk. Er springt beim zweiten Versuch über die Mauer, aber beim Sprung über die brennende Hecke weicht er dreimal hintereinander aus. Auf der Suche nach dem Scheintäter ist Loux nicht ganz bei der Sache. Seine Wasserarbeit ist wunderbar, er springt auf Kommando, sucht lange nach dem von der Strömung weggespülten Gegenstand und bringt ihn zurück. Bei der Rettungsaktion zeigt Loux eine wunderbare Ausdauer; zweimal kommt er mit einem Teil des Hosenbodens des Dummys zurück und bringt schliesslich alles zurück Der Hund hatte keine drei Monate Schule hinter sich.

- Zweiter Preis, Snap (LOSH 10050) Malinois Besitzer H. Hanssen aus Antwerpen. Dieser Hund zeigt einen eigensinnigen und wilden Charakter. Sobald sein Herr angegriffen wird, verteidigt er ihn wütend.

- Dritter Preis, Linot, Malinois, geboren am 17. Juni 1917, im Besitz von Herrn Engelman aus Lüttich. Springt gleich beim ersten Mal über die brennende Hürde und schafft es beim zweiten Versuch, die natürliche Hecke zu überspringen.

- Vierter Preis: Nox, Malinois Besitzer Herrn Strubbe aus Brügge. Nox führt die beste Suche des Scheintäter aus. Im Wasser ist seine Arbeit perfekt, aber die Sprünge sind gleich null.

- Fünfter Preis: Lio, Groenendael, Besitzer Herrn Vermesch aus Lüttich. Dieser Hund trägt seine 11 Jahre immer noch sehr gut. Ein guter alter Veteran im Ring, wo er in der Regel perfekt arbeitet.

Ausstellung des Berger Belge Club vom 3. und 4. Oktober 1920

Der mit der Beurteilung der Groenendaels beauftragte F.C. Semal erklärte, dass seine Zufriedenheit nicht ohne Bitterkeit gewesen sei.

"Von den drei Varietäten, die sich in den letzten 15 Jahren die Gunst des Publikums geteilt haben, zeigt das schwarze Langhaar einen Verfall, den zu leugnen kindisch wäre.

Diese Situation bestand schon vor dem Krieg und hat sich nur noch verschlimmert. Die Hauptursache ist seine Beliebtheit, sein Marktwert im wahrsten Sinne des Wortes. Um das Schwarz, das von falschen Orakeln zum Farbkriterium erklärt worden war, um jeden Preis zu bekommen, griff man zu den verheerendsten Mischungen. So lässt keine Varietät des Belgischen Schäferhundes typmässig so viel zu wünschen übrig wie der „Groenendael".

Die drei Haar Typen, Zeichnung, Renè Delin 1921

Feldprüfungen in den Feldern von Antwerpen

Die Feldprüfungen in Antwerpen wurden vom Club Le Chien Dressé organisiert, dessen Hauptakteure Rita de la Campine, Snap, Duc du Rupel (Besitzer Van Kaenel aus Antwerpen) sowie Tom, ein Briard (Besitzer Van Crombrugge aus Boom), waren. Einige Übungen waren auf den Ronden- und Überwachungsdienst zugeschnitten. Hier einige Auszüge aus dem Protokoll:

„Die Erkundung von Baustellen, in denen eine Person versteckt und unbeweglich stand, nachdem sie einen Schuss abgefeuert hatte: Die Hunde mussten diese Person suchen und, nachdem sie diese gefunden hatten, verbellen, ohne zu beissen, um den Scheintäter dem Hundeführer zu zeigen. Alle Teilnehmer bis auf einen setzten, nachdem sie das Gelände erkundet und die Person aufgespürt hatten und ohne sich in irgendeiner Weise um den Scheintäter zu kümmern, ihre Erkundung fort. Snap, ein als charakterstark bekannter, muskulöser und stark gebauter Hund, ein echter Arbeitshund und sehr gut geführt, spürte die Person auf. Hätte sein Maulkorb ihn nicht daran gehindert, hätte er den Mann fürchterlich gebissen."

„Duc du Rupel war der Beste bei den Wasserarbeitsübungen, die alle Teilnehmer sehr gut absolvierten. Neben der Wasserarbeit, bei der der Hund auf Kommando ins Wasser springen musste, um einen vom Hundeführer geworfenen Gegenstand zu holen, musste der Hund bei der Rettungsarbeit auf Kommando eine ertrinkende Person ans Ufer ziehen: eine schwimmende Puppe, die in Abwesenheit des Hundes ins Wasser geworfen worden war."

Vorführungen mit Duc du Rupel und Snap

Auf dem Hundefest in Beveren-Waas verzauberte das abwechslungsreiche Programm mit Vorführungen der Polizeihunde das Publikum. Hier sind die wichtigsten Momente:

Herr Van Kaenel, als Blinder verkleidet und in Begleitung seines Malinois, Duc du Rupel, sammelte rund 40 Franken für die Invaliden. Es war zum Verwechseln ähnlich, aber das Publikum (nie zuvor sah man eine so grosse Menschenmenge) erkannte, dass es sich um eine Verkleidung handelte, als der Figurant ins Spiel kam und versuchte, die Sammelbüchse zu stehlen. Alle seine Bemühungen waren vergeblich.

Danach wurde Herr Van Kaenel unerwartet von zwei Scheintätern überfallen, gefesselt, beraubt und auf dem Feld zurückgelassen. Als die Figuranten geflohen waren, wurde Duc losgelassen. Der Hund kam sofort, um seinen Herrn zu befreien, indem er die zentimeterdicken Seile durchknabberte und so seinem Herrn die Knebel entfernte. Er hatte die diebischen Scheintäter bald entdeckt und schreckte vor den Schüssen in keiner Weise zurück. Duc wurde während der gesamten Übung vorzüglich geführt.

Nach ihm kam der berühmte Snap, ein Malinois, dessen Besitzer Henri Hanssen aus Antwerpen war. Im ersten Moment waren die Anwesenden verblüfft, als sie sahen, wie ein Kindermädchen das Feld betrat und einen Kinderwagen vor sich herschob. Bald wurde sie mit allgemeinem Gelächter begrüsst: An den Männerschuhen, die sie trug, und der fehlenden Brust hatte man den Figuranten erkannt!

Eine Kindesentführung wurde vorgetäuscht, und Snap sollte den Entführer finden, indem er seine Spur verfolgte. Der Hund ging auf Befehl los, folgte tadellos den Spuren des Flüchtigen und fand ihn nach vierundvierzig Sekunden. Snap legte eine ausgezeichnete Arbeit durch die souveräne Führung seines Hundeführers an den Tag.

Herr Hanssen stellte seinen Hund Snap auch bei den Sprungübungen vor, wo er die anderen Hunde bei weitem übertraf, obwohl er an einer Pfote verletzt war. Die Angriffe waren ausgezeichnet, ebenso wie das Bewachen von Gegenständen. Auch das Bewachen des schlafenden Kindes gelang ihm vorzüglich.

Der Figurant feuerte Schüsse in Richtung des Hundes ab. Snap drang ohne zu zögern durch den dichten Rauch zu dem Scheintäter durch und hielt ihn mit einem harten, sicheren, festen Griff fest. Das Publikum sparte nicht mit Applaus.

Schliesslich führte Herr Hanssen mit seinem neun Monate alten Hund Filou von Herrn Gielens einen Angriff auf den Figuranten aus. Die beiden guten Hunde hielten den Mann unbestreitbar mit sicherem Griff fest.

Snap LOSH 10050 - Fram de Jolimont

Snap wurde am 10. August 1917 unter dem Namen Fram im Zwinger von Jolimont von Arthur Hanappe geboren. Nach einem Aufenthalt im Zwinger Bas Jardins von G. Dupuis wurde er in den Zwinger Lion d'Or von Henri Hanssen aus Antwerpen verlegt. Unter den Händen seines neuen Meisters, der ein hervorragender Trainer war, wurde Snap zu einem Ass und erreichte in allen Disziplinen CACs. Er war ein kompletter Hund. Snap war nicht nur ein Ass in Ringwettbewerben, sondern auch in Feldwettbewerben mit Wasserübungen und Fährtenarbeit. Er war ein Arbeits-Malinois im wahrsten Sinne des Wortes. Sein passiver Gehorsam war unerschütterlich, aber er verteidigte seinen Herrn wütend, sobald dieser angegriffen wurde. Snap`s Vorfahren sind alle Malinois.

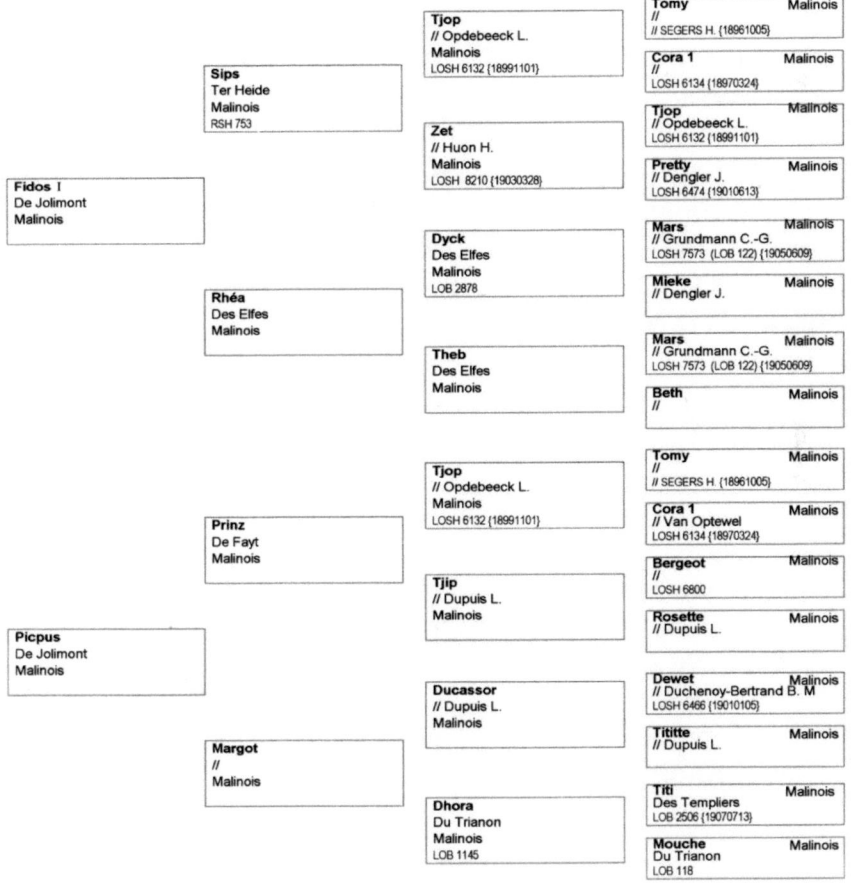

Snap erhielt 1925 den Titel des SRSH Champions in Schönheit und Arbeit, nachdem er ein CAC in Fährtenarbeit und zwei CAC in Feldwettbewerben erhalten hatte. Snap erhielt auch hohe Auszeichnungen auf Ausstellungen. Er war ein wohlproportionierter Hund mit einem schönen Körper. Snap war das, was man einen echten Rassehund nennen kann, und gab seine Qualitäten an seine Nachkommen weiter. Unter ihnen möchten wir Samox (alias Sam du Thiriau), Champion Killer, Champion Mascotte du Tigre Royal, Sam du Tigre Royal, Gamin du Tigre Royal und Vengo du Tigre Royal (nach Kanada verkauft) erwähnen, die sich alle auf dem Feld auszeichneten. Er wurde auch für eine besondere mutige Leistung ausgezeichnet. Snap regelte fünf oder sechs Personen zu Recht, die sich auf einen zurückgebliebenen Konsumenten gestürzt hatten. Snap massregelte die Täter auf eindrückliche Art und Weise und ging dabei nicht zimperlich mit ihnen um.

Weitere Ausstellungen und Prüfungen im Jahr 1922

Bei der Ausstellung des Groenendael Clubs 1922 erhielt Vainqueur von Herrn Moulart den ersten Preis und das CAC vor Kakhi von Herrn Fondu. Bei den Hündinnen gewann Dianelle von Herrn Danna den ersten Preis mit CAC vor Sahra de la Dendre und Promise de Collarmont von Herrn Crunelle. Sahra de la Dendre, von Herrn Hanappe, hatte einen lebhaften Charakter und war eine ausgezeichnete Hündin mit starkem Verteidigungsinstinkt. Sie hatte einen vorbildlichen Gehorsam und war von ihrem Besitzer mit grösster Sorgfalt ausgebildet worden.

Der Richter Herr J. Drossart beschreibt sie wie folgt:

„Sehr gross; von guter Gesamtheit, präsentiert sich sehr gut; gute Gliedmassen; gute, tiefe Brust, gute Sprunggelenke, gute Füsse, gute Schwanzhaltung, gut behaart, gute Charbonage (russüberlagerte Färbung), hübscher, trockener und ausdrucksvoller Kopf mit guten Augen, gute dreieckige und gut platzierte Ohren; zu bemängeln ist die zu gerade Schulter."

Bei sommerlichen Temperaturen fand die Ausstellung des Kynos Club Liégeois am 21. und 22. Mai im Jardin d'Acclimatation in Lüttich statt. Es war eine schöne Ausstellung von Malinois, bei der Ajax du Cottilage von Herrn Lallemand bei den Rüden und Pletty von Herrn Tenret und Herrn Mottoule bei den Hündinnen die Ehre und die CACs unter sich aufteilten. Den Preis für den schönsten Belgischen Schäferhund aller Varietäten zusammen gewann jedoch der hervorragende Groenendael-Rüde KissKisch von Herrn Van Cutsem. Siebzig Malinois wurden für eine Bewertung Louis Huyghebaert vorgestellt:

„Ich habe den Ausstellern, soweit es mir möglich war, den Grund für die Klassifizierung erklärt und ihnen auch gezeigt, indem ich einige Hunde auf den schattigen Wegen des Parks frei laufen liess, dass man sich nur auf diese Weise von der korrekten Rutenhaltung überzeugen kann. Seit Jahren werden Schäferhunde im Ring beurteilt, was Unsinn ist, und man wundert sich danach über das Fortbestehen der schlechten Rutenhaltung."

In der Offenen Klasse sind die ersten drei in dieser Reihenfolge: Ajax du Cottilage, Vainqueur und Rippon (LOSH 11235), Besitzer E. Ernotte. Rippon präsentiert sich sehr gut und hat viel Typ; er hat die Linie seines Vaters Loupô geerbt, hat aber eine leicht bucklige Schnauze. Was Pletty betrifft, so gewinnt sie den Preis für den schönsten Malinois, Hunde und Hündinnen.

„Als ich die Prüfung der Malinois beendet hatte," schrieb Louis Huyghebaert, „bat mich Herr Braconier als eine Art ,Zugabe'... die kurzhaarigen Schäferhunde (andere Farben) zu beurteilen. Ich habe zugesagt, weil man einem Sekretär, der so bereitwillig die überwältigendste aller Aufgaben übernimmt, nichts abschlagen kann, aber ich kann dennoch nicht verbergen, dass ich kein Anhänger des Systems der unendlichen Vermehrung der Klassen bin. Wir haben unsere Groenendaels und Malinois durchgesetzt, was nicht schlecht ist, aber wir sollten nicht zu viele Hasen auf einmal laufen lassen.

Warum reservieren wir diese Klasse nicht nur für schwarze Kurzhaarschäferhunde? Mit der Zeit würde daraus vielleicht eine Familie von Hunden mit einem einheitlichen Typ hervorgehen."

Nur Madelon, eine Hündin, die Herrn Lejeune gehörte, erhielt ein CAC. Sie ist eine sehr schöne Hündin, nicht zu gross, aber mit einem sehr ausdrucksstarken Kopf.

L. Huyghebaert fährt fort: „Es könnte möglich sein, mit dieser Hündin eine Zucht von kurzhaarigen schwarzen Hunden zu gründen, die einen einheitlichen Typ besitzen und diesen an ihre Nachkommen weitergeben. Was unter belgischen Züchtern am meisten fehlt, sind Enthusiasten, die nicht zögern, erhebliche Opfer zu bringen, um eine Gruppe von Hunden zusammenzustellen, die die Aufmerksamkeit der Öffentlichkeit auf sich ziehen. Wer wird der Danna, der Dupuis oder der Couvreur des kurzhaarigen schwarzen Schäferhundes sein?"

Louis Huyghebaert war es auch, der die fünfzig Malinois auf der Ausstellung des Berger Belge Club beurteilte. Die beiden ihm zur Verfügung gestellten CACs gingen an den Rüden Nicolas d'Angousart (Besitzer W. H. Su) und an die Hündin Mila von Herrn M. Adant.
Nicolas d'Angousart:

„Der Kopf ist gut und wird durch eine schöne Maske von einem schönen Schwarz, das dem Auge gefällt, begünstigt. Das Haarkleid ist gut gefüllt. Die Rückenlinie endet angenehm in einer langen, buschigen und perfekt getragenen Rute. Besonders hervorzuheben ist seine Brust: Sie ist nicht sehr breit, dafür aber tief, was ihn wie alle Tiere mit solch einer Brust für schnelle Bewegungen befähigt.

Mila gewinnt vor Dianelle, der sehr schönen Hündin von Herrn Danna.

Die jährliche Ringschau des Antwerpener Kynos Clubs am 30. September und 1. Oktober 1922 ergab folgende Siegerliste:

- Rita de la Campine von H. Bogemans – 344,5 Punkte;
- Black Deville von M. J. Ryckmans – 305,5 Punkte;
- Duccolo, Besitzer L. Mottier;
- Tom de Boom von Herr Van Crombruggen;
- Kiss Kisch, Groenendael von G. Van Cutsem;
- Miss Helyett von Herr Franshet;
- Duc von De Wael;
- Bella de la Bergerie, Besitzer Herr Monnoyeur.

Am 8. und 9. Oktober 1922 veranstaltete der Berger Belge Club seine 15. Ausstellung im Palais du Midi in Brüssel, die speziell zugunsten unserer nationalen Hundebestände ausgerichtet wurde. Die Schäfer begannen das Programm mit den Malinois, von denen es gut fünfzig gab.

CAC für Rüden;
-       Pelo du Bois de la Deûle von G. Dupuis;
CAC für Hündinnen;
-       Sahra de la Dendre, Besitzer Hanappe;
CAC für Kurzhaar (andere Farben als Charbonage).

Es gab auch ein CAC für das Kurzhaar, das nicht kohlrabenfarbig ist, das an den schönen Hund ging.
-       Loux von M. Noë

Die Zahl der Groenendaels betrug 38. Neben den fahlgelben Langhaarigen gab es auch andere Langhaarvarianten sowie drei Hunde mit Rauhaar in fahlgelb und dunklem Aschgrau.

Rita de la Campine, Snap, Margot du Rupel und Duc du Rupel

Diese vier Malinois, zwei Rüden und zwei Hündinnen, dominierten in den Nachkriegsjahren in allen Disziplinen. Margot du Rupel gewann die Meisterschaft der Provinz Antwerpen, die am 8. und 9. Juni 1919 ausgetragen wurde, vor Joffre des Allies, einem Groenendael von M. Lambrechts. Rita de la Campine belegte den fünften Platz.

Duc du Rupel   Rita del la Campin

Rita de la Campine belegte am 24. Juli 1921 in Kortrijk, bei dem vom Club du Chien Pratique organisierten Ringwettbewerb, hinter zwei Bouviers, den dritten Platz. Duc du Rupel wurde Siebter, hinter Sarah, einer Tervueren-Hündin, sowie Miss und Kader de l'Yser, zwei Groenendaels.

Margot du Rupel, geboren 30.März 1914. Das Foto stammt aus der Zeitschrift L`Elevage vom 29.November 1933.Sie war Champion 1917 und 1918

152

In Brüssel, am 14. und 15. August, belegte Margot den vierten Platz, hinter Turc de Calixberghe, einem Bouvier von J. D'Hertefelt, Ledy du Plateau, einer Malinois-Hündin von M. Van den Bossche, und Carlo de la Fontaine, einem Malinois von Herrn M. Besseleers. Rita gewann den Wettbewerb am 2. Oktober 1921, der vom Antwerpener Kynos Club organisiert wurde, vor Burgot des Dentelles, einem Groenendael des Besitzers E. Decante. Den dritten Platz belegte Tom de Boom, ein Kempener Schäferhund von Herrn Van Crombrugge aus Boom.

Der Wettbewerb, der von Le Chien de Police in Merksem unter dem Vorsitz von Octave Durand organisiert wurde, sah den Sieg von Ledy du Plateau vor Turc de Calixberghe, Margot du Rupel und Carlo de la Fontaine. Es folgte Sam du Thiriau, ein Sohn von Snap, an Octave Durand, der den dreizehnten Platz belegte. Bei Übungen mit Polizeihunden auf dem Land ist Snap unübertroffen. Bei der Feier des Antwerpener Vereins der Hundefreunde am 5. November 1921 wurde Snap von dem sechsjährigen Sohn von M. Feytongs geführt. Jeder konnte sehen, dass ein so bissiger Hund wie Snap für einen Fremden oder ein Kind nicht gefährlich ist, sofern er gut ausgebildet ist. Duc du Rupel ist bei der Verteidigung seines Herrn exzellent. Filou, ein Sohn von Snap, der Herrn Gielens gehörte, bewies, dass ein zehn Monate alter Hund dank einer umsichtigen und intelligenten Ausbildung ernsthafte Arbeit leisten kann. Ein weiteres Beispiel ist der internationale Wettbewerb für Polizeihunde am 2. und 3. September 1922 im Park von Schloss Elsdonck. Killer, ein Sohn von Snap, gewann vor seinem Vater und Rita de la Campine (ex-aequo). Duc du Rupel wurde Vierter. Am 15. April 1923 veranstaltete die Société Cynophile de Lombardie in Mailand einen internationalen Wettbewerb für Polizeihunde. Duc du Rupel gewann vor John, einem Briard, der dem Grafen Pirelli von Mailand gehörte. Die verletzte Rita de la Campine wurde Dritte vor Sam du Thiriau. Sus, ein Bouvier, der Herrn Demarrée aus Veurne gehörte, wurde Fünfter.

Am 5. und 6. Mai 1924 in Paris gewann Rita de la Campine vor Duc du Rupel. Margot du Rupel, die nicht an der Reise teilnahm, ging am 24. April 1924 im Alter von zehn Jahren in den Tierhimmel.

Der Tervueren Albert, ein Polizeihund aus Amsterdam, verlor 1923 sein Leben in einer gewaltsamen Auseinandersetzung mit einem bewaffneten Verbrecher. Albert war ein hervorragend ausgebildeter Fährten- und Schutzhund im Dienst der Kriminalpolizei von Amsterdam. Über Jahre hinweg hatte er zahlreiche Verbrechen aufgeklärt und Kriminelle zur Strecke gebracht. Sein Körper war von unzähligen Narben gezeichnet – stumme Zeugen der 23 Messerstiche, die er während gefährlicher Einsätze erlitten hatte. Doch seine Tapferkeit und Loyalität wurden ihm schliesslich zum Verhängnis. Während eines Einsatzes wurde Albert tödlich verletzt. Trotz seiner schweren Wunden kämpfte er bis zum letzten Moment, um seinen Hundeführer und die Öffentlichkeit zu schützen. Sein Mut machte ihn unvergessen. Nach seinem Tod wurde ihm zu Ehren in Amsterdam ein Denkmal errichtet – ein Symbol für seinen heldenhaften Einsatz und seine unerschütterliche Treue.

Das 25. Jubiläum des Berger Belge Club

Der am 18. Juli 1898 gegründete Berger Belge Club feierte 1923 sein 25-jähriges Bestehen und wurde zu diesem Anlass mit dem Titel „Royal" ausgezeichnet. Die Ausstellung am 6. und 7. Oktober war die sechzehnte, die der Club veranstaltete. Es wurden nicht weniger als 230 Hunde ausgestellt, ausschliesslich Belgische Schäferhunde, darunter 62 Groenendaels, 42 Tervueren und 102 Malinois. Der unermüdliche Vorsitzende Joseph Demulder, der den Verein seit seiner Gründung leitet, koordinierte diese Ausstellung, die sowohl sein 25. Jahr als Vorsitzender als auch das Jubiläumsjahr des Vereins feierte.

In einer Broschüre des Royal Berger Belge Club, die leider nicht datiert ist, aber nach der Verleihung des Titels Royal herausgegeben wurde, finden wir neben den Statuten auch die Regeln des RBBC Stammbuchs, ein kleines Kapitel über die Geschichte sowie einen Artikel mit der Überschrift "Der Belgische Schäferhund als Arbeitshund". Hier einige Auszüge aus letzterem:

Der Belgische Schäferhund als Arbeitshund

Der Berger Belge Club setzte sich stets dafür ein, den Typ und die grundlegenden Eigenschaften des Belgischen Schäferhundes zu bewahren. Gleichzeitig förderte er eines seiner charakteristischsten Merkmale: die ausserordentliche Eignung für die Dressur. Neben der Zucht im Sinne der Schönheit legte der Club ebenso Wert auf die praktische Verwendung.

„Es scheint banal zu sein, heute zu wiederholen, dass der Belgische Schäferhund aufgrund seiner Herkunft und seiner uralten Beschäftigung als Verteidiger des Menschen und seines Eigentums am besten geeignet ist, die nützliche Rolle zu erfüllen, zu der man ihn fast sofort nach seiner Geburt in das sportliche Leben gerufen hat."

Es ist sicher, dass man dem Hirtenhund nicht die Funktionen eines Arbeitshundes nehmen könnte, die er seit Jahrtausenden erfüllt, ohne eine Degeneration des Typus zu riskieren.

„Es ist nicht unnütz, diese grosse Wahrheit in regelmässigen Abständen zu wiederholen, denn die Schichten der Sportbegeisterten erneuern sich, und es ist leider ein verhängnisvolles Gesetz, dass wir uns die Theorie der geringsten Anstrengung zu eigen machen. Für diejenigen, auf die die altbewährtesten Prinzipien keinen Eindruck machen, genügt es, sich an die Odyssee des schottischen Schäferhundes zu erinnern, der einst auf dem Zenit der sportlichen Beliebtheit stand. Was ist heute noch von dieser Rasse übrig, die für die Arbeit geschaffen war und zu den schönsten gehörte? Nichts!!!"

Ihren Niedergang verdankt sie zweifellos der erzwungenen Untätigkeit hinter den Gitterstäben der Zwinger und dem Dolcefarniente auf den Teppichen der Salons. Die Modebegeisterung ist eine ernste Gefahr für Hunde, die für ein aktives Leben geschaffen wurden. Der Belgische Schäferhund hat leider einen hohen Preis dafür bezahlt. Es war nicht ohne Schaden für ihn, dass er eine Zeit lang die Gunst der schönen Damen und der Herren genoss, die einen Hund hielten, um die Galerie zu beeindrucken.

„Ohne Arbeit gibt es kein Heil."

Dies sollte in einer prägnanten, aber kraftvollen Form das Motto jedes Schäferhundliebhabers sein. Vor allem darf niemals die Idee gefördert werden, die leider irgendwo geboren wurde: eine Super-Schönheitsmeisterschaft zu schaffen! Das wäre die endgültige Eingliederung unseres Hirtenhundes in die Luxusrassen – und sein fataler Niedergang. Die Dressur, der praktische Einsatz, die Arbeit, mit einem Wort, ist untrennbar mit einer rationellen Zucht verbunden. Wir fordern unsere Mitglieder auf, sich diese grosse Wahrheit einzuprägen und sie in ihrer Umgebung zu verbreiten.

Der Tervueren Bonnot LOSH 13200 Eine Bronze von 1924

KCB: Die Jahre 1924 bis 1932

Mit einer Verspätung von mehreren Jahren nahm der Belgische Kennel Club seine Aktivitäten wieder auf. Die erste Ausgabe der Zeitschrift Le Kennel, die 1928 in L'Élevage umbenannt wurde, erschien am 21. Juni 1925. Die Ausstellungen wurden ab 1926 wieder aufgenommen.

Die Wettkämpfe der Belgischen Meisterschaft im Ring

Teilnehmer

Année	Chien	Pedigree	Variété	M/F	Propriétaire
1924	Ledy Du Plateau	LOB 10208	Malinois	F	S. Van den Bossche, Bruxelles
1925	Sam De Scheutveld	LOB 10803	Malinois	M	Mr Detandt, Anderlecht
1926	Titine Du Haut De Beaume	LOB 11130	Malinois	F	Mr Wauthier, Haine-St-Paul
1927	Torry De L'Ombrelle	LOB 11172	Poil dur fauve	M	L. Geens, Borgerhout
1928	Rudy Des Etangs	LOB 11966	Malinois	M	O. Dury
1929	Balkhus De Gallifort	LOB 12007	Malinois	M	J. Van Hooydonck
1930	Capi De La Soierie	LOB 11640	Malinois	M	A. Malaise, Bruxelles
1931	Carlo Van De Werf	LOB 12654	Malinois	M	K. De Keyser
1932	Capi De La Soierie	LOB 11640	Malinois	M	A. Malaise, Bruxelles
1933	Jules de l'Avoir	LOB 15208	Groenendael	M	Mr Querriau, La Louvière
1934	Snap Van Den Leeuw	LOB 18108	Malinois	M	H. Van Leeuwen, Deurne
1935	Snap Van Den Leeuw	LOB 18108	Malinois	M	H. Van Leeuwen, Deurne
1936	Snap Van Den Leeuw	LOB 18108	Malinois	M	H. Van Leeuwen, Deurne
1937	Snap Van Den Leeuw	LOB 18108	Malinois	M	H. Van Leeuwen, Deurne
1938	Racky Van De Werf	LOB 16907	Malinois	M	Mr Leys, Anvers
1942	Racky Du Pique	LOB 25150	Malinois	M	J. Dyckers, Deurne
1943	Diane Des Nymphes De La Foret	LOB 30352	Malinois	F	Mr Genonceaux, Boitsfort

Place	Chien	Variété	M/F	Propriétaire
1	Ledy du Plateau	Malinois	F	S. Van den Bossche, Bruxelles
2	Fidèle de Gallifort	Malinois	F	J. Van Hooydonck, Deurne
3	Diane du Fonds des Eaux	Groenendael	F	V. Menier, Haine-Saint-Paul
4	Jacky du Jeu de Balle	Tervueren	M	Moonens, Bruxelles
5	Cyclone de la Hestre	Groenendael	M	J. Bayot, La Louvière

Ledy du Plateu

In der Ausgabe Nr. 24 vom 26. November 1933 erschien ein Foto von Margot du Rupel sowie ein sehr kurzer Kommentar, der darauf hinwies, dass sie 1917 und 1918 belgische Meisterin war. In der Zeitschrift Cultura aus dem Jahr 1924 fanden wir die Siegerliste des internationalen Wettbewerbs für Wach- und Schutzhunde, den der Belgische Kennel Club am 13. und 14. September 1924 im Palais du Cinquantenaire veranstaltete.

Unter den 33 Teilnehmern befanden sich sechs Hündinnen, von denen drei die ersten drei Plätze belegten. Die Belgische Meisterschaft von 1925 fand am 30. und 31. August in Merksem statt. Der Gewinner war Sam de Scheutveld, Besitzer E. Detandt aus Anderlecht.

Die drei Hündinnen Diane du Fonds des Eaux, Fidèle de Gallifort und Mady de la Sellerie belegten jeweils den dritten, vierten und fünften Platz.

Der rauhaarige Torry de l'Ombrelle gewann knapp den Titel des Belgischen Meisters 1927 vor Gamin de Longtain. Gamin, der kleine, lebhafte und wilde Groenendael, war der Schrecken der Figuranten, die er stets an den empfindlichsten Stellen zu erwischen wusste. Er war mehrfacher Provinzmeister.

Torry de l'Ombrelle

poil dur fauve rosse
ruwharige herdershond
à M. L. Geens

Cyclone de la Hestre

Cyclone de la Hestre, genannt Tom, ein Groenendael von Herrn Bayot aus La Louvière, hatte zwischen 1922 und 1925 seine erfolgreichste Zeit. Es war bemerkenswert, wie es Herrn Bayot, der selbst blind war, gelang, diesen dennoch sehr charakterstarken Hund so perfekt zu trainieren. Im Jahr 1924 gewann Tom im Palais Rameau in Lille vor einer begeisterten Menge die internationale Meisterschaft für Wach- und Schutzhunde. Doch im Juni 1925 erlitt er einen Unfall. Obwohl er wieder gesund wurde, waren die Sprünge danach nicht mehr wie zuvor, und auch die Arbeit war nicht mehr dieselbe. Als Hundetyp war Cyclone auch nicht schlecht. Er gewann einmal einen ersten Preis in der offenen Klasse. Cyclone starb 1933 im Alter von 12 Jahren an einer Lähmung.

Der Titel des nationalen Arbeitschampions und der Grosse Preis von Belgien 1928 gingen an Rudy des Etangs, der zu diesem Zeitpunkt erst 24 Monate alt war. Rudy des Etangs, ein Malinois von O. Dury aus Woluwe Saint Pierre, starb im Juli 1929 an der Stuttgarter Krankheit, dem Hundetyphus. Rudy wurde am 11. September 1926 im Zwinger von M. Vandevelde in Brüssel geboren, als Sohn von Carlo du Rideau, und hatte das Programm der Dressurwettbewerbe in wenigen Wochen gelernt. Beim Turnier in La Forêt zeigte er sich erstmals im Alter von nur neun Monaten. Dort gewann er

Rudy des Etangs

mit 325,25 Punkten, obwohl sein Besitzer ihn aufgrund seines Alters nicht hatte springen lassen! Seitdem eilte Rudy von Erfolg zu Erfolg. Der Titel des Belgischen Meisters 1928 war die Krönung seiner ersten Sportsaison und seiner Karriere. Sein Verlust im Jahr 1929 war ein grosser Verlust für den belgischen Hundesport, der in Rudy einen seiner angesehensten Vertreter im Bereich des Hundetrainings und Sports verlor. Auguste Caspers, Richter beim Belgischen Kennel Club, betrachtete den Malinois Rudy des Etangs zusammen mit dem Groenendael Jules du Moulin und dem Tervueren Albert als das Trio der besten Arbeitshunde.

L'Élevage, schrieb am 21. Juli 1929.

„Rudy war ein sehr intelligenter Hund, dessen fragende Augen immer wachsam waren und dessen Blick stets auf seinen Besitzer gerichtet war. Man dachte nicht einen Moment lang an Mechanisierung, denn alle Bewegungen waren einfach, und alle Übungen wurden mit grosser Freude ausgeführt. Es ist die schönste Gangart, die wir je bewundern konnten; in dieser Hinsicht war Rudy die Perfektion selbst,"

Balkhus de Gallifort

Balkhus de Gallifort, der J. Van Hooydonck aus Borgerhout gehörte, war 1929 an der Reihe, belgischer Meister zu werden. So war er auch 1929 sowie 1932 und 1933 Champion der Provinz Antwerpen. Balkhus de Gallifort im LOSH unter dem Namen Balkus mit der Nummer 39623 eingetragen.

Am 18. Dezember 1925 wurde Balkhus de Gallifort aus Jimmy, (alias Jimmy du Rupel LOB 10922, und aus Fidaline alias Fidèle de Gallifort, LOB 10517) geboren worden. Jimmy du Rupel war ein Sohn von Sam du Thiriau und von Margot du Rupel.

Palmares vom 7. September 1930 in Laeken (12 Teilnehmer)

Place	Chien	Variété	M/F	Propriétaire
1	Capi de la Soierie	Malinois	M	Malaise, Bruxelles
2	Balkhus de Gallifort	Malinois	M	J. Van Hooydonck, Borgerhout
3	Gamin de Longtain	Groenendael	M	O. Lejour, Haine St. Pierre

Die Meisterschaft von 1931 gewann Carlo van de Werf mit einem Durchschnitt von 381,18 von insgesamt 390 Punkten, vor Capi de la Soierie mit 380,40 Punkten und Balkhus de Gallifort mit 379,18 Punkten.

In der Zeitschrift L'Élevage vom 25. Januar 1931 wurde der Tod von Sady Worthy (LOB 10794), einer Malinois-Hündin von Arthur Laga aus Antwerpen, bekannt gegeben. Sady war 12 Jahre alt und hatte in den letzten drei Jahren nicht mehr an Wettbewerben teilgenommen. Sie war auch im SHSB unter dem Namen Sadi und der Nummer 13537 registriert.

In der Ausgabe vom 4. Oktober 1931 wurde bekannt gegeben, dass Sam du Thiriau, der Malinois von Herrn Octave Durand, im Alter von 11 Jahren gestorben war. Sam war im LOSH unter dem Namen Samox (LOSH 20601) registriert. Sam du Thiriau (ex de Mariaburg) war ein Sohn des berühmten Snap (LOSH 10050) und Mitje de Mariaburg (LOSH 17932). Er war Träger des Langhaargens.

In einem Brief, in dem Octave Durand sein Bedauern darüber zum Ausdruck brachte, dass er nicht mit seinem treuen Sam, der bereits schwer krank war, an der belgischen Meisterschaft teilnehmen konnte, schrieb er:

„So endet also die Karriere dieses treuen Sams, der seit seinem 10. Lebensmonat ununterbrochen überall dabei war – in Mailand, Paris, Calais, Lille und vielen anderen Städten –, um den angesehenen und erfolgreichen Ruf des KCB zu repräsentieren. Und auch wenn er den begehrten Titel des belgischen Meisters nie offiziell tragen durfte, so verdiente er ihn doch oft moralisch durch seinen außergewöhnlichen Wert."

Place	Chien	Variété	M/F	Propriétaire
1	Capi de la Soierie	Malinois	M	Malaise, Bruxelles
2	Balkhus de Gallifort	Malinois	M	J. Van Hooydonck, Borgerhout
3	Rex du Thiriau	Malinois	M	Mme Berg, Hoboken
4	Carlo van de Werf	Malinois	M	H. De Laet, Deurne

Von den sechzehn Teilnehmern ging Capi de la Soierie vor Balkhus de Gallifort als Sieger hervor. Balkhus gewann im selben Jahr den Grossen Preis von Belgien der Société Royale Saint-Hubert.

Anfang 1929, genauer gesagt am 13. Januar, übernahm Joseph Couplet den Vorsitz des Belgischen Kynologenverbands, nachdem das Amt durch den Tod seines Vorgängers G. Oortmeyer vakant geworden war.

„Wir brauchten einen erfahrenen und geschätzten Kynologen", hiess es im Leitartikel der Zeitschrift L'Élevage vom 20. Januar 1929:

Joseph Couplet

„Dieser Präsident musste sowohl mit der Dressur als auch mit der Zucht vertraut sein und durfte nicht in den Verdacht geraten, seine Vorlieben eher der einen als der anderen Seite zu überlassen."

Anerkennung des schwarzen Kurzhaars

Nachdem der 1891 gegründete Club du Chien de Berger Belge lange Zeit inaktiv gewesen war, hielten die Mitglieder am 2. Oktober 1928 eine Versammlung ab, um ihn wiederzubeleben. Den Vorsitz führte Joseph Couplet, der nach dem Tod von Omer Reumon im August 1912 zum Präsidenten des Clubs gewählt worden war.

„Die Varietät des Belgischen Schäferhundes mit schwarzem Kurzhaar wurde am 22. Oktober 1929 vom Club du Chien de Berger Belge anerkannt und am 29. Oktober 1929 vom Vorstand des Belgischen Kennel Clubs bestätigt, wie in der Zeitschrift Élevage vom 10. November 1929 berichtet wurde. Es ist wichtig zu betonen, dass der KCB sowohl beim Langhaar als auch beim Kurzhaar niemals andere Farben als Schwarz und Charbonage (kohlrabenschwarz) anerkannt hat."

Der Schäferhundverein der Tervueren

In der Ausgabe vom 7. Juli 1929 berichtete L'Élevage vom Tod von Charles Danhieux, einem bekannten Liebhaber der Tervueren Schäferhunde. Nur wenige Liebhaber dieser fahlgelben Langhaarvariante hatten sich so engagiert wie Charles Danhieux, um sie populär zu machen und ihre Qualitäten hervorzuheben.

"Er kannte den Tervueren perfekt. Viele Jahre lang widmete er sich der Zucht und war einer der renommiertesten Richter dieser Varietät. Wer erinnert sich nicht an Danhieux, der in den Vorkriegsjahren, im Alter von etwa 65 Jahren, seinen tapferen Carl de la Mare mit Bravour vorstellte und ihn freudig zum Sieg führte. Er war das, was man gemeinhin einen guten und liebenswerten Mann nennt."

Im Belgischen Kennel Club schaffte es neben dem Malinois und dem Groenendael nur der Tervueren, sich einen – wenn auch kleinen – Platz zu sichern. Gemeinsam mit Félix Corbeel aus Tervuren gründete Charles Danhieux Ende 1930 den Club du Chien de Berger de Tervueren. Am 12. April 1931 fand in den Nebengebäuden der Brauerei Corbeel in Tervuren eine Sonderausstellung von Tervueren Schäferhunden statt. Die Ausstellung, an der 40 Tervueren teilnahmen, übertraf alle Erwartungen und wurde ein grosser Erfolg.

Casta du Colzas LOB 12436

„Wir sahen", schrieb J. Couplet, „unvergleichlich interessante Tervueren – darunter den berühmten Plom, Sultan des Colzas, Boy du
Souverain, die wunderschöne Hündin Casta des Colzas, den prächtigen jungen Rüden Gamin des Étangs Noirs und viele andere, deren
Namen uns entfallen sind."

Gamin (LOB 13419) wurde am 7. August 1929 durch Boy du Souverain aus
der Zucht von Auguste Caspers und aus Diane de L'Hôtel de Ville, gezüchtet
von Herrn Hoyaux aus Brüssel, geboren. Gamin wurde von Herrn Somme
beim Entwöhnen von der Mutter erworben.
Es ist bemerkenswert, dass Gamin im Alter von sechs Wochen der kleinste
der fünf Welpen in der Wurfkiste war, später jedoch seine Wurfgeschwister
in der Groesse deutlich übertraf. Voller Leben und Charakter, mit einem
beeindruckenden passiven Gehorsam und einer der schärfsten Fähigkeiten
im Verteidigungsverhalten, gewann Gamin im Alter von nur zwei Jahren den
begehrten Titel des Champions. Bereits zuvor hatte er neunzehn erste Preise,
sieben Ehrenpreise – darunter den für den schönsten in Paris ausgestellten
Hirtenhund – und fünf CACs gewonnen.

Gamin zeichnete sich durch ein schönes falbfarbenes Fell und einen prächtigen Kopf mit einer markanten schwarzen Maske aus.

Gamin des Etangs Noirs

Rosa wurde am 26. April 1919 geboren und stammte aus der Zucht von J. Van Tuyckom. Sie gewann zahlreiche Ausstellungspreise und CACs. Rosa war eine Hündin mit beeindruckendem Charakter, entschlossenen Bewegungen, einem leicht maskulinen Erscheinungsbild, temperamentvoller Nervosität und extremer Wachsamkeit – Eigenschaften, die man sich bei einem Tervueren nur wünschen konnte.

Beim Wiederaufbau der Tervueren-Population nach dem Krieg spielte sie eine bedeutende Rolle, die zweifellos gewürdigt werden sollte.

Rosa du Souverain Rosa (LOB 10371)

Jhono
RSH 10021

Bibi RSH 1827
à J. Meersmans

Dick, à Ch. Danhieux
x
Miss, à Decoster

Dianette
RSH 8722

Fritzon LOSH 9204
x
Sarah

Réséda de la Forêt de
Soigne
LOB 3786

Fritzon
LOSH 9204

Blackon °11/04/1909, à J. Van Tuyckom
x
Fina RSH 4066

Sarah

Bibi RSH 1827
x
Rosi

Milord L.O.S.H. 8255

Blackon
R.S.H. 4067. .

Casta L.O.S.H. 8254.

Milsart R.S.H. 437 . .

Duc de
Groenendael.

Picard d'Uccle (à Beernaert).
Petite (à Rose).

Miss
(à Danhieux).

Tom (à Corbeel.
Poes (à Corbeel).

Miss (à Debecker). .

Milsart
R.S.H. 457. . .

Duc de
Groenendael.

Picard d'Uccle (à Beernaert).
Petite (à Rose).

Miss
(à Danhieux).

Tom (à Corbeel).
Poes (à Corbeel).

Miss (à Goffaux).

Milord L.O.S.H. 8255.

Black. . . . .

Milsart
R.S.H. 457 . .

Duc de
Groenendael.

Picard d'Uccle (à Beernaert).
Petite (à Rose).

Miss
(à Danhieux).

Tom (à Corbeel).
Poes (à Corbeel).

Mira (à Poot). *(voir schéma des "Origines du poil long fauve")*

Fina
R.S.H. 4066. .

Casta L.O.S.H. 8252.

Miss (à Debecker). .

Milsart
R.S.H. 457 . .

Duc de
Groenendael.

Picard d'Uccle (à Beernaert).
Petite (à Rose).

Miss
(à Danhieux).

Tom (à Corbeel).
Poes (à Corbeel).

Miss (à Goffaux).

Milsart R.S.H. 437 . .

Duc de
Groenendael.

Picard d'Uccle (à Beernaert).
Petite (à Rose).

Miss
(à Danhieux).

Tom (à Corbeel).
Poes (à Corbeel).

Miss (à Debecker). .

Milsart
R.S.H. 457 . .

Duc de
Groenendael.

Picard d'Uccle (à Beernaert).
Petite (à Rose).

Miss
(à Danhieux).

Tom (à Corbeel).
Poes (à Corbeel).

Miss (à Goffaux).

Bibi
R.S.H. 1827 . .

Dick. (à Danhieux) .

Milsart R.S.H. 457 . .

Duc de
Groenendael.

Picard d'Uccle (à Beernaert).
Petite (à Rose).

Miss
(à Danhieux).

Tom (à Corbeel).
Poes (à Corbeel).

Miss (à Danhieux). .

Tom (à Corbeel).
Poes (à Corbeel).

Miss (à Decoster) .

Milsart R.S.H. 437. .

Duc de
Groenendael.

Picard d'Uccle (à Beernaert).
Petite (à Rose).

Miss
(à Danhieux).

Tom (à Corbeel).
Poes (à Corbeel).

Rosi. . . . .

Milsart
R.S.H. 457 . .

Duc de
Groenendael.

Picard d'Uccle (à Beernaert).
Petite (à Rose).

Miss
(à Danhieux).

Tom (à Corbeel).
Poes (à Corbeel).

Miss (à Goffaux).

Rosi. . . . . . |

Milsart R.S.H. 457 .

Duc de Groenendael.

Picard d'Uccle (à Beernaert).
Petite (à Rose).

Miss (à Danhieux). .

Tom (à Corbeel).
Poes (à Corbeel).

Miss (à Goffaux).

Hier sind einige Passagen über unsere Hirtenhunde, die in der Zeitschrift L'Élevage von 1932 erschienen sind und von Auguste Caspers verfasst wurden:

„Um 1910 war der Belgische Schäferhund auf einem sehr guten Punkt angelangt. In einem kurzen Zeitraum von 12 bis 13 Jahren war etwas Grossartiges geschehen. Aus dem unförmigen Haufen bunt zusammengewürfelter Hunde war ein rassiger, eleganter, intelligenter Hund hervorgegangen, der in zahlreiche Varietäten unterteilt war und sich innerhalb dieser Varietäten mehr oder weniger erfolgreich fortpflanzte. Die dummen Praktiken des Rutenkupierens und der Kastration waren verschwunden und alle Welpen wurden mit einer Rute geboren. Dem Belgischen Schäferhund wurde nicht nur ein idealer Körperbau verliehen, sondern auch ein Charakter gezüchtet, wie man ihn bei keiner anderen Rasse findet. Man hatte aus ihm den erträumten Schutz-Fährtenhund gemacht und gleichzeitig seine Schäferhunde-Natur bewahrt; er war zu einem wunderbaren Turnierhund und treuen Begleiter geworden, präzise wie ein Uhrwerk."

Der Groenendael profitierte seit seinem Erscheinen von einer Welle, die kein anderer Hund je erlebt hat. Leider konnte er sich nicht auf dem Niveau halten, das er um 1912 erreicht hatte. In unseren Dressurvereinen wurde er vom Malinois abgehängt.

Von allen Belgischen Schäferhunden hat sich der Tervueren vielleicht am reinsten erhalten. Dies ist einigen intelligenten Liebhabern von Tervueren selbst zu verdanken, z. B. Corbeels, Danhieux, Debeckers, Cortlevens usw. Sie haben sich in den letzten Jahrzehnten immer wieder für die Zucht von Tervueren eingesetzt.

Nach dem Krieg und vor allem in Bezug auf die Dressur hat der Malinois eine glänzende Revanche an den anderen belgischen Varietäten genommen. Er erwies sich als intelligenter, geschmeidiger und charakterstarker Hund, der sich wunderbar für den passiven Gehorsam eignet, den man bei der Ringdressur benötigt.

„Wir können und wollen nicht über andere Varietäten oder ausländische Hirtenhunde lästern, aber wenn man bedenkt, dass in den letzten Jahren Djeck du Thiriau, Margot du Rupel, Sam de Scheutveld, Ledy du Plateau, Rudy des Etangs, Capi de la Soierie, Balkhus de Gallifort, Carlo van de Werf – alle Malinois – nacheinander belgische Arbeitschampions wurden, fragt man sich, ob dies ein Zufallseffekt ist? Man ist nicht weit davon entfernt, zu glauben, dass der Malinois der Hund par excellence für Arbeitswettbewerbe, nicht nur im Ring, sondern weit darüber hinaus ist. So erklärt sich die Begeisterung der belgischen Dresseure und der Antwerpener im Besonderen für diese Hundeart.Drei Tervueren, Zeichnung Renè Delin

Drei Tervueren, Zeichnung Renè Delin

SRSH-UCSH: Die Jahre 1924 bis 1938

Die Union Cynologique Saint-Hubert

Nach dem Krieg traten der KCB und die SRSH bei Dressurprüfungen im Ring gegeneinander an. Die letzte dieser Prüfungen fand am 20. und 21. August 1927 statt. Trotz schlechten Wetters wurden 27 Teilnehmer platziert. Der erste Preis war eine Krawattennadel aus Gold mit einem Brillanten im Wert von 750 Francs. Die fünf Erstplatzierten dieses Wettbewerbs waren:
* Piko, Tervueren, von A. Oeyen mit 376,6 Punkten;
* Torry de l'Ombrelle, fahlgelbes Rauhaar (LOB 11172), von Herrn Geens;
* Maryanne du Pelikan, Malinois-Hündin (LOSH 18336), von J. Strijbos aus Wilrijk;
* Sam du Thiriau, Malinois (LOB 10280), Besitzer Octave Durand;
* Sady Worthy, Malinois-Hündin (LOB 10794), von Herrn Laga.

Die Gespräche, die seit Anfang 1926 geführt wurden, um eine Einigung unter allen Beteiligten des belgischen Hundesports zu erreichen, wurden im April 1927 abgebrochen. Daraufhin trennten sich die SRSH und der KCB endgültig.
Am 12. Februar 1928 wurde die Union Cynologique Saint-Hubert durch die Überarbeitung des Abkommens vom 6. Januar 1908 gegründet.

Die Leitung der Union Cynologique Saint-Hubert wurde von den folgenden drei Organisationen übernommen:

* Société Royale Saint-Hubert (SRSH)
* Versammlung der Delegierten der angeschlossenen Clubs (AdD)
* Kynologischer Rat (CC)

Grosser Preis von Belgien für Ringarbeit

Im Bericht des Sekretärs der SRSH, der auf der Jahreshauptversammlung am 26. Februar 1925 vorgelegt wurde, finden wir folgende Passage:

"Es werden Ringprüfungen für Polizeihunde, Arbeitsprüfungen für Angriffs und Schutzhunde sowie Spürhundeprüfungen durchgeführt Jeder dieser Wettbewerbe verzeichnet eine beachtliche Teilnehmerzahl Der Erfolg dieser Wettbewerbe bestätigt sich von Jahr zu Jahr und macht diese Veranstaltungen besonders wertvoll, sowohl in sportlicher Hinsicht als auch im Hinblick auf den Nutzen, den sie bringen"

Teilnehmer von 1926- 1938

Année	Chien	Pedigree	Variété	M/F	Propriétaire
1926	Sadi	LOSH 13537	Malinois	F	A. Laga, Anvers
1928	Monarque	LOSH 28722	Malinois	M	J. Bil, Anvers
1929	Boby De Bruyere-Fraipont	LOSH 20859	Malinois	M	Frans, Trooz
1929	Nerolo	LOSH 22277	Groenendael	M	L. Van Walle, Anvers
1930	Bollux	LOSH 32278	Malinois	M	A. Van Waterschoodt
1931	Nerolo	LOSH 32277	Groenendael	M	L. Van Walle, Anvers
1932	Balkus	LOSH 39623	Malinois	M	J. Van Hooydonck, Anvers
1933	Frick De Contich	LOSH 47185	Malinois	M	W. Kurrels, Anvers
1934	Egor	LOSH 50354	Malinois	M	F. Kesteloot, Anvers
1935	Clinox	LOSH 38614	Malinois	M	J. Delien, Anvers
1936	Arlux	LOSH 56205	Poil dur fauve	M	F. Raymaekers, Beyne-Heusy
1937	Ecarlo	LOSH 47082	Malinois	M	F. Van de Velde
1938	Iléa	LOSH 84441	Malinois	F	J. Van den Broeck, Heusden

Der erste Grosse Preis von Belgien fand am 3. Oktober 1926 in der grossen Halle des Palais du Cinquantenaire statt. Den ersten Preis gewann die Malinois-Hündin Sadi, gefolgt vom Malinois Samox, alias Sam du Thiriau. Der zweite Grosse Preis von Belgien wurde am 7. Oktober 1928 in Gent ausgetragen. Der Sieger war der Malinois Monarque (LOSH 28722), ein Sohn der beiden Erstplatzierten von 1926. Der Groenendael Mylord (LOSH 26234) erreichte einen hervorragenden zweiten Platz, vor mehreren anderen bekannten Arbeitshunden.

Monarque

Der dritte Grosse Preis von Belgien im Jahr 1929 endete mit einem ex-aequo-Sieg zwischen dem Malinois Boby de BruyèreFraipont und dem Groenendael Nérolo. Beide erhielten die gleiche Punktzahl. Richter R. Vanclair lobte Bollux, alias Lux de Gallifort (LOB 12534), einen erstklassigen Malinois, der mit nur 22 Monaten grosses Potenzial zeigte:

Nèrolo

„Ich zögerte keinen Augenblick, ihm das Maximum bei Angriffen und vor allem bei der Bewachung von Objekten zuzugestehen. Ein Hund mit grosser Zukunft. Wenn er so weitermacht, wird er im nächsten Jahr sicherlich unschlagbar sein."
Bollux, alias Lux de Gallifort (LOB 12534), gewann den Wettbewerb von 1930 vor Apollon du Pélican. Letzterer war ein schöner Malinois mit enorm harten Griff und einer excellenten Arbeitseinstellung, der einen sehr starken Eindruck hinterliess.

Von den 15 teilnehmenden Hunden hoben sich Nérolo und Bollux deutlich von den anderen ab. Beide waren Hunde von grosser Klasse. Nérolo gewann auch den SRSH-Preis für den schönsten Hund, der die mindestens geforderten 75 % der Punkte erreichte. Snapy, alias Snap Mollenos und Nachkomme von Snap, war ein Hund aus dem KCB, ebenso wie Clusko und viele andere. Clusko, alias Rex du Thiriau, wurde am 7. Juni 1928 geboren und war ein Sohn von Samox.

Er kam in den Besitz von Octave Durand, nachdem er zuvor im Besitz von I. Naulaerts gewesen war. Cléro ist kein anderer als Carlo van de Werf.
Fünfzehn Teilnehmer traten zum siebten Grossen Preis von 1933 an, bei dem Dédès (LOSH 43498) mit schwarzem Kurzhaar nicht antrat und Bollux aus dem Wettbewerb genommen wurde. Frick de Contich war sehr erfolgreich und gewann den ersten Preis für seine Arbeit sowie den Preis für den schönsten Rüden.

Égor, der Sieger des Jahres 1934, wurde am 12. Juni 1930 in der Zucht von A. Rulaens in Deurne, nahe Antwerpen, geboren. In seiner Abstammung findet sich Margot du Rupel sowohl mütterlicher- als auch väterlicherseits. Die Qualität seiner Vorfahren ist durch seinen Stammbaum belegt.

Mit seinem rauhaarigen, fahlgelben Fell errang er im Jahr 1936 die Spitzenauszeichnung des Grand Prix. Frick de Contich (LOSH 47185), im Besitz von Herrn W. Kurrels aus Antwerpen, gewann den Preis für das schönste Tier.

1938 wurde der Grosse Preis von Belgien am 3. und 4. September in Ostende ausgetragen. Dem Grossen Preis von Belgien ging am ersten Tag ein internationaler Ringwettbewerb voraus, bei dem die Hunde, die 80 % der erforderlichen Punkte erreichten, für den Grossen Preis am nächsten Tag qualifiziert waren. Der Wettbewerb wurde von der Malinois-Hündin Iléa (LOSH 84441) gewonnen. Die Ergebnisse wurden jedoch nicht anerkannt.

Mascotte du Tigre Royal, Champion im Fährten

Mascotte du Tigre Royal (LOSH 14849), eine Malinois-Hündin, wurde am 17. Februar 1923 in einem Wurf von elf Welpen geboren. Sie ist die Tochter des Champions Snap und wurde 1928 Champion für Arbeitsprüfungen in der Fährtenarbeit. Sie zählt zu den grossen Fährtenhunden ihrer Zeit.
Mascotte gehörte Herrn Theo Barbé, wohnhaft in Maffle in der Nähe der Stadt Ath im westlichen Hennegau. Als Ausbilder war er ein besonders qualifizierter Mann, der durch seine Technik in der Abrichtung von Fährtenhunden die Aufmerksamkeit der Justizbehörden auf sich zog.

Mascotte erhielt das nationale und internationale CAC für Arbeit sowie den ersten Preis bei den Verbindungsprüfungen (Nachrichtenhunde) für Kriegshunde der Société Royale Saint-Hubert, die am 26. September 1926 in Kortenberg stattfanden.

Les chiens policiers de Maffle et M. Patte qui ont fait découvrir le cadavre de Mme Vve Hottelet au fond du puits (46 mètres de profondeur) à Bray.

Polizeihunde

Die Société Royale Saint-Hubert (SRSH) führte in Nossegem-Kortenberg ihre fünfte Prüfung für Nachrichtenhunde mit 23 Teilnehmern durch. Das Programm der offenen Prüfung, die für alle Hunde zugänglich war, sah wie folgt aus:

Erste Aufgabe: Der Hundeführer legt eine Fährte von 200 bis 300 Metern, lässt den Hund frei, der daraufhin zum Ausgangspunkt zurückkehren muss. Zweite Aufgabe: Der Hundeführer legt eine längere Fährte von 1200 bis 1400 Metern. Am Ziel angekommen, wird ein Signal gegeben. Der Hund wird freigelassen, muss den Hundeführer finden und danach alleine zum Ausgangspunkt zurückkehren.

Rangliste der Prüfung:

- Mascotte du Tigre Royal (LOSH 14849), Malinois-Hündin
  Besitzer, Théo Barbe aus Maffle Zeit: 8 Minuten und 5 Sekunden;
- zweiter Preis:
  Djanos (LOSH 17755), Groenendael-Rüde Besitzer, Herr Ch.
  Du Moulin aus Froyennes Zeit: 10 Minuten und 7 Sekunden;
- dritter Preis:
  Scotty de la Redoute (LOSH 32069), fahlgelber Rauhaardackel, Rüde
  Besitzer, Maréchal des Logis A. Peffer aus Vieu Dieu bei Antwerpen Zeit: 10 Minuten und 50 Sekunden;
- vierter Preis:
  Sady de la Redoute (LOSH 32071), dunkelgraue Rauhaar-Hündin
  Besitzer, derselbe wie bei Scotty (A. Peffer) Zeit: 11 Minuten und 45 Sekunden.

Quatre chiens pisteurs
appartenant à M. Barbe.
Le 4e à droite: „La Marion".
Le 2e en partant de la
gauche est „Karouf", champion du monde des chiens
policiers pisteurs.

Reduzierung der Anzahl CAC von acht auf vier

Ab dem 1. Januar 1934 wurde die Verteilung der CAC für den schönsten
Hund und die schönste Hündin bei den Belgischen Schäferhunden auf die
folgenden vier Kategorien reduziert. Dennoch wurde die Trennung der Varietäten in den Ausstellungsregeln in acht Klassen nach Haartyp und Farbe
beibehalten:

- Kurzhaarig, ohne Unterscheidung nach Farben (alle Farben zusammen)
- Rauhaarig, ohne Unterscheidung nach Farben (alle Farben zusammen)
- Schwarzes Langhaar (Groenendael)

- Langhaarig, ohne Unterscheidung nach Farben (ausgenommen
  schwarz, alle Farben zusammen)

Tervueren und langhaarige, sogenannte graue, tauchen in Groenendael-, Ter-
vueren- und Malinois-Welpen auf. Diese Tiere sind manchmal von bemerkenswerter allgemeiner Qualität, gewinnen CAC für Schönheit oder Arbeit, werden als Zuchtsäulen ausgewählt oder sind der Ursprung von
Zuchtlinien, die erstklassige Tiere hervorbringen. Dies ist unter anderem der

Fall beim grauen Langhaar Filoza (LOSH 54950), CAC 1934, dessen Groenendael Nachkommen, darunter berühmte Tiere wie Tan de l'Infernal (LOSH 119078), die Farbe Sand mit Charbonage, auch als Grau bezeichnet, vererbten.

Tan de l'Infernal (LOSH 119078)

Josef Demulder

Am 31. August 1934 verstarb Josef Demulder. Wir erinnern uns daran, dass er 1898 den Berger Belge Club gründete, als der Club du Chien de Berger Belge eine einheitliche Farbe pro Haartyp zuwies. Der Berger Belge Club setzte sich zunächst für das fahlgelbfarbene Rauhaar und das fahlgelbfarbene Langhaar ein und später, ab 1911, auch für das schwarze Kurzhaar. Er war überall anzutreffen, wenn es darum ging, die grossen oder kleinen nationalen Hunderassen durch die Organisation von Ausstellungen und Prüfungen zu fördern.

Ausstellung des RBBC vom 8. Dezember 1935

Bei der Ausstellung des RBBC (Royal Berger Belge Club) am 8. Dezember 1935 im Palais du Midi wurden fast 400 Hunde ausgestellt. Eine ausgezeichnete Sammlung von Malinois wurde von Herrn Staveau bewertet. Unter den 7 Rüden erhielt Hoxo du Gaulois (LOSH 59845) von Herrn Decker das CAC. Die Hündin Impartiale de Jolimont (LOSH 63511) von Herrn Collard erhielt das CAC für ihre Kategorie. Es war ein erfolgreicher Tag für die Träger des Labels de Jolimont. Bei den Groenendaels wurde der Rüde Flic des Courteaux (LOSH 42781) von Herrn Reumond als bester Rüde bewertet. Bei den Hündinnen ging das CAC an Irene du Mont Sara (LOSH 63814) von Herrn Boudart.

Der Groenendael Club wird Königlich

1935, nach 25jähriger Tätigkeit unter dem Vorsitz von Vital Tenret, erhielt der Groenendael Club seinerseits den Titel Königlich und wurde somit zum Royal Groenendael Club. Am 22. Dezember 1935 veranstaltete er in Binche (Wallonien) eine Sonderausstellung mit knapp 100 Groenendaels. Einen grossen Anteil am Erfolg hatte der Zwinger von Mont-Sara.

Herr Boudart, der 23 Tiere ausstellte, gewann zehn erste Preise von 18 zu vergebenden, und gleichzeitig die beiden CAC. Im Katalog trugen von 96 gemeldeten Tieren 56, also mehr als die Hälfte, den Zwingernamen Mont Sara oder stammten aus Zuchttieren, die diesen Zwingernamen trugen. Das Jahr 1935 war reich an Ausstellunge. Vor allem die Ausstellung des Koninklijke Gentse Hondenafrichters Club Ende April in Gent war nicht uninteressant.

Chenil du Mont Sara

A Émile BOUDART

Rue Ste-Aumône, 26, Binche

▲

LE PLUS GRAND ÉLEVAGE DE GROENENDAELS
EN BELGIQUE

▼

Lauréats à toutes les expositions. Les sujets du Mont Sara se distinguent de tous autres par l'abondance de la fourrure, les beaux aplombs, la tête finement ciselée.

Ci-contre, étude de tête,
sans retouche, de
HASSO DU MONT SARA
L.O.S.H. 55540

ÉTALON DU CHENIL

Hasso du Mont Sara L.O.S.H. 55540	Filou du Mont Sara L.O B. 17293	Djil du Carnaval
		Bellonie
	Ficelle du Mont Sara L.O.S.H. 46744	Djil du Carnaval
		Fascotte

Im Ring der Malinois mit 62 Tieren, von denen die Hälfte Rüden waren, herrschte ein grosses Gedränge. Die Hunde aus dem Zwinger Ecaillon triumphierten auf der ganzen Linie mit :

- Irritation de l'Écaillon (LOSH 64030) von Herrn Van den Eynde, erster in der Jugendklasse;
- Ivan de l'Écaillon (LOSH 64038) von F.E .Verbanck, erster in der Novizenklasse;
- Glaneur de l'Écaillon (LOSH 64032) von Mr. David, erster in der Klasse Limited;
- Gladiateur de l'Écaillon (LOSH 64031) von F.E. Verbanck, erster in der Offenen Klasse und CAC vor anderen 21 Konkurrenten.

Don Carlos de Malines war Erster in der Siegerklasse, und Funy du Châlet des Glycines in der Arbeitsklasse. Bei den Hündinnen waren die Ehren geteilt: Miss van 't Hofstedeken (LOSH 48887) gewann sowohl in der Sieger- als auch in der Arbeitsklasse. In der Reproduktionsklasse wurde Sibelle de Jolimont (LOSH 28831), die Mutter der oben genannten Écaillon-Hunde, mit der AdD-Medaille ausgezeichnet. Diese Medaille, verliehen von der "Assemblée des Délégués des clubs affiliés" (AdD), ehrt herausragende Leistungen bei Hundeausstellungen.

Sibelle de Jolim LOSH 28831

Zwei gute kurzhaarige schwarze Hunde, Picary de la Gendarmerie (LOSH 56151) von Herrn Schaubroeck, Erster in der offenen Klasse und mit CAC ausgezeichnet, sowie Gentille von Herrn Vervaecke, ebenfalls Erste in der offenen Klasse. Bei den Groenendaels war der beste Rüde Grand Vizir du Mont Sara (LOSH 43384) vom Vicomte d'Applaincourt, Erster in der offenen Klasse und mit CAC ausgezeichnet. Champion Alberic van de Heulebosch (LOSH 42670) von Herrn Hinnekens wurde Erster in der Arbeitsklasse. Der beste der fünf langhaarigen fawnfarbenen Hunde ist ein Sohn des Kurzhaars Goliath du Châlet des Glycines. Carlos van 't Hofstedeken (LOSH 54191) von Herrn Duprez Vandekerckhoven gelang es, das Langhaargen in seiner Zucht durch seinen Goliath zu etablieren. Block (LOSH 9472), der Grossvater von Goliath, hatte viele Nachkommen mit langem Fell hervorgebracht. Ebenso gab es zahlreiche Nachkommen aus den Zuchten du Châlet des Glycines und van 't Hofstedeken, die, auch wenn sie selbst nicht langhaarig waren, dennoch Träger des rezessiven Langhaargens gegenüber dem Kurzhaar waren. Mit anderen Worten: Wenn in einem Wurf ein oder mehrere lang- oder mittellanghaarige Hunde vorkommen, bedeutet das, dass sowohl der Vater als auch die Mutter Träger des Langhaargens sind.

„Der Langhaarfaktor", berichtete F. E. Verbanck, „war auch bei anderen Malinois zu finden. Ich hatte sie in meiner Zucht mit den Zuchtrüden von Bois de la Deûle und Jolimont. Hanappe aus Faytles-Manage hält sich an die Malinois. Seit langer Zeit machen seine Hunde aus dem Zwinger de Jolimont den Ruhm unserer Kurzhaarigen aus. Sibelle ist eine Tochter der Halbgeschwister Wip de Jolimont (LOSH 13368) und Trine de Jolimont (LOSH 11318) über ihre Mutter Margot de Jolimont (LOSH 11287). Wips Vater ist Mastock (LOSH), der die reinste Linie von Wip und Dewet repräsentierte."

Im Jahr 1938 feierte der Royal Berger Belge Club sein vierzigjähriges Bestehen. Nach Joseph Demulder hielt der Richter A. Bloemen fast ein Jahrzehnt lang die Präsidentschaft des RBBC inne. Dieser trat während der Generalversammlung im März 1939 zurück. Als sein Nachfolger übernahm Maurice Huge, der Sohn von Charles Huge, die Aufgabe. Unter dem Namen "Salon du Chien" organisierte der RBBC Ende 1938 seine jährliche Ausstellung. Die CACs für Malinois wurden an Idéal de l'Écaillon (LOSH 64033) von M. Verbanck und Lune (LOSH 80676) von F. Huge verliehen. Ein guter kurzhaariger schwarzer Hund war Lucky (LOSH 94068), der Fräulein Paquay gehörte. Bei den Groenendaels ging das CAC für Rüden an den neu vorgestellten Liondor (LOSH 89303) von G. Tanghe, während das CAC für Hündinnen an Hadila du Mont Sara von E. Boudart ging.

M. Kermans beurteilte die Tervueren und vergab ein CAC an den Rüden Kimboy (LOSH 93727) von E. Desees aus Tervuren. Geboren am 3. März 1936, war Kimboy ein Nachkomme von Rip du Bois des Capucins (LOB 24596). Gamin 't Hoften Bosch gehörte J. Peeters, einem grossen Bauern in Huldenberg, nahe Tervuren. Peeters hatte stets grosse, sehr gute Wachhunde aus Tervuren, die, wenn nötig, sehr bissig waren. Die Hunde von Peeters waren gefürchtet, weil sie nie den Hof verliessen, obwohl das Tor den ganzen Tag offen stand. Im Jahr 1940 mussten die Deutschen sie erschiessen, bevor sie den Hof betreten konnten. Boy du Souverain war im LOSH unter dem Namen Billyson mit der Nummer 18409 eingetragen. Der Vater war General (LOSH 11596), die Mutter war Rosa (LOSH 1191). Der Züchter von Plom (LOSH 25045), geboren am 24. Juli 1925, war F. Corbeel, der

Brauer war. Carlo du Souverain war im LOSH als Cadol mit der Nummer 40399 eingetragen.

Voici Champion

Rip du Bois des Capucins

L. O. B. 24596

à Monsieur DESEES
Rue de Bruxelles, 69
TERVUEREN

Jeune étalon de 2 1/2 ans, qui a fait sensation cette année.
Chien de belles proportions, à la fourrure opulente et de la bonne couleur; bien coudé, poitrine profonde.
Réunit en lui le sang des meilleurs Tervuerens : Milsart—Général—Boy du Souverain ; chien idéal pour l'élevage de cettebelle variété de nos bergers nationaux.

Le plus beau berger de Tervueren actuellement.

1 Rip du bois des Capucins dit Kim boy LOB 24596 LOSH 93727

3 Gamin 't Hoften Bosch. LOB 24444

4 Sarra du bois des Capucins LOB 17246

7 Boy du Souverain LOB 11.155

8 Nelly de Ravesteyn

9 Sultan des Colzas LOB 12438

10 Mira du bois des Capucins LOB 14567

15 General LOSH 11.596

16 Rosa du Souverain LOB 10.371

17 Glom LOSH 25.145

18 Zoé de Ravesteyn

19 Carlo du Souverain LOB 10451

20 Mirette des Colzas LOB 12248

21 expertise

22

Fährten und Feldprüfungen

Am 7. und 8. November 1926 schloss der Royal Kynos Club die Saison ab, indem er in Strivay-Esneux eine Fährtenprüfung für Hunde aller Rassen durchführen liess. Fünfzehn Hunde waren angemeldet, darunter drei Malinois, ein Groenendael, drei Bouviers , drei Deutsche Schäferhunde und vier andere Belgische Schäferhunde als Malinois und Groenendael.

Vier Hunden gelang es, die richtige Spur zu finden und den Gegenstand zu apportieren, trotz sehr realer Schwierigkeiten und falscher Fährten. Hier sind sie in der Reihenfolge derSegerliste:

- Castos (LOSH 23017), ein Malinois von Herrn Alexandre aus Esneux, bestätigte seinen ausgezeichneten Ruf, den er durch frühere Erfolge erlangt hat. Castos absolvierte die Strecke korrekt, einschliesslich des gesamten Asphaltwegs, in einer Geschwindigkeit eines durchgehenden Zugs: 4 Minuten 14 Sekunden;
- Gamin du Tigre Royal (LOSH 14841), ein Malinois von Herrn Crunenberg, zeigte sich als sehr gutes Exemplar mit ruhigem und bedachtem Verhalten und brachte das Objekt locker in 10 Minuten 20 Sekunden zurück:
- Championne Vision (LOSH 17078), ein Bouvier des Ardennes vom Leutnant Binon, brachte das Objekt korrekt und in gutem Tempo zurück;
- Donno (LOSH 16119), ein kurzhaariger schwarzer Hund, gehörte Herrn Beckman;
- Liane (LOSH 13168), ein gestromter Belgischer Schäferhund mit kurzem Fell, gehörte Herrn Marechal aus Esneux;
- Bendix (LOSH 13524), ein Deutscher Schäferhund, gehörte Herrn Hosmans aus Lüttich;
- Rosy De Meulebeke (LOSH 19366), ein Malinois, gehörte J. Demets aus Gent;
- Sibella (LOSH 11542), eine weibliche Groenendael, gehörte Herrn Motte aus Esneux;

- Gabylo (LOSH 17620), ein Belgischer Schäferhund mit rauem, fawnfarbenem Fell, gehörrte Herrn Lognoul aus Strivay.

Viele Zuschauer hatten sich im Parc des Rossignols eingefunden, der von der Stadt Antwerpen für die jährliche Veranstaltung der Union Canine Anversoise im Jahr 1926, ein Feldwettbewerb für Polizeihunde, freundlicherweise zur Verfügung gestellt wurde. Die Jury vergab den ersten Preis und das CAC an Faronne, eine weibliche Groenendael Hündin, im Besitz von Herrn Ketels. Sie führte alle Übungen nahezu perfekt aus. Besonders auffällig war sie bei den Wasserarbeiten, der Verbrechersuche, der Bewachung des Gegenstands, dem Angriff und der Verteidigung ihres Besitzers. Sie gewann vor dem Malinois Champion Killer von Herrn M. Gielen.

Diese gleichen Teilnehmer trafen sich wieder bei den Feldwettbewerben für Polizeihunde, die am 12. September 1926 in Kortrijk organisiert wurden. Diese bedeutenden Wettbewerbe, bei denen die CACT der SRSH und die CACIT der FCI verliehen wurden, wurden von Champion Killer (LOSH 14912), einem Malinois im Besitz von Herrn Gielens aus Antwerpen, vor den Groenendaels Robert (LOSH 20561) von Herrn Vromant aus Menen und Faronne (LOSH 19559) von Herrn Ketels aus Antwerpen gewonnen. Faronne war eine sehr hübsche Hündin, typgerecht, erster Preis in der offenen Klasse; sie bewies sich als erstklassige Angriffs- und Verteidigungshündin. Sie erhielt in den Jahren 1925 und 1926 jeweils zwei CAC bei den internationalen Polizeihundewettbewerben in Antwerpen.

Das internationale Dressurturnier des Antwerpener Kynos-Clubs am 15. und 16. September 1928 wurde von drei bis viertausend Menschen besucht, begünstigt auch durch das herrliche Wetter. Die 26 Teilnehmer gehörten sechs verschiedenen Rassen an. Monarque, Malinois, gewann die Prüfung vor Carlopin, ebenfalls Malinois, der den Sonderpreis für den schönsten Teilnehmer des Wettbewerbs erhielt. Es folgten Mylord, Groenendael, vor Nanette, Deutsche Schäferhündin; Nerolo, Groenendael; Scap, Malinois; Tibi, Belgischer Schäferhund, Kurzhaar, gestromt; Nerop, Deutscher Schäferhund; Carillon, Malinois; Fluck, Bouvier etc.

am 13. und 14. Oktober 1928 wurden in Kortrijk nächtliche Feldprüfungen abgehalten.

Die drei Hauptübungen, die in der Nacht vom 13. auf den 14. Oktober durchgeführt werden sollten, waren:

1. Suche nach einem (zivilen) Scheintäter über eine Distanz von drei bis vier Minuten (einfache Fährte), mit Winkel und natürlichen Hindernissen nach Belieben ;
2. Verteidigung des unerwartet angegriffenen Hundeführer ;
3. Bewachung eines Objekts, entweder Kutsche mit Pferden, Auto, Fahrrad, Motorrad etc.

Am nächsten Tag, dem 14. Oktober, wurde das Programm fortgesetzt: Wasserarbeit, Gehorsamsübungen, Sprünge, Apportieren von Gegenständen, Angriff auf Scheintäter und Überquerung der Lys. Ein kurzhaariger schwarzer Belgischer Schäferhund, Jum (LOSH 23284), im Besitz von Herrn Deronchène, gewann den Feldwettbewerb des Club du Chien de Berger Belge de Lize Seraing am 6. Oktober 1929. Jum erhielt zudem den Sonderpreis für den schönsten klassifizierten Hund. Hier ein Auszug aus dem Richterbericht von J. Piette:

„Wasserarbeit, Apportieren von Gegenständen, Überwinden von Gräben und die Verweigerung von Ködern: sehr gut. Greift zu früh bei der Verteidigung des Besitzers an und schnappt nach dem Rückruf noch einmal zu. Sehr gute Bewachung des Gegenstands. Bei der gestarteten Attacke zögert er beim Zugreifen, umläuft den Mann und schafft es schliesslich, ihn zu packen; mehrere Befehle zum Rückruf notwendig. Suche nach der Person: guter Start, folgt korrekt bis zum zweiten Wendepunkt, durchkämmt das Gelände, kehrt zurück, wird erneut geschickt, findet aber nicht."

Es ist interessant, einen kurzen Blick auf die Feldprüfungen zu werfen, die am 25. März 1931 in der Umgebung von Gent stattfanden und vom Club du Chien Pisteur Gantois organisiert wurden. Dabei stellte der Verein erstmalig eine Prüfung auf einer kalten Fährte auf die Beine. Die drei ersten Preise wurden von den Malinois Carillon, Sam du Tigre Royal und Crigga gewonnen. Sam du Tigre Royal (LOSH 14845) von L. Dhondt aus Ledeberg ist ein Wurfbruder von Mascotte du Tigre Royal.

Einige Wochen später, bei den Fährtenprüfungen in Deinze, gewann Crigga vor Carillon und Cracky, einem Malinois von M. Verriest aus Gent. Am 13. September 1930 gewann Carillon vor Crigga und Scap (LOSH 40481) von F. Raymaekers aus Fléron, der auch ein ausgezeichneter Ringhund war und 1930 den dritten Platz beim Grossen Preis von Belgien erreichte. Carillon war ein Hund, der sowohl an Ring- und Feldwettbewerben als auch an Fährtenprüfungen teilnahm. Er war ein typenloser Hund mit sehr hellem braunen Fell und wenig Maske. Crigga, die dem Gendarmen Van den Eynde gehörte, war vom Typ her besser als Carillon. Sie war eine hervorragende Fährtenleserin und eine gute Diensthündin für ihren Besitzer.

Crigga, Carillon

Fährten- und Feldprüfungen folgten aufeinander. Die Aufgaben der Feldprüfungen waren sehr unterschiedlich und beinhalteten oft Wasserübungen. Die für die Fährtenprüfungen vorgeschriebenen Arbeitsmuster änderten sich von Prüfung zu Prüfung.

Die Hunde, die sowohl an den Feldübungen als auch an den Fährtenprüfungen teilnahmen, mussten also vollständige Hunde oder Champions sein.
Die besten Fährtenhunde des Landes, insgesamt neunzehn, gaben sich am 22. Mai 1932 ein Stelldichein bei den Fährtenprüfungen des Antwerpener Kynos Clubs. Die Fährten waren doppelt, acht Minuten lang, mit fünf rechten Winkeln und einer falschen Verleitfährte.
Ergebnisse:

- Erster Preis und CAC für Cosaque de la Fraternité, Bouvier, Besitzer O. Petré aus Antwerpen.

Danach in der Reihenfolge:

- Champion Carillon, Malinois
- Djony, Belgischer Rauhhaar-Schäferhund
- Don Carlos, Deutscher Schäferhund
- Astra de la Fraternité, Bouvier
- Alberic van den Heulenbosch, Groenendael
- Dax de la Fraternité, Bouvier
- Ébron de la Lys, Bouvier
- Éjosee, Malinois

Die Championhündin Crigga hätte den zweiten Platz belegt, wurde jedoch auf der Grundlage der Fährtenregeln nicht berücksichtigt, da diese Hündin läufig war. Bemerkenswert ist die Anwesenheit von ziemlich vielen Bouviers. Beim Fährtenwettbewerb des Clubs Le Chien Pisteur Gantois am 11. November 1934 wurden die ersten sechs Plätze von Malinois belegt. Der Wettbewerb wurde von Champion Crigga gewonnen, gefolgt von Guide van Munkbrug (LOSH 53297) von G. Mys aus Gent.

Im Jahr 1934 erfreuten sich Fährtenprüfungen einer gewissen Beliebtheit. Es wurden nicht weniger als neun Prüfungen veranstaltet. Es gab sechs Feldwettbewerbe, bei denen das CAC eingesetzt wurde. Im darauffolgenden Jahr fanden zwölf Fährtenprüfungen und vier Feldprüfungen statt.

1938 hatte der Royal Kynos Club den Auftrag erhalten, den Grossen Preis von Belgien für Fährtenhunde auszutragen. Er fand am 23. Oktober in Strivay statt. Von neun Teilnehmern wurde nur ein dritter Preis an Ijava (LOSH 69654), Malinois-Hündin, im Besitz von A. Hamoir, verliehen.
Die Hundezucht ist zahlenmässig stark rückläufig. Der Grund dafür ist zweifellos in der wirtschaftlichen Situation zu suchen.

Die Champions

Der Titel Champion, der vor 1940 vergeben wurde, wurde an Hunde verliehen, die die Anforderungen sowohl in der Kategorie Arbeit, Fährte oder Feldarbeit als auch in der Kategorie Ausstellung erfüllt hatten. Im Jahr 1950 wurde dieser Titel in einen B-Champion (Schönheitschampion) und einen T-Champion (Arbeitchampion) aufgteilt.

Ito

Liste der Belgischen Schäferhunde-Champions der Jahre zwischen den beiden Weltkriegen. Die Champions zeichnen sich durch hervorragende Leistungen in Arbeit, Fährte, Feldarbeit und Ausstellung aus.

Viele dieser Hunde prägten die Zuchtlinien und gelten als wichtige Zuchtsäulen ihrer Varietät.

Année	Chien	LOSH	Variété	M/F	Discipline	Propriétaire
1924	Killer	14912	Malinois	M	Campagne	P. Gielens
1925	Reseda	10065	Malinois	F	Pistage	Mr Bekaert
1925	Snap	10065	Malinois	M	Campagne + Pistage	Mr Hansen
1926	Ex	15048	Malinois	M	Campagne	F. Jacques
1926	Faronne	19559	Groenendael	F	Campagne	P. Ketels
1928	Foch	15112	Tervueren	M	Campagne	F. Englebert
1928	Mascotte Du Tigre Royal	14849	Malinois	F	Pistage	Th. Barbe
1930	Sady De La Redoute	32071	Poil dur gris	F	Pistage	A. Peffer
1930	Jum	23284	Poil court noir	M	Campagne + Pistage	J. Deronchène
1930	Carillon	32102	Malinois	M	Campagne + Pistage	G. Mys
1930	Djanos	17755	Groenendael	M	Pistage	Ch. Dumoulin
1931	Grigga	38617	Malinois	F	Pistage	Ph. Van den Eynde
1931	Foliette	23282	Poil court noir	F	Pistage	F. Mahy
1932	Ma Bella De La Redoute	41472	Poil dur fauve	F	Pistage	L. Laplace
1932	Colbert	28307	Groenendael	M	Pistage	M. Montelet
1933	Energique De Jolimont	38566	Malinois	M	Pistage	J. Collard
1933	Alberic Van Den Heule Bosch	42670	Groenendael	M	Pistage	G. Hinnekens
1934	Pirouf	40192	Poil court noir	M	Pistage	J. Delbrouck
1934	Ami Du Parc Des Sports	46386	Poil dur fauve	M	Pistage	A. Peffer
1934	Fino Des Courteaux	42870	Groenendael	M	Pistage	E. Reumon
1935	Diacre	34286	Malinois	M	Campagne	V. Billiau
1935	Futée	42680	Groenendael	F	Pistage	G. Dupuis
1937	Frick De Contich	47185	Malinois	M	Campagne	W. Kurrels
1937	Ito	69011	Malinois	M	Pistage	J. Lemoine
1938	Hieta	64155	Malinois	F	Campagne	V. Parthoens

Die Wettbewerbe des "Idealen" Polizeihundes

1927 veranstaltete der Gentse Hondenafrichters Club (Genter Hundetrainerclub), der der Union Cynologique Saint-Hubert angehörte, den ersten Wettbcwerb für den idealen Polizeihund (Chien de Police Idéal). Dieser Wettbewerb bestand aus einer Reihe von drei Prüfungen: Ring, Wasserarbeit, Feldarbeit und Fährtenarbeit, die an verschiedenen Tagen abgehalten wurden. Für den Wettbewerb des Idealen Polizeihundes am 10. und 11. Juni 1933, der Prüfungen im Ring, in der Fährtenarbeit und in der Feldarbeit umfasste, lautete die Rangfolge der ersten zehn wie folgt:

Année	Chien	LOSH	Variété
1927	Carillon	32102	Malinois
1928	Piko	19519	Tervueren
1929 à 1931	Carillon	32102	Malinois
1932	Dédès	43498	Poil court noir
1933 et 1934	Alberic van den Heulebosch	42670	Groenendael

1. Alberic van den Heulenbosch, Groenendael
2. Diakon, Malinois
3. Botop, Malinois
4. Colduc, Groenendael
5. Bollux, Malinois
6. Ecarlo, Malinois
7. Dedes, schwarzes Kurzhaar
8. Egor, Malinois
9. Aron van het Denderland, Bouvier
10. Capilo, Malinois

Die Prüfungen fanden auch in den folgenden Jahren statt, jedoch konnten wir die Liste der Gewinner nicht finden. Es wird berichtet, dass Botop aus Mouscron der Gewinner der letzten Prüfungen gewesen sein soll, die im Jahr 1938 stattfanden.

KCB: Die Jahre 1933 bis 1938

Das 25 Jubiläum des KCB

Die Ausstellung zum 25. Jahrestag des KCB fand am 26. Februar und 5. März im Palais du Midi in Brüssel statt, wobei der erste Sonntag den Hunden belgischer Rassen und der zweite Sonntag den Hunden ausländischer Rassen vorbehalten war.

Die Malinois Rüden wurden von Herrn E. Couvreur gerichtet. Als langjähriger Richter und Besitzer des Zwingers Enclus ist sein Name untrennbar mit der Geschichte des Malinois verbunden. Von den 20 Hunden war es Goliath du Chalet des Glycines von Herrn A. Vandekerckhove, der den Wettkampf gewonnen hatte.

Herr Fondu, Richter und Spezialist für Malinois, ehemaliger Züchter und Besitzer des Zwingers de Tyrol, war mit der Bewertung der Malinois Hündinnen beauftragt worden. Unter den 18 Hündinnen brachte er seine grosse Freude darüber zum Ausdruck, dass er eine wirklich überragende Hündin bewerten konnte: Miss van 't Hofstedeken von Herrn Roels aus Meulebeke (Westflandern). Sie erhielt in der offenen Klasse den ersten Platz mit CAC.

Im Ring von Herrn Vanhoutvin stellten sich 28 Groenendael seinem Urteil. Herr Vanhoutvin war ebenfalls Züchter und Besitzer der Zuchtstätte La Cavalerie. Bayard de la Cavalerie und Diane du Leghorn Blanc erhielten die Auszeichnungen bei den Hündinnen. Diane ist eine Tochter von Bayard, von dem mehrere Nachkommen ausgestellt wurden.

Im Ring von Herrn Caspers, ebenfalls ein ehemaliger Züchter von Tervueren, gewann Gamin des Étangs Noirs bei den Rüden. Bei den Hündinnen belegte Sarah, im Besitz von Herrn Thuriot, den ersten Platz in der offenen Klasse. Bemerkenswert war die Anwesenheit eines rauhaarigen Hundes und eines jungen schwarzen Kurzhaarhundes.

Belgische Meisterschaft in Ringarbeit

Von den 11 qualifizierten Wettbewerbern entschieden sich lediglich 5, ihre Chancen im Wettkampf zu nutzen. Unter denjenigen, die nicht antraten, waren Sam van't Boterlaerhof, Balkhus de Gallifort, Carlo van de Werf und Rex du Thiriau. Im Meisterschaftswettbewerb setzte sich Capi de la Soierie durch, indem er 380,38 Punkte erzielte und damit vor Jules de l'Avoir, einem Groenendael, landete, der 363,34 Punkte erhielt.

24.September 1933 in Brüssel

Place	Chien	Variété	M/F	Propriétaire
1	Capi de la Soierie	Malinois	M	Mailaise, Bruxelles
2	Jules de l'Avoir	Groenendael	M	Querriau, La Louvière
3	Elegant de Primerose	Malinois	M	E. Vanderschueren, Schaerbeek
4	Pietje de Molenaar	Malinois	M	E. Biasino, Bruxelles
5	Rex des Tournaisiens	Groenendael	M	A. Beghyn, Etterbeek

Ab 1934 und bis 1937, also vier Jahre in Folge, ging der Sieg der Meisterschaft an Snap van den Leeuw, der H. Van Leeuwen aus Deurne gehörte. Von den 16 Hunden, die am Endwettbewerb der Meisterschaft 1934 teilnahmen, waren zwölf Malinois, zwei Groenendaels, ein Bouvier und ein rauhaariger Belgischer Schäferhund. Nach einer anderen Analyse stammten zehn Hunde aus der Agglomeration von Antwerpen, zwei aus Brüssel, einer aus Louvain, einer aus St-Nicolas, einer aus La Louvière und einer aus Schelle. Dies zeigt die Stärke der Antwerper auf, und es muss anerkannt werden, dass sie seit dem Ende des Ersten Weltkriegs im Bereich des Hundetrainings landesweit führend sind.

1935 hatte Carlo van de Werf Pech. Aufgrund einer berechtigten Beanstandung sah sich die Jury gezwungen, ihm Punkte für die Personensuche abzuziehen. Er beendete die Meisterschaft auf dem fünften Platz mit 370,85 Punkten. Die ersten zehn platzierten Hunde waren allesamt Malinois, und die ersten sechs stammten aus der Region Antwerpen, wobei die fünf besten aus der Gemeinde Deurne bei Antwerpen kamen.

Der berühmte Balkhus de Gallifort war nicht mehr dabei, da er am 13. Mai 1935 verstarb. Geboren am 20. Dezember 1925, nahm er an 118 Wettbewerben teil und gewann 45 erste Preise. 1929 wurde er belgischer Meister des KCB. Am 25. Juni 1933 gewann er an einem Tag zwei nationale Wettbewerbe, einen in Auderghem und den anderen in Tirlemont. Er nahm auch an Wettbewerben unter den Regeln der SRSH teil. So gewann er am 8. Juni 1930 in Menin den ersten Preis unter 40 Teilnehmern und erhielt die vom König gestiftete Goldmedaille. 1932 gewann er den Grand Prix von Belgien, der unter der Schirmherrschaft der SRSH organisiert wurde.

Rackie van de Werf, der den Ruf hatte, der schnellste Hund des KCB zu sein, konnte Snap 1936 nicht vom Thron stossen. Die Meisterschaft fand in jenem Jahr zum ersten Mal in der Provinz Lüttich statt.

Bei der Ausgabe von 1937 lag das Hauptinteresse auf dem Wettbewerb zwischen Snap van den Leeuw, dem Champion der vergangenen Jahre, und Rackie van de Werf, der von vielen als Favorit angesehen wurde. Das Los entschied, dass Snap zuerst am Vormittag und Rackie zuletzt am Nachmittag antreten würde. Dies führte dazu, dass das Publikum den

Rackie van de Werf (LOB 16907)

ganzen Tag über in Erwartung blieb. Doch Rackie liess sich den Gegenstand wegnehmen, was ihn eine erhebliche Menge Punkte kostete.Werf bekam seine Revanche bei der Meisterschaft 1938, die wieder in Antwerpen stattfand, wo er vor Snap van den Leeuw gewann.

Der Grosse Preis von Belgien, der für 1939 geplant war, konnte nicht stattfinden, da am 28. August 1939 die Generalmobilmachung ausgerufen wurde.

Tod von Joseph Couplet im Jahr 1937

Joseph Couplet starb am Montag, dem 27. September 1937, in Brüssel. Seine unermüdliche Aktivität führte dazu, dass das KCB unter seiner Präsidentschaft Jahre erlebte, die sich immer weiter ausdehnten. Es waren gute Jahre für das KCB. Georges O'Breen schrieb folgende Hommage:

"Der Belgische Kynologenverband verliert in ihm eine sympathische und gut bekannte Persönlichkeit, auch in Kreisen ausserhalb des KCB, denn in diesem Antagonismus, der den belgischen Hundesport in zwei Clans trennt, nahm der Verstorbene nicht die Rolle eines Militanten ein. Seine Gutmütigkeit und sein versöhnlicher Geist liessen ihn glauben, dass eine wie auch immer geartete Verständigung den Interessen dieses Sports nur förderlich gewesen wäre."

Sein Nachfolger als Vorsitzender des Kennel Club Belge wurde Auguste Caspers.

Die ersten beiden belgischen Fährtenmeisterschaften

Zum ersten Mal seit seiner Gründung veranstaltete der Belgische Kennel Club am 27. März 1938 in Landen eine belgische Meisterschaft im Fährtenlesen. Vier Teilnehmer qualifizierten sich für die Teilnahme an diesem Wettbewerb. Der Klub in Landen veranstaltete zur gleichen Zeit einen nationalen Wettbewerb, an dem acht Teams teilnahmen. Die Jury wurde von Edmond Abs geleitet. Die Herren Caspers und Boudier, Präsident bzw. Generalsekretär des KCB, hatten diese Meisterschaft durch ihre Anwesenheit aufgewertet.

Der Sieger war der Malinois Jerry vom Chalet du Ruisseau (LOB 15304), der den Deutschen Schäferhund Max aus der Rue du Chateau d'Alberic von Herrn Falque auf den zweiten Platz verwies. Max gewann die am 5. März 1939 veranstaltete Meisterschaft, indem er den Sieger von 1938 hinter sich liess. Obwohl Max noch jung war, hatte er sich bereits in allen Bereichen ausgezeichnet: Ring, Praxis und Wasserarbeit. Octave Durand war Vorsitzender der Jury.

Jerry du Chalet du Ruisseau

Einige Statistiken

Um eine Vorstellung von der Bedeutung der einzelnen Varietäten vor dem
Zweiten Weltkrieg zu vermitteln, hier einige Zahlen auf der Grundlage der
individuellen Eintragungen und Wurfmeldungen, die im Stammbuch der
Royal Society Saint-Hubert veröffentlicht wurden:

LOSH	1932	1933	1934	1935	1936	1937	1938	1939
Malinois	231	345	418	632	517	679	533	578
Poil court autres	33	39	46	82	58	54	40	22
Groenendael	170	261	312	437	402	316	327	227
Poil long autres	24	40	57	55	50	39	30	42
Poil dur	39	24	35	35	22	22	17	16
Total	497	709	868	1241	1049	1110	947	885

Das schwarze Kurzhaar macht den Grossteil des übrigen Kurzhaars aus. Weit dahinter folgt das gestromte Haar. Das falbe bei den Tervueren macht die Mehrheit der langen Haare aus. Das falbe Rauhaar macht ebenfalls den Grossteil des Rauhaars aus. Die Qualität der seltener gefärbten Tiere ermöglicht es einigen von ihnen, CACs und sogar Championtitel zu gewinnen.

Im Folgenden finden Sie die Statistiken über die individuellen Eintragungen und Wurfmeldungen, die im Zuchtbuch des Belgischen Kennel Clubs (LOB) veröffentlicht wurden. Im Laufe seines Bestehens veröffentlichte der Belgische Kennel Club sein Zuchtbuch nur für die Jahre 1933 bis 1937.

LOB	1933	1934	1935	1936/7
Malinois	268	364	293	544
Poil court noir	0	17	2	8
Groenendael	159	150	173	300
Tervueren	49	43	31	67
Poil dur	1	0	0	9
Total	477	574	499	928

Wenn man die Zahlen aus den beiden Tabellen berücksichtigt, fallen die Schlussfolgerungen sofort ins Auge:

- Der Malinois eine weitgehend dominante Position einnimmt;

- Malinois und Groenendael sind die beiden grundlegenden Varietäten des Belgischen Schäferhundes;

- der Tervueren und das schwarze Kurzhaar sind kleinere Varietäten;

- Das rauhaarige Fell ist eine wenig bekannte Varietät, die um ihr Überleben kämpft.

Mobilisierung und Zweiter Weltkrieg

Die Ausstellungswettbewerbe

L'ÉTALON MALINOIS

CHAMPION IDAM DES SARS LONGCHAMPS

L.O.B. 20456 — Sélectionné 1939/1940 — L.O.S.H. 72746

Né le 30 juin 1934 du fameux Chenil de Jolimont. Nombreux C.A.C. et 1er Prix de Beauté et de Travail. Excellent reproducteur dont les Choix de nid sont à retenir au sevrage.

Bei der Ausstellung des RGC (Royal Groenendael Club) am 12. März 1939 in Brüssel hatten die beiden Richter F.E. Verbanck und G. Dupuis nicht viel zu tun, angesichts von 4 und 2 Malinois, von denen einer abwesend war, 11 und 4 Groenendaels, einem schwarzen Kurzhaar und 2 fahlgelben Langhaar. Bei den Malinois gingen beide CAC an Idam des Sart-Longchamps (LOSH 72746) und an Misty de la Clé des Champs (LOSH 79873), eine Tochter von Champion Ito. Der schwarze Kurzhaar Lucky (LOSH 94068) von Mlle. Paquay wurde Erster in der offenen Klasse.

Bei den Groenendaels gingen die CACs an Liondor (LOSH 89303) von Herrn G. Tanghe und an Flaneuse (LOSH 42663) von M. Maréchal. Die beiden Tervueren-Hündinnen Jeanette de la Cité des Gilles (LOSH 94680) und ihre Schwester Phi-Phi (LOSH 94651) teilten sich die ersten Preise in ihren Klassen; das CAC ging an Jeanette. Auf der SRSH-Ausstellung vom 23. April 1939 wurden 3 und 2 Tervueren, 2 und 1 Groenendaels sowie 7 und 1 Malinois ausgestellt. Hier die Kommentare von G. O'Breen:

"Es war in der Tat nicht brillant, auch dieses Mal nach so vielen anderen; sowohl in der Menge als auch in der Qualität. Der beste von allen war der Malinois Gladiateur de l'Écaillon von F.-E. Verbanck: ein Ass, den man schon wegen seines bewundernswerten Kopfes hervorheben kann, Erster in der Gewinnerklasse, CAC, CACIB und mehrere Sonderpreise für den schönsten Typ der nationalen Rasse. Ein guter junger Moineau du Coin du Bois (LOSH 95594). Ein guter Gewinner in der Offenen Klasse: Idam des Sars-Longchamps.

Die einzigartige Hündin Lune (LOSH 86076) von F. Huge, Tochter des Champions Ito, Erste in der Offenen Klasse und im CAC. Bei den Groenendaels kein CAC. Zwei CAC bei den Tervueren: Kimboy von E. Desees, wohnhaft in Tervuren, und Jeannette de la Cité des Gilles vom Züchter E. Rombaux, wohnhaft in Binche.".

Während des Krieges fanden einige Ausstellungen statt. Die Ausstellung in Binche am 17. August 1941, bei der 140 Hunde vertreten waren, hatte einen besonderen Charakter, da sie von zwei Vereinen organisiert wurde, die jeweils einem anderen Verband angehörten: dem Royal Club Canin du Hainaut, der dem UCSH angehörte, und der Société Canine du Hainaut, die dem KCB unterstand. Die des Royal Berger Belge Club fand am 17. Mai 1942 in Brüssel mit 308 Hunden statt. Diejenige des Royal Groenendael Club am 20. September 1942 in Binche war den nationalen Rassen mit 55 Hunden vorbehalten. Am 16. Mai 1943 gelang es dem Königlichen St. Hubert Verein, 345 Hunde zu versammeln.

Die Gebrauchshundewettbewerbe

Im Chasse et Pêche vom 26. August 1939 wurde der Grosse Preis von Belgien für den 17. September angekündigt. Aufgrund der internationalen Lage und der Mobilisierung der belgischen Armee fand dieser wahrscheinlich nicht statt. Im Spätsommer 1939 mobilisierte Belgien seine Armee, und jegliche Aktivitäten wurden zunehmend schwieriger zu organisieren. Unser Land wurde am 8. Mai 1940 überfallen. Am 19. Oktober 1941 fand in Brügge die 13. Ausgabe des Ringwettbewerbs um den Grossen Preis von Belgien statt. Snap van de Molenbeek (LOSH 89871), der Malinois von R. Verlinde, erreichte 340,6 Punkte und erhielt den ersten Preis mit CAC und CACIT. Marusi (LOSH 94070), ein weiterer Kurzhaar-Malinois von H. Anseeuw, wurde mit 337,5 Punkten Zweiter. Der Wettbewerb von 1942 wurde am 22. September in Antwerpen ausgetragen. Der Sieg ging erneut an Snap van de Molenbeek. Am 17. Oktober 1943 nahmen 15 der besten Hunde des Jahres am Grand Prix in Brüssel teil. Zum dritten Mal in Folge gewann Snap vor Marusi und Snaby (LOSH 106865), einem Malinois im Besitz von Ch. Leysen. Während der Kriegsjahre wurden neben Ringprüfungen auch einige Feld- und Fährtenprüfungen abgehalten. Auf Seiten des KCB sind nur die folgenden zwei Ring-Ergebnisse dokumentiert:

- 1942: Rackie du Pique (LOB 25150), weiblicher Malinois im Besitz von J. Dyckers aus Deurne (Antwerpen);

- 1943: Diane des Nymphes de la Forêt (LOB 30352), Malinois-Hündin aus Genonceaux, Boitsfort.

Die Jahresausstellung des KCB im Jahr 1939 konnte nicht stattfinden. Die Ausstellungen von 1940, 1941 und 1942 fanden jedoch statt. Die Ausstellung von 1941 am 15. Juni umfasste 115 Hunde, darunter 6 Tervueren, 7 Malinois und 18 Deutsche Schäferhunde. Im selben Jahr fand in Binche eine besondere Ausstellung statt, die von den örtlichen Klubs des UCSH und des KCB gemeinsam organisiert wurde. Vier Richterpaare mit den folgenden Persönlichkeiten waren im Einsatz: Charles Huge und Auguste Caspers, Georges O'Breen und E. Lefèvre, Gilles und Crunelle, sowie Van Dooren und Dossogne. An der Ausstellung nahmen fast 140 Hunde teil. Sie war ein grosser Erfolg.

Snap van de Molenbeek, von R. Verlinden 1942

KAPITEL 4

Vierte Periode von 1945 bis 1973

SRSH: Die Jahre 1945 bis 1973

Genehmigung der Paarung Langhaar-Kurzhaar

Wie war die Zucht des Belgischen Schäferhundes aus dem Zweiten Weltkrieg von 1940–1945 hervorgegangen? Die Kommentare von G. O'Breen, Generalsekretär der Delegiertenversammlung der Union Cynologique Saint-Hubert, geben uns einen Einblick:

"Der Tervueren, dieser wunderschöne falbfarbene Hund, der so sehr in der Lage war, jeden ausländischen Schäferhund sowohl ästhetisch als auch charakterlich in den Schatten zu stellen, ist praktisch von der Bildfläche verschwunden. Die rauhaarigen Schäferhunde, sowohl der fahlgelbe als auch der aschgraue, folgten diesem Trend. Das schwarze Langhaar, ausser im Hennegau in Binche und Umgebung, scheint in ganz Belgien überhaupt nicht in einer Anzahl gezüchtet zu werden, die ihm aufgrund seines schönen Aussehens und seiner Eigenschaft als nationale Hirtenrasse zusteht. Im südlichen Westflandern sieht man zum Beispiel nur Deutsche Schäferhunde. Der Kurzhaarige, der Malinois, kann sich gut behaupten und erfreut sich vor allem unter den Anhängern des Ringsports einer grossen Beliebtheit. Er ist weniger beeindruckend und auffällig als seine langhaarigen Artgenossen, aber er hat seinen eigenen Charakter, und obwohl sich Ausländer nicht in gleichem Masse von ihm angezogen fühlen wie von anderen Hunden, findet er im Land selbst immer die Gunst derjenigen, die einen guten, charaktervollen Arbeitshund schätzen."

Nach der Befreiung 1944 war der Tervueren fast vollständig aus dem öffentlichen Bild verschwunden. Nur drei Zuchten überlebten und verfügten

noch über einige Hunde. Die Zucht von der Cité des Gilles von E. Rombaux und die von René Adant befanden sich in Binche und waren an die Union Cynologique Saint-Hubert angeschlossen.
Die dritte Zucht, die Ferme Termunt, verbunden mit dem Belgischen Kennel Club, gehörte E. Desees, der in der Gemeinde Tervuren ansässig war.
Am 29. Juli 1945, unter der Initiative von René Adant, trafen sich inoffiziell etwa fünfzehn Enthusiasten, grösstenteils Richter und Züchter unserer Rasse, in Brüssel, um die Situation der verschiedenen Varianten des Belgischen Schäferhundes zu begutachten.

Mit dem Ziel, die Zucht der Rasse und insbesondere die der langhaarigen hellbraunen Varietät, bekannt als Tervueren, zu verbessern, einigten sie sich auf Vorschläge, die den kynologischen Autoritäten vorgelegt werden sollten.

Während der Versammlung der Delegierten am 21. Oktober 1945 wurden folgende Massnahmen beschlossen:

- Das am 20. Februar 1920 ausgesprochene Verbot gegen die Kreuzungen Langhaar x Kurzhaar wird aufgehoben. Die Kreuzung Kurzhaar x Rauhaar bleibt weiterhin zulässig.

- Hunde mit unkorrektem halblangem Haar werden zu Ausstellungen zugelassen, dürfen jedoch in keiner Weise durch Auszeichnungen hervorgehoben werden.

- Im LOSH wird eine spezielle Rubrik mit der Bezeichnung Belgische Schäferhunde eröffnet, in der die Varietäten der Kreuzungen Langhaar x Kurzhaar und Kurzhaar x Rauhaar erscheinen.

-

Vici du Val Clos des Sarts, von René Adant aus Binche, und Roméo, von E. Desees aus Tervuren, waren wichtige Zuchthunde. Mit einer Anzahl von 20 Würfen hatte die Zucht von E. Desees einen sehr bedeutenden Einfluss auf die damalige Tervueren-Zucht. Eine andere Zucht, de la Brigade, geführt von Philémon Vanden Eynde aus Merelbeke bei Gent, der sich vor dem Krieg dem Malinois widmete, schaffte es, eine Linie von Langhaarigen mit einer ausgezeichneten fahlgelb-charbonnierten Farbe zu etablieren. Ab dem Paar Tjop de la Brigade, geboren am 17. September 1945, und Tosca du Bon-Flair, geboren am 29. August 1945, konzentrierte sich die Zucht ganz auf das Langhaar.

Vici du Val Clos des Sarts (LOSH 90973)

Die Zucht de la Brigade züchtete über ein Jahrzehnt lang erfolgreich Tervueren, die sich durch einen stabilen Typus, Einheitlichkeit und ein hervorragendes Wesen auszeichneten. Der Ruf dieser Zucht überschritt weit die nationalen Grenzen, und viele Hunde wurden nach Frankreich, in die Schweiz und sogar in die USA exportiert.

Zu ergänzen ist, dass der Tervueren Tjop de la Brigade, gemäss LOSH-Eintrag, aus Malinois-Eltern hervorging: Matelot (LOSH 97335) x Mabel de la Brigade (LOSH 94814). Mabel, Nachkomme von Ivan de l'Écaillon (LOSH 64038) und der Champion-Hündin Crigga von 1931, trug vermutlich das rezessive Gen für das Langhaar.

Bezüglich Tjop gibt es Gerüchte, dass sein angegebener Vater Matelot in Wirklichkeit nicht der biologische Vater war, sondern dass Mabel von einem Hund aus der Desees-Zucht gedeckt wurde.

Tjop de la Brigade

In Memoriam Charles Huge

„Am Montag, den 19. Januar 1948, erlitt der belgische Hundesport einen schmerzhaften Verlust durch das Ableben seines 'Nestors', einer sehr erfahrenen, weisen und geachteten Person. Im Alter von 83 Jahren ist er sanft entschlafen, ohne langwieriges Leiden, heimgesucht von einer Krankheit, die ihn erst seit einigen Jahren beeinträchtigte, ihm jedoch gluecklicherweise seine geistige Klarheit und gesamte intellektuelle Kraft liess."

Hier ein Auszug aus der Rede, die von L. Kermans, dem Praesidenten der RSH, gehalten wurde:

„Persönlich verliere ich einen grossen Freund und guten Ratgeber, die Société Royale Saint-Hubert ihren besten Allround-Richter mit nationalem und internationalem Ruf, die Delegiertenversammlung einen unersetzlichen Präsidenten. 60 Jahre lang war er wie ein erleuchteter Apostel und arbeitete immer für das Gute, Schöne und Gerechte.

Reform der Meisterschaftsregeln

Die Kommission für die Identifizierung von Hunden und für die Meisterschaft beschloss, den Championtitel in zwei Kategorien zu unterteilen: Beauté (B) und Travail (T), die ab 1950 eingeführt wurden. Hunde, die zu Rassen gehören, die Arbeitsprüfungen ablegen müssen, was beim Belgischen Schäferhund der Fall ist, erhalten den Championtitel durch eine von zwei Formeln, bei denen die Arbeitsqualitäten und die Schönheitsqualitäten im Vordergrund stehen. Schönheitschampions müssen Championatsausstellungen, zwei CACs unter zwei verschiedenen Richtern und zusätzlich mindestens ein Certificat de Qualité Naturelle (CQN) erhalten haben.

Der CQN ist kein Wettbewerb, sondern eine Testprüfung, deren Ziel es ist, die angeborenen natürlichen Qualitäten der Hunde, die den Arbeitsprüfungen unterzogen werden, zu erhalten und zu entwickeln, um den Titel eines

B-Schönheitschampions (Beauté) zu erlangen, ohne die Prüfungen für Wach-, Verteidigungs- und Polizeihunde bestreiten zu müssen. Das Ziel dieses Programms ist es, die Liebhaber dieser Rassen zu ermutigen, ihre Hunde einer progressiven Ausbildung zu unterziehen, die auf Gehorsam beruht und bei der jegliche Gewalt ausgeschlossen ist. Das Programm wurde so konzipiert, dass sie mit einer geeigneten Methode und ohne Beeinträchtigung ihrer Karriere als Ausstellungshunde durch die Entwicklung ihrer angeborenen Qualitäten erreichen können, dass aus ihnen ein brauchbarer Polizei-, Wach- und Verteidigungshund wird, und dass sie diese Qualitäten an ihre Nachkommen weitergeben können.

Die Ausstellungen nach dem zweiten Weltkrieg

Die erste Ausstellung der SRSH nach dem Krieg fand am 19. Mai 1946 im Palais des Sports in Brüssel statt. Etwa 60 Deutsche Schäferhunde gingen durch den Ring im Vergleich zu 28 belgischen Tieren aller Fellarten und Farben. Die 8 und 11 Malinois waren zahlenmässig und qualitativ die besten und die CACs wurden ihnen nicht vorenthalten. Sorami gewann das CAC in der offenen Klasse. Er war ein wunderschöner Rüde, der wie ein Arbeiter gebaut war, mit extra Knochen, guter Grösse und Muskulatur. Die Groenendaels hatten mehr Erfolg in den Ringen der Ausstellung des Royal Club Canin du Hainaut, die am 23. Juni 1946 in Binche stattfand. Im Ring der 9 und 12 Groenendaels wurde durch die Erfolge der Hunde von Mont Sara der Zwinger von Emile Boudart mit 8 Tieren von hoher Klasse und grossem, sehr homogenen Typus in den Vordergrund gerückt. Die meisten ersten Preise gingen an ihn.

Das CAC - CACIB der Rüden ging an Tan de l'Infernal (LOSH 19078) an Jean Beaudoux, der eine Gruppe von fünf Hunden vorstellte.

Ulrich du Chaos LOSH 126196   Tosca du Bon Flair LOSH 124588

Einige Monate später veranstaltete der RBBC am 27. März 1949 eine Ausstellung, die belgischen Hunderassen und -varietäten vorbehalten war. Die Malinois waren mit 13 und 9 vertreten. Das CAC ging an Ulric du Chaos (LOSH 126196) von A. Willocq. Bei den Hündinnen ging das CAC an Uviolaine du Coin du Bois (LOSH 124542), deren Züchter F. Huge ist. Die fünf rauhaarigen Belgischen Schäferhunde stammen alle aus niederländischer Zucht. Die Groenendaels, 7 und 17, bildeten nach Anzahl und Qualität das grösste Los. Tan de l'Infernal gewann das CAC. Die Tervueren waren mit acht Tieren vertreten, 5 und 3, von denen sechs Tiere Ph. Van den Eynde gehörten, der fünf von ihnen züchtete. Die CACs gingen an Vainqueur de la Brigade (LOSH 117735), und Tosca du Bon Flair (LOSH 124588). Ein nicht schwarzes oder fahlgelbes Langhaar Upsy (LOSH 131914) von P. Bracq erhielt einen ersten Preis in der offenen Klasse.

Urvinioul (LOSH 132760), geboren am 5. September 1946 (von Vici du Val Clos des Sarts hors und Rouline LOSH 110382), und Wurfbruder von Urvinor, erhielt in der offenen Klasse auf der Ausstellung des RCCH in Binche am 7. September 1952 das Prädikat Vorzüglich mit dem ersten Preis und dem CAC. Der Richter Géo Tanghe gab einen langen Bericht über Urvinioul ab, in dem er alle Aspekte lobte: Struktur, Gangarten, Charakter und Biss. Vom Charakter her war er hart und bei Bedarf Kämpferisch. Urvinor und vor allem Urvinioul waren die Vorfahren mehrerer Linien von Tervueren in Frankreich. Der Stammbaum der Vorfahren umfasst neben Tervueren auch viele Malinois sowie Groenendael und lässt sich bis zu den Ursprüngen dieser drei Varietäten zurückverfolgen.

Urvinioul LOSH 132760

Urvinor LOSH 132762

So äusserte sich Richter R. Deffernez in seinem Bericht anlässlich der Ausstellung der SRSH am 27. März 1955.

„Homogenität und Qualität sind bemerkenswert; die Züchter sind auf einem aufsteigenden Weg. Sie müssen besonders auf das Temperament und die Robustheit der Struktur achten; es reicht nicht aus, gnügend Widerristhöhe zu haben, es braucht auch eine gute Knochenstruktur und Brusttiefe, damit unsere Hunde gut proportioniert sind."

Bei dieser Ausstellung ging der erste Preis in der offenen Klasse sowie das CAC und das CACIB an César de l'Assa (LOSH 165932), geboren am 22. August 1953 bei Herrn Hantson aus Renaix.

Cesar de l'Assa LOSH 165932

César war ein aufgeweckter und gut proportionierter Rüdentyp. Deary de l'Assa (LOSH 167588) wurde mit einem ersten Preis und dem Prädikat „Vorzüglich" in der Novizenklasse als bester der Varietät ausgezeichnet und erhielt auch das CAC und das CACIB. Sowohl Cesar als auch Deary hatten die ausgezeichnete und schöne Zuchthündin Vala de Mahyfaut (LOSH 134941) als Mutter.

Pedigree César de l'Assa

Burgos
// Ernould L.
Malinois
LOSH 161745 {19520123}

Sultan
De Kain
Malinois
LOSH 116274 {19440510}

Carlos
De Saint-Hermes
Malinois
LOSH 77750 {19360117}

Goliath Malinois
Du Chalet des Glycines
LOSH 39848 {19300615}

Dianetta Malinois
Des Pimprenelles
LOSH 36446 {19290619}

Quinine
Du Bois d'Ere
Malinois
LOSH 109118 {19420520}

Hasti Malinois
Des Pimprenelles
LOSH 60466 {19330915}

Cita Malinois
De Vieux-Dieu
LOSH 63661 {19340322}

Yettelle
De l'Assa
Malinois
LOSH 152704 {19491031}

Veto
De l'Ecaillon
Malinois
LOSH 138334 {19470804}

Pan Malinois
Des Pimprenelles
LOSH 131968 {19410928}

Nancy Malinois
De l'Ecaillon
LOSH 100181 {19390309}

Veronese
// Delfosse G.
Malinois
LOSH 138092 {19470605}

Tyran Malinois
De Chaurette
LOSH 121102 {19450529}

Siki Malinois
De Kain
LOSH 116273 {19440510}

Vala
De Mahyfaut
Malinois
LOSH 134941 {19470210}

Maxy
Du Coin du Bois
Malinois
LOSH 97091 {19380805}

Ito
// Bougard E.
Malinois
LOSH 69011 {19341022}

Dictateur Malinois
Des Pimprenelles
LOSH 37575 {19290525}

Dianelle Malinois
Du Chalet des Glycines
LOSH 52108 {19320903}

Leocadora
Des Sars Longchamps
Malinois
LOSH 79326 {19350111}

Marouf Malinois
De Jolimont
LOSH 47274 {19301010}

Wanna Malinois
Des Bas-Jardins
LOB 15782 (LOSH 53581) {19310505}

Sabine
Des Fauves Masqués
Malinois
LOSH 117138 {19441016}

Max (Kildex)
Du Bois Planté
Malinois
LOB 20583 (LOSH 87484) {19340906}

Tony Malinois
De la Baille
LOB 14979 ()

Bella Malinois
Du Bois Planté
LOB 16982 {19310512}

Polka
Du Plus Oultre
Malinois
LOSH 105123 {19410414}

Rubiscor Malinois
// Geeroms R.
LOSH 72238 {19340504}

Manon Malinois
Des Sars Longchamps
LOSH 98966 {19381218}

Bei den Groenendaels erhielten der Rüde Ali de l'Infernal (LOSH 160547) und die Hündin Canaille de l'Infernal (LOSH 166123) die gleichen Auszeichnungen. Bei den Tervueren erhielt nur der Rüde Amour de la Brigade den ersten Preis in der offenen Klasse sowie das CAC und das CACIB.

Unter dem Titel „Die Theorie und Praxis der Viehzucht" erscheint ein Artikel von F. E. Verbanck, der im Januar 1968 veröffentlicht wurde:

„Vor über einem Jahr habe ich die Dissertation eines Tierarztes zur Zucht des Belgischen Schäferhundes, speziell des Malinois, zur Kenntnis genommen. Im Kapitel 'Die Selektion' fiel mir ein Satz besonders auf: 'Der grösste Vorwurf, den man der Inzucht machen kann, ist das Übermass, das die Morphologie, also die äussere Form der Tiere, schnell über die natürlichen Fähigkeiten oder Anlagen erlangt hat.' Die Analyse des Stammbaums der Hündin Valseuse de la Belle Équipe (LOSH 137891), die als Beispiel angeführt wird, führt uns zu ganz anderen Schlussfolgerungen als die des Autors. Denn seine Überlegungen stützen sich lediglich auf die Untersuchung des Stammbaums, ohne Kenntnisse über die Vorfahren durch persönlichen Kontakt oder durch das Studium ihrer Qualifikationen, die von Dritten vorgenommen wurde. In diesem Stammbaum, in dem vier Hunde den Titel Champion erhalten haben, handelt es sich um Hunde, die ich persönlich gekannt habe"

• Champion 1930 Carillon (LOSH 32102), Herkunft
• unbekannt, Campagne und Fährtenarbeit.
• Champion 1931 Crigga (LOSH 38617), Herkunft
• unbekannt, Fährtenarbeit.
• Champion 1933 Énergique de Jolimont (LOSH 38566),
• Fährtenarbeit.
• Champion 1937 Ito (LOSH 69011),Fährtenarbeit.

Die Liste zeigt die Hunde, die in verschiedenen Stammbaumlinien häufiger vorkommen. Die Häufigkeit spiegelt ihren Einfluss auf die Zucht wider:

Pedigree de : Valseuse de la Belle Equipe (L.O.S.H. 137891)

Generation 1 — PARENTS

2	Père Sous-Lieutenant de la Brigade
3	Mère Unique de la Belle Equipe

Generation 2 — GRAND-PARENTS

4	Matelot
5	Blanka de la Brigade
6	Matelot
7	Tina du Plus Oultre

Generation 3 — G GRAND-PARENTS

8	Idéal de l'Ecaillon
9	Ivraie
10	Fram de l'Ecaillon
11	Ch. Crigga
12	Idéal de l'Ecaillon
13	Ivraie
14	Milord de la Clef des Champs
15	Peggy du Plus Oultre

Generation 4 — G G GRAND-PARENTS

16	Fram de l'Ecaillon
17	Sibelle de Jolimont
18	Dictateur des Pimprenelles
19	Galathe du Pont-Albert
20	Caruso de Jolimont
21	Sibelle de Jolimont
22	
23	
24	Fram de l'Ecaillon
25	Sibelle de Jolimont
26	Dictateur des Pimprenelles
27	Galathe du Pont-Albert
28	Ch. Ito
29	Ibéria de Jolimont
30	Rubiscor
31	Manon des Sars-Longchamps

Generation 5 — G G G GRAND-PARENTS

32	Caruso de Jolimont
33	Sibelle de Jolimont
34	Wip de Jolimont
35	Trine de Jolimont
36	Mistral de l'Enclus
37	Bellamie des Pimprenelles
38	Ch. Carillon
39	Colette de Jolimont
40	Mastock
41	Sarha de la Dendre
42	Wip de Jolimont
43	Trine de Jolimont
44	
45	
46	
47	
48	Caruso de Jolimont
49	Sibelle de Jolimont
50	Wip de Jolimont
51	Trine de Jolimont
52	Mistral de l'Enclus
53	Bellamie des Pimprenelles
54	Ch. Carillon
55	Colette de Jolimont
56	Dictateur des Pimprenelles
57	Dianelle du Chalet des Glycines
58	Ch. Energique de Jolimont
59	Fanette de Jolimont
60	Marouf de Jolimont
61	Edora
62	Ch. Ito
63	Wanna

Einmal im Stammbaum vertreten:

- Sarha de la Dendre
  Sehr typisch; ihre Mutter war eine Langhaarige.
  Lebhafter Charakter, vorbildlicher Gehorsam.
  Ausgebildet von Hanappe, exzellente Schutzhündin.

- Champion Energique de Jolimont
  Ausstellungschampion, sehr schöner Hund.
  Sieger auf Ausstellungen und Preisträger in Fährtenwettbewer
  ben.

- Marouf de Jolimont
  Sein Weltsiegertitel ist bedeutungslos, da er der einzige Malinois
  auf der entsprechenden Ausstellung war.

- Champion Crigga
  Arbeitssiegerin und hervorragende Fährtenhündin.
  Besserer Typ Belgischer Schäferhund als Carillon; gute Dien
  sthündin.

- Blanka de la Brigade
  Tochter von Fram de l'Écaillon und Crigga.
  Gut gebaut, nahe am Typ des Belgischen Schäferhundes, aber mit
  zu heller Fellfarbe.

- Milord de la Clef des Champs
  Typischer, solide gebauter Hund.
  Sohn von Champion Ito und Ibérie de Jolimont.

- Ibérie de Jolimont
  Ausgezeichnete Hündin, grosse Ausstellungssiegerin.
  Tochter von Energique de Jolimont und Fanette de Jolimont.

Zweimal im Stammbaum vertreten:

- Champion Carillon
  Arbeitschampion, nahm an Ring-, Feld- und Fährtenprüfungen teil. Vermutlich aus Kreuzungen entstanden; heller fahlgelber Typ mit schwacher Maske.

- Champion Ito
  Sehr guter Hund, oft Ausstellungssieger und Preisträger in Fährten prüfungen.

- Ivraie
  Hübsche Hündin, Tochter von Dictateur des Pimprenelles und Galathe du Pont-Albert.
  Ihr Züchter wählte sie, um den Typ seiner Arbeitslinie zu verbessern.

- Matelot
  Enkel von Fram de l'Écaillon, zeigte noch mehr Aggressivität als dieser.

- Idéal de l'Écaillon
  Sohn von Fram de l'Écaillon und Sibelle de Jolimont.
  Guter Ausstellungshund mit aggressivem Charakter. Einige Nachkommen mussten aufgrund ihrer Aggressivität getötet wer den.

- Mistral de l'Enclus
  Solide gebauter Hund, als Basisrüde von Crunelle eingesetzt.

- Bellamie des Pimprenelles
  Typische Hündin und Basis für die Zucht von Crunelle.

- Colette de Jolimont

Typische Hündin, sollte die Nachkommen von Champion Caril
lon verbessern.

Dreimal im Stammbaum vertreten:

*   Fram de l'Écaillon
    Hund mit heftigem, kämpferischem Charakter.
    Trotz Fährtenausbildung nie an Wettbewerben teilgenommen
    oder ausgestellt.

*   Dictateur des Pimprenelles
    Hochklassiger Hund, der Schäfern ohne Rücksprache zur Zucht
    anvertraut wurde. Vater mehrerer qualitativ hochwertiger Hunde.

Viermal im Stammbaum vertreten:

*   Sibelle de Jolimont
    Grundlegende Hündin der Zucht von l'Écaillon.
    Aufgrund ihres Typs und Charakters erworben; vorbildlicher
    Gehorsam.

Zusammenfassung:

Einmal vertreten: Sarha de la Dendre, Champion Energique de Jolimont,
Marouf de Jolimont, Champion Crigga, Blanka de la Brigade, Milord de la
Clef des Champs, Ibérie de Jolimont.

Zweimal vertreten: Champion Carillon, Champion Ito, Ivraie, Matelot, Idéal
de l'Écaillon, Mistral de l'Enclus, Bellamie des Pimprenelles, Colette de
Jolimont.
Dreimal vertreten: Fram de l'Écaillon, Dictateur des Pimprenelles.

Viermal vertreten: Sibelle de Jolimont.

Die Häufigkeit eines Hundes im Stammbaum gibt Auskunft über seinen Einfluss auf die Nachkommen. Hunde wie Sibelle de Jolimont oder Fram de l'Écaillon prägten die Zucht nachhaltig durch ihre genetischen Eigenschaften und Charakterzüge.

Das Jahrzehnt 1951-1960 war durch einen weltweiten Rückgang in der Hundezucht und bei Hundeveranstaltungen gekennzeichnet.
Belgien konnte sich dieser allgemeinen Regel, die auf die wirtschaftlichen und internationalen Umstände zurückzuführen ist, nicht entziehen.
Bei den Hirtenhunden erlebten die Malinois, trotz einer beachtlichen Gruppe von Dressurliebhabern, ebenfalls einen bedeutenden Rückgang. Die Zahlen in der Tabelle bestätigen diesen Trend.

LOSH	1939	1949	1959	1965
Malinois	460	800	420	415
Autre poil court	17	0	6	3
Groenendael	175	374	138	238
Tervueren	30	84	20	79
Laekenois	15	0	9	1

Auf der Internationalen Ausstellung in Charleroi vom 13. Oktober 1963 verlieh der Richter F.E. Verbanck dem Malinois Filou des Bonmoss (LOSH 174575) das Prädikat "Vorzüglich" mit dem ersten Preis, dem CAC und dem CACIB vor Le beau de l'Assa (LOSH 207569).

Filou des Bonmoss

Filou des Bonmoss wurde am 12. Juni 1956 im Zwinger von G. Van Hoolandt in Renaix geboren. Zwischen G. Van Hoolandt und M. Hantson, dem Besitzer des Zwingers von Assa, bestand eine verwandtschaftliche Beziehung. Zwischen César de l'Assa und Filou des Bonmoss bestand ebenfalls eine Verwandtschaftsbeziehung, da sie denselben Vater Burgos hatten (LOSH 161745). Die Hunde aus dem Zwinger der Bonmoss hatten den Ruf, sehr temperamentvoll zu sein. Das war auch bei Kurt von den Bonmoss der Fall, den ein Cafébesitzer in Brüssel, der in einem Problemviertel der Hauptstadt wohnte, als Wächter für sein Lokal angeschafft hatte. Kurt (LOSH 202269), wurde am 1. September 1961 in einem Wurf (5 Rüden/3 Hündinnen) geboren, deren Welpen alle in der Rubrik Tervueren aufgeführt sind! Bei den Tervueren erhielt Lucky des Bonmoss (LOSH 205899) die gleichen Auszeichnungen wie Filou. Die Hündin La Maron du Talion wurde ebenfalls mit dem Prädikat "Vorzüglich" ausgezeichnet und erhielt den ersten Preis, das CAC und das CACIB.

Année	Chien	Pedigree	Variété	M/F	Propriétaire
1954	Yonny des Chenapans	LOSH 157898	Laekenois	M	J. Peffer
1967	Kurt des Bonmoss	LOSH 202269	Malinois	M	M. Declercq
1970	Olon des Dames	LOSH 230809	Malinois	M	A. Masson
1970	Nelly de Landas	LOSH 224372	Tervueren	F	R. Ghesquière
1973	Rafiot du Boumerang	LOSH 265931	Groenendael	M	J. Stetenfeld

Fährten und Feldprüfungen

Was den Arbeitshund nach dem letzten Krieg betrifft, so wird dieser Sport angesichts der ständig wachsenden Zahl von Vereinen, die sich mit der Ausbildung von Polizeihunden befassen, immer weiter verbreitet. Es ist der Ring, der die Gunst des Publikums geniesst.

Prüfungen auf dem Land werden immer seltener. Wenn wir jedoch Fortschritte machen und echte Polizeihunde ausbilden wollen, die später ernsthafte Dienste leisten sollen, sollte die Ausbildung in diese Richtung gehen. Was die Fährtenarbeit anbelangt, scheint es keine Fortschritte zu geben, aber es gibt immer noch eine sehr interessante Seite. Es war uns gelungen, Familien von Fährtenhunden zu bilden, und gerade als wir die grössten Hoffnungen hegten, sahen wir, wie dieser Sport zugrunde ging.

Rap (LOSH 109141)

Am 24. März 1946 fand eine vom Club Pisteur Gantois organisierte Fährtenprüfung statt. Den ersten Preis mit der Vergabe des CAC (92 Punkte) gewann die Hündin Rap (LOSH 109141) von Auguste Vereecken. Diese Arbeit war das Ergebnis von zwei Jahren fleissigen Trainings eines gut begabten Hundes. Die Hündin wurde auch als Verteidigungshund ausgebildet. Der zweite Preis mit 85 Punkten ging an die Hündin Rési de la Brigade (LOSH 108421) von Ph. Rap Van den Eynde. Eine feurige und sehr talentierte Hündin, die jedoch eine übermässige Nervösität avaufwies.

Sorami wurde durch seinen Sieg mit einem ersten Preis und einem CAC beim Feldwettbewerb in Kontich und seine zahlreichen CACs, die er auf Ausstellungen gewann, 1948 zum Champion erklärt. Wenn man den Anteil der Ringprüfungen im Vergleich zu den Feld- und Fährtenprüfungen betrachtet, kann man die Abkehr von diesen beiden Zweigen der

Sorami

sportlichen Aktivität nur bedauern. Die Fährtenwettbewerbe waren ein Privileg des wallonischen Teils des Landes und konzentrierten sich vor allem auf die Region Lüttich.

Der deutliche Rückgang der Ringwettbewerbe 1964 im flämischen Teil des Landes hat seine Ursache in einer bedeutenden Abspaltung innerhalb der URCSH mit der Bildung eines neuen Verbandes namens Nationaal Verbond van Belgische Kynologen (NVBK).

Im Jahr 1954 standen die Grossen Preise für Feld- und Fährtenhunde wieder auf der Tagesordnung. Der Grosse Preis von Belgien für Fährtenhunde, der am 14. März ausgetragen wurde, wurde von Benedict de Fola (LOSH 161902) von J. Rollin aus Ougrée (Lüttich) gewonnen.

Die Organisation des ersten Grand Prix von Belgien auf dem Land ist Arthur Peffer zuzuschreiben. Obwohl die Übungen nicht allzu kompliziert waren, fand der Kampf um den ersten Platz nur zwischen den drei Erstplatzierten statt, die in dieser Reihenfolge waren: Yonny des Chenapans an J. Peffer, Vaba von M. Boermans und Yankee von A. Peffer. Verduyckt. Yonny des Chenapans (LOSH 157898), gewann auch das CAC beim Feldwettbewerb, der am 16. Oktober 1955 in Kontich bei Antwerpen stattfand.

Er war der erste fahlgelb Rauhaar, der seit Inkrafttreten der neuen Championatsregeln sowohl Schönheitschampion 1954 als auch Arbeitschampion 1955 wurde. Um eine Wertäquivalenz herzustellen, muss man bis 1930 mit Champion Sady de la Redoute zurückgehen.
Der zweite Grosse Preis von Belgien auf dem Lande wurde am 4. September 1955 ausgetragen. Der Wettkampf fand bei herrlichem Wetter statt.

Der sehr enge geführte Wettbewerb löste beim Publikum grosse Begeisterung aus. Nur eine Sache war bedauerlich, nämlich die Abwesenheit des Vorjahressiegers. Der Tagessieger mit CAC war der Malinois Yankee (LOSH 149393) von A. Verduyckt aus Kontich (Antwerpen), vor dem Malinois Ubanco du Fer (LOSH 133297) von P. Thoma aus Lüttich. Der dritte Platz ging an Bénédict de Fola von J. Rollin. Ubanco erhielt 1954 den Titel des Arbeitschampions.

Der dritte Grand Prix de Belgique en campagne 1956 fand in Mortsel bei Antwerpen mit 8 Teilnehmern statt und sah den Sieg von Yankee vor York des Chenapans, Rauhhaar, und Benedict de Fola, Malinois. Da Yankee 1957 das Prädikat Sehr gut erhalten hatte, wurde er zum Arbeitschampion 1957 erklärt.

Année	Chien	Variété	M/F	Propriétaire
1954	Ubanco du Fer	Malinois	M	P. Thoma
1955	Yonny des Chenapans	Laekenois	M	J. Peffer
1957	Yankee	Malinois	M	A. Verduyckt
1972	Quora (ALSH 16352)	Malinois	M	H. Hendrickx

Grosser Preis von Belgien im Ringsport

Gewinnerliste

Année	Chien	Pedigree	Variété	M/F	Propriétaire
1947	Marusi	LOSH 94070	Malinois	M	H. Anseeuw, Bruges
1948	Rarlo	LOSH 127688	Malinois	M	J. Watson, Anvers
1949	Rachid De La Fraternité	LOSH 110997	Malinois	M	A. Schoenmakers, Lier
1950	Tigris De L'Aérodrome	LOSH 122735	Malinois	M	A. Carlier, Bruges
1951	Vabil Van De Molenbeek	LOSH 135542	Malinois	M	A. Van Leuven, Erpe
1952	Xavier	LOSH 141222	Tervueren	M	J. Van den Broeck, Heusden
1953	U'Tony	ALSH 11	Malinois	M	R. Bruyninck, Kapellen
1954	Vestalino	LOSH 136119	Malinois	M	A. Taillieu, Roeselare
1955	X'Wim Van 'T Meuleken	LOSH 146026	Malinois	M	H. De Kort, Anvers
1956	Zircon	LOSH 154778	Malinois	M	D. Geleyn, Roeselare
1957	Bolide	LOSH 161971	Malinois	M	J. Van den Broeck, Heusden
1958	Cappi De Klabouterie	LOSH 165661	Malinois	M	A. Van Laere, Oostakker
1959	Desire	ALSH 2236	Malinois	M	A. Selleslachs, Hever
1960	Frank	LOSH 174480	Malinois	M	J. Van der Linden, Lanaken
1961	Guilke	LOSH 176946	Malinois	M	J. Geraerts, Lanaken
1962	Eperon	ALSH 3069	Malinois	M	A. Schoenmakers, Hever
1963	Kiener	LOSH 197867	Malinois	M	J. Thomassen, Lanaken
1964	Heist	ALSH 5145	Malinois	M	J. Leyssens, Oostham
1965	Eperon	ALSH 3069	Malinois	M	A. Schoenmakers, Hever
1966	Kapi	LOSH 197767	Malinois	M	C. Schreppers, Turnhout
1967	Metteko	ALSH 21704	Malinois	M	A. Schoenmakers, Beerzel
1968	Metteko	ALSH 21704	Malinois	M	A. Schoenmakers, Beerzel
1969	Lest	ALSH 9450	Malinois	M	Heremans, Hulshout
1970	Metteko	ALSH 21704	Malinois	M	A. Schoenmakers, Boortmeerbeek
1971	Metteko	ALSH 21704	Malinois	M	A. Schoenmakers, Boortmeerbeek
1972	Quora	ALSH 16352	Malinois	M	H. Hendrickx, Turnhout
1973	Titan De Vielsam	LOSH 279778	Malinois	M	J. Leyssens, Oostham

Es gibt keine Aufzeichnungen darüber, dass im Jahr 1946 ein Grosser Preis von Belgien veranstaltet wurde. Bei der 17. Ausgabe im Jahr 1947 waren alle Teilnehmer Malinois mit Ausnahme einer schwarzen Bouvier-Hündin Rella de la Fraternité, Zwingergenossin der Malinois Radi und Rachid de la Fraternité, beides Söhne von Snap van Molenbeek. Marusi, der Gewinner, war kein schöner Hund. Sein Besitzer H. Anseeuw war ein ausgezeichneter Ausbilder. Sirol, mit einem fünfzehnten Platz, hätte viel besser abschneiden können, aber er zog es vor, die leckere Wurst, die als Köder diente, zu schlucken und weigerte sich, über den Graben zu springen. Sips de la Brigade, der den siebten Platz belegte, erhielt den Preis, der für den schönsten Malinois ausgesetzt war. Sips nahm auch an Wettbewerben im Fährten teil. Nur zehn Teilnehmer nahmen am Grand Prix 1948 teil, da man 85% der 360 Punkte erreichen musste, um teilnehmen zu können. Der von der SRSH gestiftete Preis von 150 Franken für den schönsten Hund ging an Rachid de la Fraternité.

Rachid de la Fraternité

Snap van Luchteren und Rap

Sirol

Am 1. Oktober 1950 fand in Mouscron der 20. Grosse Preis von Belgien im Ring statt. Tigris de l'Aérodrome gewann vor Rachid de la Fraternité. Vabil van de Molenbeek, der Wurfbruder von Varak, nahm zum ersten mal am Grossen Preis von 1950 teil. Stoud war der Wurfbruder von Sirol. Es war Snap van Luchteren, der den Preis für den schönsten Belgischen Schäferhund erhielt. Der Wettbewerb von 1951 war ein grosser Erfolg, sowohl was die Anzahl der Teilnehmer als auch die Qualität der Arbeiten betraf. Es ist wahr, dass das Programm serh fair war, es gab keine Tricks, die die besten Konkurrenten verwirrten. Hier konnte man die natürlichen Qualitäten der Hunde hervorheben. Siebzehn Hunde waren angemeldet, und alle waren anwesend: fünfzehn Malinois, ein Tervueren und ein Bouvier.

Zehn Hunde kamen aus Flandern, sechs aus der Provinz Antwerpen und einer aus Lüttich. Die Teilnehmer aus Flandern fielen durch ihre perfekte Dressur auf. Besonders hervorzuheben ist der sehr gute und harte Griff von Sirol und seinen beiden Söhne Vabil und Varak van de Molenbeek.

Pedigree de Sirol (LOSH 114301)

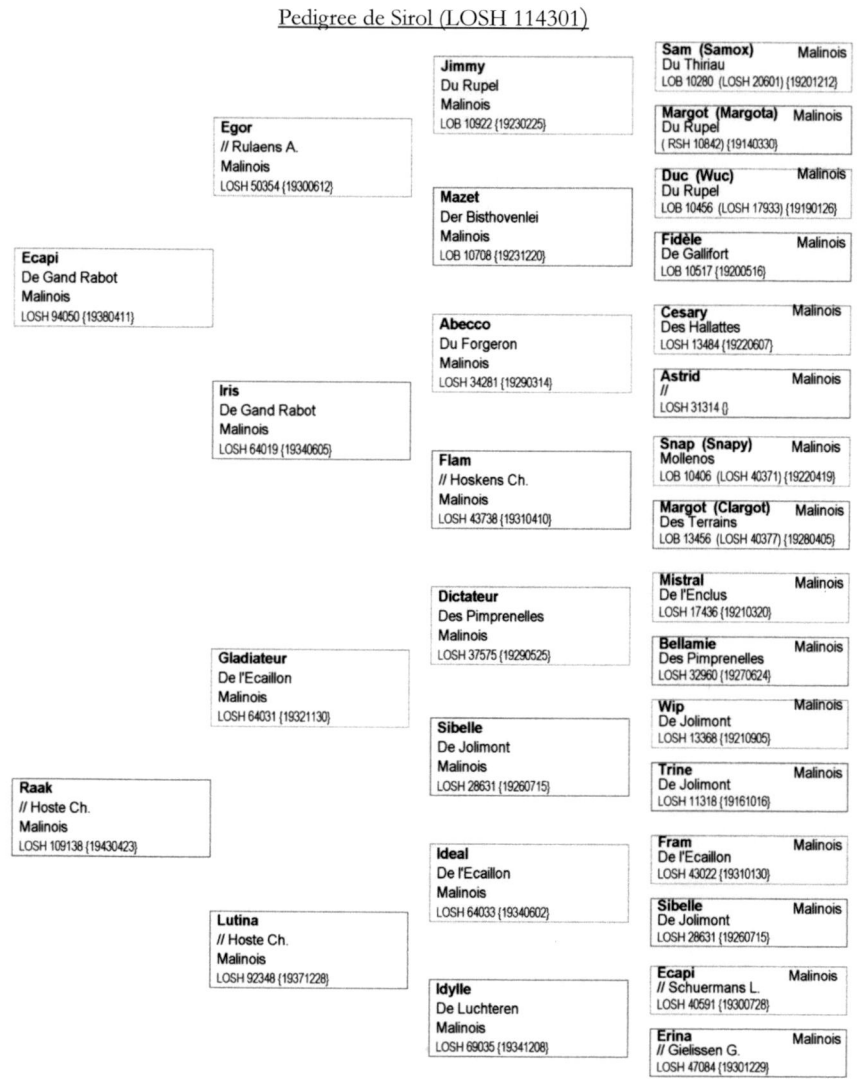

1952 war es der Tervueren Xavier, der den Grossen Preis gewann. Er machte eine hervorragende Arbeit und gewann vor dem schwarz gefärbten Bouvier Vuw, genannt Vaba, von F. Boermans aus Kontich. Xavier wurde von Malinois Eltern geboren und hatte ein halblanges Fell. Von den acht Hunden, aus denen der Wurf bestand, wurden zwei als Tervueren bezeichnet. Wenn man sich das Foto von Xavier genauer ansieht, war sein Fell zu lang, um ein kurzes Fell zu sein, und zu kurz, um einlanges Fell zu sein.

Sirol Varak Vabil

Der alte Brüggener Club Koninklijke Brugse Hondenclub Nut en Vermaak wurde mit der Organisation des Grossen Preises von Belgien 1957 beauftragt. Der Wettbewerb fand im Zentrum der Stadt Brügge im Hof der Markthalle statt. Der Wettbewerb fand zwar in einer schönen Umgebung statt, war aber vor allem bei den Sprüngen schwierig, da der Hof der Markthallen gepflastert ist und der Sand, der über die Hindernisse gestreut wurde, einige Hunde verwirrte. Bolide bescherte seinem, Besitzer J. Van den Broeck einen zweiten Sieg mit CAC und CACIT.

Bolide

Diesen gewann er bereits 1952 mit Xavier. Der Grosse Preis von Belgien 1959 wurde in Zusammenarbeit mit dem Club du Chien Policier de Tournai organisiert. Léon Destailleur (chenil du Mouscronnais) von der Société Canine Franco-Belge in Mouscron fungierte als diplomierter Schutzdiensthelfer. Désiré, der bei seiner ersten Teilnahme am Grossen Preis von Belgien (SRSH) auf Anhieb gewann, war kein Unbekannter, da er 1957 die vom Kennel Club belge organisierte belgische Meisterschaft gewonnen hatte.

Die vom Landwirtschaftsministerium gestiftete Plakette für den schönsten Hund bei Wettbewerben gewann Flap als zweiter des Wettbewerbs. Flap war im ALSH unter der Nummer 4479 registriert. Mit seinem neuen Besitzer A. Schoenmackers nahm Flap von 1958 bis 1962 fünfmal am Grossen Preis von Belgien teil. Seine beste Leistung erzielte er 1959, als er mit 313,8 Punkten den zweiten Platz belegte. Flap war am 17. Februar 1956 unter dem Namen Blackie van de Welkom (LOB 72382) im Zwinger von H. Struyf geboren worden, der von Beruf Bierhändler war und in Wommelgem bei Antwerpen wohnte.

In einer Notiz vom 27. August 1971 an Monsieur Charbonnel, den Besitzer des Zwingers von Ventadour in Frankreich, schrieb Géo Tanghe, der Flaps Auftritte bei Ringwettbewerben miterlebt hatte (er war u. a. Richter beim Grossen Preis von Belgien 1959), folgendes Lob:

"Ich bestätige Ihnen unser Gespräch in Kortrijk über Flap, den ich zu seinen Lebzeiten kennengelernt habe. Er war ein mittelgrosser, knochiger Hund, gut ausgewogen, wohlproportioniert, mit einem männlichen Ausdruck, einem geselligen Charakter, aber in Wettbewerben von ausserordentlichem Biss und seltenem Gehorsam. Ein gut geformter Kopf, ein dunkles Auge, ein der Länge des Kopfes angemessenes Ohr, gut angelegt, lebhafter, maskenhafter Blick, guter Hals, auf einem kompakten, gut durchtrainierten Körper, schöne Rute, gute Gliedmassen, schöne Winkelungen und gute Pfoten. Seine Farbe war die ideale Farbe; ein dunkles fahlgelb, mit mittlerer Charbonage, mit guter Unterwolle und guter Textur, der typisch belgische Look! Natürlich hatte er sich durch die vielen Sprünge bei Wettbewerben die Schulter ein wenig abgestossen, eine Abnützung, die sich mit zunehmendem Alter noch verstärkte. Aber es war ein Malinois, der im Vergleich zu den zeitgenössischen Gewinnern Raky, Rubis und Reggy de Ventadour, ganz zu schweigen von den belgischen Hunden in ihrer Gesellschaft, auf einer Ausstellung ein grosses Tres Bon, wenn nicht sogar ein Excellent verdient hätte. Leider wurde er nicht ausgestellt, obwohl er im Vollbesitz seiner Qualitäten war. Ein Hund, der seinerzeit bei den Züchtern von Malinois zu wenig bekannt war, und den man zu Unrecht nicht weiter zur Verbesserung der Sorte einsetzte, denn er hatte gesunde Nerven und war kein Weichei, glauben Sie mir. Mit einem Wort, er war ein gut ausbalancierter Malinois, den man zu leider nicht ausgestellt hatte. Aber er war in den Händen von Ausbilder, für die die Verbesserung der Rasse das geringste Problem ist. Schade!"

„Flap" Blackie van de Welkom

Pedigree von Blackie van de Welkom LOB 72382, allias Flap ALSH 4479
Sämtliche Vorfahren von Flap waren Malinois

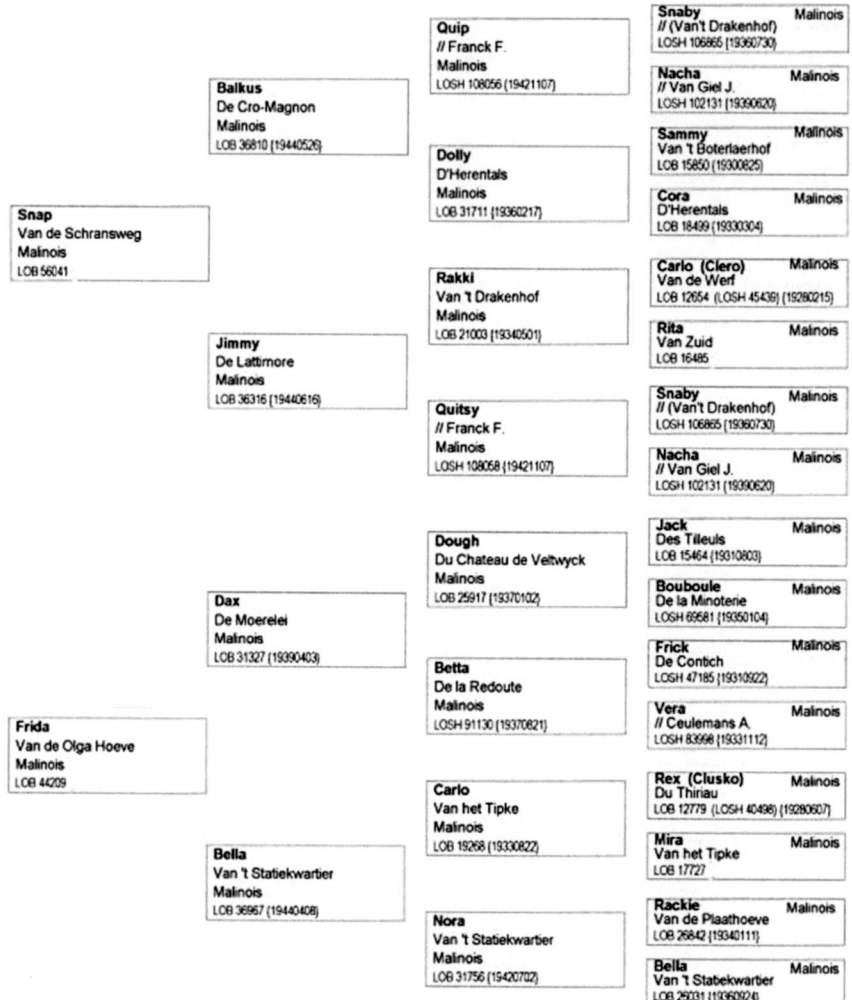

Snap
Van de Schransweg
Malinois
LOB 56041

Balkus
De Cro-Magnon
Malinois
LOB 36810 (19440526)

Quip
// Franck F.
Malinois
LOSH 108056 (19421107)

Snaby Malinois
// (Van't Drakenhof)
LOSH 106865 (19360730)

Nacha Malinois
// Van Giel J.
LOSH 102131 (19390620)

Dolly
D'Herentals
Malinois
LOB 31711 (19360217)

Sammy Malinois
Van 't Boterlaerhof
LOB 15850 (19300825)

Cora Malinois
D'Herentals
LOB 18499 (19330304)

Jimmy
De Lattimore
Malinois
LOB 36316 (19440616)

Rakki
Van 't Drakenhof
Malinois
LOB 21003 (19340501)

Carlo (Clero) Malinois
Van de Werf
LOB 12654 (LOSH 45439) (19280215)

Rita Malinois
Van Zuid
LOB 16485

Quitsy
// Franck F.
Malinois
LOSH 108058 (19421107)

Snaby Malinois
// (Van't Drakenhof)
LOSH 106865 (19360730)

Nacha Malinois
// Van Giel J.
LOSH 102131 (19390620)

Frida
Van de Olga Hoeve
Malinois
LOB 44209

Dax
De Moerelei
Malinois
LOB 31327 (19390403)

Dough
Du Chateau de Veltwyck
Malinois
LOB 25917 (19370102)

Jack Malinois
Des Tileuls
LOB 15464 (19310803)

Bouboule Malinois
De la Minoterie
LOSH 69581 (19350104)

Betta
De la Redoute
Malinois
LOSH 91130 (19370821)

Frick Malinois
De Contich
LOSH 47185 (19310922)

Vera Malinois
// Ceulemans A.
LOSH 83998 (19331112)

Bella
Van 't Statiekwartier
Malinois
LOB 36967 (19440408)

Carlo
Van het Tipke
Malinois
LOB 19268 (19330822)

Rex (Clusko) Malinois
Du Thiriau
LOB 12779 (LOSH 40498) (19280607)

Mira Malinois
Van het Tipke
LOB 17727

Nora
Van 't Statiekwartier
Malinois
LOB 31756 (19420702)

Rackie Malinois
Van de Plaathoeve
LOB 26842 (19340111)

Bella Malinois
Van 't Statiekwartier
LOB 25031 (19360924)

Léon Destailleur, ein Bergmann aus Mouscron und Besitzer des Zwingers von Mouscronnais, führte den Turnier-Malinois in Frankreich ein. Er war ein herausragender Trainer, der sowohl das französische als auch das belgische Ringprogramm beherrschte. Geboren in Wattrelos, Frankreich, heiratete er eine Belgierin aus Mouscron.

Nach ersten Erfahrungen mit einem Deutschen Schäferhund wandte er sich der Rasse Malinois zu. Seine erste Malinois-Hündin war eine Tochter von Botop, einem ausgezeichneten Fährtenhund, der jedoch optisch wenig überzeugte, da sie keine Maske

Mulot, mit Leon Destaileurer

aufwies. Botop soll 1938 der Gewinner des letzten Wettbewerbs für den „Idealen Polizeihund" gewesen sein. Mit dem Blut von Flap, einem Malinois, den er besonders bewunderte, züchtete Destailleur mehrere vielversprechende Malinois-Welpen und trug massgeblich zur Weiterentwicklung und Verbreitung dieser Hunde in Frankreich bei.

Mulot, ein Hund ohne Maske und schwarze Ohren, zeichnete sich als hervorragender Springer und Finalist im französischen Ring aus. Aus dem Wurf vom 29. Oktober 1967 (Nerk van de Grensstraat x Pousca du Mouscronnais (LOSH 240438)) ging Quacha du Mouscronnais hervor, der 1972 französischer Champion im Ring wurde. Pousca, geboren am 7. Mai 1966, war eine Tochter von Norban van de Grensstraat und Nerveuse. Quacha bildete durch seine Nachkommen, insbesondere seine Töchter, die Grundlage für mehrere französische Arbeitshundezuchten.

Am 7. April 1962 brachte Flap x Gaillarde (LOSH 128139) einen Wurf von 5 Welpen (4 und 1) zur Welt, von denen die bekanntesten Léopar (ASLH 8791) und Léobaro (ALSH 8789) sind. Letzterer kam in die Zuchtstätte des Monastère Antique, die dem Belgischen Kennel Club angehört.

Léopard

Auf der Sonderschau am 7. März 1965 in Paris erhielt Léopar, der Daniel Benooit (Zwinger Laatste Stuiver) aus Menin gehörte, das CAC sowohl der offenen Klasse als auch in der Arbeitsklasse. Er wurde auch zum besten Malinois gewählt. Sein Besitzer hatte auch die Gelegenheit, das belgische Ringprogramm mit grossem Erfolg vorzuführen. Das Studium der Stammbäume bringt interessante Erkenntnisse zutage.

Die Verpaarung von Arbeitshunden mit Ausstellungshunden führt zu hervorragenden Ergebnissen. So zeugten Léopar und Kastie de l'Assa (SHSB 203990) und die Tochter von César de l'Assa den Champion Ogar de Ventadour (LOF 2518), der seinerseits ausgezeichnete Malinois hervorbrachte.

Menin 15. Juli 1962 Flap ganz rechts liegend

Am Sonntag, dem 3. September 1967, fand der Grosse Preis unter strahlendem Wetter statt, bei dem es über zehntausend Belgische Franken in bar sowie zahlreiche Pokale und Plaketten zu gewinnen gab. Der Wettbewerb brachte den ersten Sieg für Metteko, den Hund von Herrn A. Schoenmakers. Metteko war der herausragendste Hund, da er durch seine Arbeitsfreude und aussergewöhnlichen Fähigkeiten überzeugt.

Dieser unvergessliche Hund zeichnete sich durch seine Zuverlässigkeit, Intelligenz und einen bemerkenswert harten Biss aus. Trotz seiner Stärke und Entschlossenheit im Ring war er ausserhalb des Wettkampfes freundlich und besonders kinderlieb – oft liessen ihn die Kinder zum Spazierengehen mitnehmen. Metteko blieb bis zu seinem elften Lebensjahr aktiv und arbeitete unermüdlich. Er wurde am 8. Februar 1963 aus der Verpaarung von Carak (LOSH 166743) und Hellin (LOSH 184294) geboren und bleibt als aussergewöhnlicher Hund in Erinnerung.

Der Standard von 1956

Im Vorwort des Standards von 1956 schrieb F. E. Verbanck Folgendes:

"Anfragen von allen Seiten, aber hauptsächlich aus dem Ausland, nach Klarstellungen zu verschiedenen Punkten des Standards und zu Verpaarungen zwischen Varietäten, während die nacheinander getroffenen Entscheidungen in keinem offiziellen Dokument zu finden waren, haben uns dazu veranlasst, den Standard neu zu erstellen."

Unter seinen Kommentaren betont F. E. Verbanck die moralischen Qualitäten, die eines der wesentlichen Merkmale unserer Schäferhunde Rasse sind, denen der Standard nur wenige Zeilen widmet, während er ihrer körperlichen Erscheinung ganze Seiten widmet.

„Der Schäferhund, ist ein mittelliniger Hund; er ist ebenfalls ein Hund, bei dem jede übertriebene Betonung eines bestimmten physischen Merkmals die Harmonie der Proportionen zerstören würde, die eines seiner grössten Reize darstellt."

Der Standard von 1956 wurde in der Zeitschrift Chasse et Pêche vom 1. Dezember 1956 veröffentlicht. Zum ersten Mal wurde der Begriff Laekenois verwendet. Der Standard von 1956 stellt weder die Aufteilung der vier CACs gemäss den Beschlüssen von 1934 noch die historisch zur Rasse gehörende Farbpalette, wie sie von der beratenden Generalversammlung von 1920 bestätigt wurde, in Frage.

Félix-Eugène Verbanck

Ab 1908 war Félix-Eugène Verbanck Mitglied der Société Nationale pour l'Amélioration du Chien de Berger Belge, die sich unter der Leitung von Louis Huyghebaert insbesondere mit der Feldarbeit und der Fährtenarbeit beschäftigte. Sein 1930 gegründeter Zwinger in L'Écaillon hatte sich einen guten Ruf erworben. Er war seit 1926 Mitglied der Société Royale Saint-Hubert, wurde 1948 deren Verwalter und 1969 zum Ehrenmitglied ernannt. Als Dank für die vielen Dienste, die er der Hundesportlerschaft geleistet hatte. Im Jahr 1947 übernahm er das Amt des Präsidenten des Klubs Le Chien Pisteur Gantois. Darüber hinaus diente er als Sekretär sowohl des Royal Groenendael Club als auch des Club du Bouvier des Flandres.

FCI-Beschränkung von Paarungen zwischen den Varietäten

Anfang 1963 verfügte die FCI, dass für Rassen, bei denen die Paarung zwischen Varietäten erlaubt war, nur noch ein CACIB vergeben werden sollte. Die Sitzung des conseil cynologique vom 16. Juni 1963 verfügte:

> „Kreuzungen zwischen verschiedenen Haar- und Farbvarietäten nicht mehr erlaubt sind, es sei denn, es liegt eine Sondergenehmigung der Zuchtkommission vor, die einen Monat im Voraus bis Ende 1964 beantragt werden muss".

Für den Belgischen Schäferhund wurde eine erste Zuchtkommission eingerichtet, deren Zuständigkeit dem Royal Groenendael Club übertragen wurde. Dieser betraute drei Richter für Belgische Schäferhunde, die entweder nicht oder nicht mehr in der Zucht dieser Rasse aktiv waren, mit dieser Aufgabe: die Herren Chastel, Martinage und Verbanck. In seiner Sitzung vom 16. Juni 1963 entschied der Groenendael Club, die Varietäten des Belgischen Schäferhundes künftig wie folgt zu klassifizieren:

- Groenendael: Schwarzes Langhaar;

- Tervueren: fahlgelbes Langhaar (Charbonné) sowie Langhaar in anderen als den oben genannten Farben;

- Malinois: fahlgelbes Kurzhaar (Charbonné) sowie Kurzhaar in anderen Farben;

- Laekenois: Rauhaarige mit den im Standard vorgesehenen Farben.

Anzahl der im LOSH von 1946 bis 1975 eingetragenen Würfe

Variété	1946-50	1951-55	1956-60	1961-65	1966-70	1971-75	Total	Pct
Malinois	378	357	289	390	351	423	2188	56,9%
Groenendael	218	165	127	194	250	240	1194	31,1%
Tervueren	50	22	30	66	85	179	432	11,2%
Laekenois	2	7	9	3	4	6	31	0,8%

Die Zahlen in der obigen Tabelle geben einen statistischen Überblick über die Anzahl der im LOSH eingetragenen Würfe in den dreissig Jahren nach dem Zweiten Weltkrieg. Beachten Sie, dass die Zahlen für Tervueren durch Tervueren, die in Malinois-Würfen geboren wurden und als Würfe gezählt werden, leicht erhöht werden. Sporadische Würfe mit schwarzem Kurzhaar, gestromtem oder sandfarbenem, charbonné (Charbonage), sogenanntem grauem Fell wurden nicht berücksichtigt.

Wie im vorherigen Berichtszeitraum blieb der Malinois die wichtigste Varietät, die alle anderen Varietäten zahlenmässig übertraf. Das fahlgelbfarbene Rauhaar oder Laekenois erregte wenig Begeisterung und beschränkte sich auf durchschnittlich nur einen Wurf pro Jahr.

Wie die Grafik deutlich zu erkennen ist, ist der Groenendael nach einigen Jahren des Rückgangs wieder auf sein Niveau von etwa 50 Würfen pro Jahr zurückgekehrt und hält seinen Platz als zweitwichtigste Varietät nach dem Malinois.

Die Hauptbewegung ist der Aufschwung oder Aufstieg der Tervueren ab den Jahren 1971 bis 1975 mit einem Durchschnitt von mehr als 30 Würfen pro Jahr im Vergleich zu einem Durchschnitt von nur 10 Würfen pro Jahr im Zeitraum 1946 bis 1970.

Berry de Prestbury Ackaert, Zeichnung von Herr Andrè Ackaert

KCB: Die Jahre 1945 bis 1973

Die Ausstellungen

Auf Initiative von Jules Adant aus Binche und mit dem Ziel, den 1891 gegründeten Club du Chien de Berger Belge wieder ins Leben zu rufen, wurde am Sonntag, dem 15. Dezember 1946, eine Versammlung abgehalten. Er organisierte seine erste Sonderausstellung am 23. März 1958 in Ixelles. Es war allerdings ein zaghafter erster Versuch.

Bei den Tervueren erhielt Gamin de la Ferme Termunt, LOB 73994, die Qualifikation "Sehr Gut" in der Offenen Klasse unter dem Urteil von Octave Durand. Bei den Groenendaels erhielt Ziem du Gradouillet (LOB 60603) das CAC. Dasselbe galt für Sadie de Sars-Longchamps (LOB 70070) von M. Langlot bei den Hündinnen. Die von A. Reynaert beurteilten Malinois stammten mit einer Ausnahme alle aus dem Zwinger von Prestbury von Frau E. Frippiat. Peggy (LOB 73136) erhielt das CAC.

Für Frau Frippiat endete der Tag mit dem Einsammeln der ersten Preise in der Paar-, Gruppen- und Zuchtgruppenklasse.

Kim de la Ferme Termunt (LOB 81773, ALSH 7984) erhielt das CAC bei der Ausstellung

Die zweite Ausstellung fand am 8. Mai 1960 in Braine-le-Comte in der Baraque des Planches statt. Diese Ausstellung war aufgrund der geringen Anzahl von Ausstellern sehr speziell, aber die Qualität übertraf die Quantität. Bei den Langhaarhunden gab es nichts Aussergewöhnliches, ausser dass Harry von der Termunt Farm (LOB 75371) ein CAC erhielt.

Bei den Malinois vergab der Richter Octave Durand das CAC an Gimmy des Bonmoss in der offenen Klasse, und an Filou des Bonmoss (LOB77565) des Züchters Van Hoolandt in der Championklasse. Bei den Hündinnen ging das CAC an Iris de l'Assa, die in der offenen Klasse vor Estelle de l'Assa den ersten Platz belegte.

Ende der Aktivitäten des Klubs für Belgische Schäferhunde

Club de Chieb de Berger Belge

Octave Durand

Octave Durand verstarb am 13. Mai 1972. Er war ein engagierter Befürworter der drei Sport Disziplinen, in denen er zu einem erfahrenen Richter geworden war. Von 1955 bis 1962 war er Präsident des KCB (Kennel Club Belge).
Als Besitzer der beiden berühmten Malinois Djeck und Sam du Thiriau führte er sie zu Meisterschaften in der Ring- und Ausstellungsdressur. Sam wurde am 12. Dezember 1920 geboren und war auch unter dem Namen Samox (LOSH 20601) bekannt. Letzterer war ein Sohn des Champions Snap 1925.

Mit dem Tod von Octave Durand endeten auch die Aktivitäten des Club du Chien de Berger Belge et Bouvier. Die letzte vom Club organisierte Ausstellung ist datiert mit dem Jahr 1967. In den siebziger Jahren starben auch die empfohlenen Zuchten von Belgischen Schäferhunden aus:

Malinois	Chenil du Trou Lenoir	M. Lembourg, Ecaussinnes
Malinois	Chenil du Monastère Antique	M. Houppertz, Forrières
Malinois	Chenil de Prestbury	Mme E. Frippiat, Betekom
Malinois	Chenil van de Welkom	M. Struyf, Wommelgem
Groenendael	Chenil de la Tour Carrée	M. Langlot, Florennes
Tervueren	Chenil du Castel Linde	M. Cegaer, Dilbeek

Belgische Meisterschaft im Fährten von 1947 bis 1980
Gewinnerliste

Année	Chien	Pedigree	Variété	M/F	Propriétaire
1947-48	Nitalia	LOB 44753	Malinois	F	J. Wagemans, Hasselt
1949-51	Tosca	LOB 44481	Malinois	F	T. Boulaers, Val-St-Lambert
1952	Boy	LOB 44295	Berger Allemand	M	G. Hardy de Boirs, Liège
1953	Tarzan	LOB 57477	Malinois	M	Bouvier, Jemeppe-sur-Meuse
1954-55	Tulina du Dresseur	LOB 69490	Berger Allemand	F	A. Demeuse, Liège
1956	Nora de Campagne	LOB 53345	Berger Allemand	F	O. Nicolay, Mons
1957	Rita	LOB 72364	Berger Allemand	M	J. Jamar, Grâce-Berleur
1958-60	Adiane des Lilas Mauves	LOB 64507	Malinois	F	J. Proesmans, Tongeren
1961	Bella	LOB 63635	Berger Allemand	F	J. Kakkert, Sainte-Walburge
1962	Flick	LOB 77713	Berger Allemand	F	F. Batta, Liège
1963	Gladia du Hou-Hou	LOB 75650	Berger Allemand	F	J. Boshower, Sainte-Walburge
1964-66	Jorinne	LOB 86300	Groenendael	F	Boussa, Jemeppe-sur-Meuse
1967	Jyka	LOB 81205	Malinois	F	Lael
1968	Jorinne	LOB 86300	Groenendael	F	Boussa, Jemeppe-sur-Meuse
1969	Jyka	LOB 81205	Malinois	F	Lael
1970	Pitter, dit Frippon	LOB 96090	Berger Allemand	M	Vanden Vonder, Ruisbroek
1971-73	Sabine	LOB 86843	Berger Allemand	F	O. Vrins, Sainte-Walburge
1974	Sultan		Berger Allemand	M	Creuven, Sainte-Walburge
1975	Sigogne	LOB 105728	Berger Allemand	F	Licket, Herstal
1976	Rex	LOB 102406	Tervueren	M	R. Jadot, Ivoz-Ramet
1977-80	Sigogne	LOB 105728	Berger Allemand	F	Licket, Herstal

Nach den ersten beiden Wettbewerben in den Jahren 1938 und 1939 fand am 9. März 1947 die Organisation der 3. Belgischen Meisterschaft im Fährten statt. Einige Monate zuvor fand jedoch am 3. November 1946 im Dressage Club d'Ampsin ein nationaler Wettbewerb für Fährtenhunde statt. Vierzehn Hunde waren angemeldet, davon vier in der Kategorie Veteranen und zehn in der Kategorie Jugendliche. Der Champion von 1939, der Deutsche Schäferhund Max de la Rue de Château d'Albéric, gewann die Prüfung vor den beiden Malinois-Hündinnen Nitalia und Tosca. Der Berichterstatter Octave Durand zog folgendes Fazit: "Da mehrere Hunde sowohl bei den Jugendlichen als auch bei den Veteranen sehr grosse Qualitäten zeigten, können wir mit Zuversicht in die Zukunft blicken." Dieser Wettbewerb fand wahrscheinlich bis 1982 statt. Ab 1980 finden wir jedoch kaum noch Aufzeichnungen, weder Berichte noch Listen der Champions. Oben sind noch die

Gewinner der Jahre 1974 bis 1980 aufgeführt. Sigogne, der Sieger von 1977, war auch der Sieger der Jahre 1978 bis 1980.

Belgische Meisterschaft in Ringarbeit
Gewinnerliste

Année	Chien	Pedigree	Variété	M/F	Propriétaire
1946	Keroff van Sint-Pauwels	36877	German Shepherd	M	J. Rolus, Sint-Niklaas
1947	Jack De Beka, dit Pol	40119	Malinois	M	L. Foulon, Bruxelles
1948	Jack De Beka, dit Pol	40119	Malinois	M	L. Foulon, Bruxelles
1949	Jack De Beka, dit Pol	40119	Malinois	M	L. Foulon, Bruxelles
1950	Rip D'Arabelle Royale	51947	Malinois	M	L. Mottier, Bruxelles
1951	Cybele Lombeek Die Schone	46687	Malinois	F	J. De Coster, Jette
1952	Jack De Beka, dit Pol	40119	Malinois	M	L. Foulon, Bruxelles
1953	Racky De La Volaille	38730	Malinois	M	S. Vervoort, Woluwe
1954	Racky De La Volaille	38730	Malinois	M	S. Vervoort, Woluwe
1955	Brahms Zonder Vrees	67902	Malinois	M	A. Thijs, Mons
1956	Racky Van 'T Smiske	63546	Malinois	M	J. Pauwels, Boom
1957	Desire dit Snap	72364	Malinois	M	A. Mannaerts, Linden
1958	Bob Van De Mon	70263	Malinois	M	P. Van Mechelen, Niel
1959	Marco Van De Lange Reep	69655	Tervueren	M	J. Belderbosch, Anvers
1960	Dik dit John	76361	Laekenois	M	P. Van Mechelen, Niel
1961	Dik dit John	76361	Laekenois	M	P. Van Mechelen, Niel
1962	Poilu De Zicheren	72768	Malinois	M	M. Tabruyn, Tongeren
1963	Kurt Van 'T Wijnveld	72756	Malinois	M	M. Allen, Jemeppes
1964	Krol Van 'T Rolushof, dit Toro	83530	Malinois	M	H. Van Huffel, St-Niklaas
1965	Jadoto Van Burgondie	83296	Malinois	M	E. Faict, Ransart
1966	Krol Van 'T Rolushof, dit Toro	83530	Malinois	M	H. Van Huffel, St-Niklaas
ex-aequo	Rex Van De Welkom	87045	Malinois	M	F. Paesschierens, Berchem
1967	Rex Van De Welkom	87045	Malinois	M	F. Paesschierens, Berchem
1968	Racky Van 'T Rolushof	81910	Malinois	M	M. Sneyers, St-Niklaas
1969	Krol Van 'T Rolushof, dit Toro	83530	Malinois	M	H. Van Huffel, St-Niklaas
1970	Rex Van De Welkom	87045	Malinois	M	F. Paesschierens, Berchem
1971	Nansy	90441	Malinois	M	J. Vanderelst, Dilbeek
1972	Duc Du Grand Duc	87965	Malinois	M	J. Heremans, Evere
1973	Snap Du Domaine De Zellik	101913	Malinois	M	E. Huyghe, Boom

Im Jahr 1949 gewann der Malinois Jack de Beka, den sein Besitzer L. Foulon Pol nennt, zum dritten Mal in Folge. - Pol war erst vier Jahre alt! Hündin Cybele Lombeek Die Schone gewann die Prüfung von 1951, die eine Reihe von Schwierigkeiten aufwies, die wirklich nicht zu verachten waren. So musste der Angreifer beim Bewachen eines Gegenstandes den Hund mit einer mittelgrossen Giesskanne nass machen und bedrängen, um an den

Gegenstand heranzukommen und eine Wegnahmeversuch zu unternehmen. Für die Ausgabe 1952 wurde dem Société Royale Dressage Club de Molenbeek die Ehre zuteil, den Meisterschaftswettbewerb zu organisieren, und Jack de Beka errang zum vierten Mal den Ruhm vor der Siegerin von 1951 Cybèle Lombeek die Schone. Unter den Teilnehmern befanden sich 12 Malinois, 2 Bouviers und 2 Deutsche Schäferhunde.

Desiré genannt Snap KCB

Jack de Beka genannt Pol

Die Meisterschaft von 1957 wurde von Desiré gewonnen. Desiré hatte einen Stammbaum mit der Nummer (ALSH 2236). Die Eltern von Desiré waren beim Saint-Hubertus registriert. Yost (LOSH 149758) x Bertha (ALSH 1550), die eine Tochter von U"Tony (ALSH 11) war.

Brahms Zoner Vrees

Der fahlgelbe Rauhaar Dik war ein herausragender Hund, der sowohl 1960 als auch 1961 den Wettbewerb gewann. Er entstammte einer Verpaarung von Rauhaar und Kurzhaar (Yonny des Chenapans x Ylia, LOSH 149986). Der Wurf bestand aus vier männlichen Welpen: Dik und Dyky, die beiden fahlgelb und rauhaarig waren, sowie Djef, ein fahlgelber

Kurzhaar, und Dun, der als rothaarig und kurzhaarig eingetragen wurde. Interessanterweise ist Rauhaar normalerweise dominant gegenüber Kurzhaar, doch in diesem Fall zeigte sich eine unvollständige Dominanz. Yonny des Chenapans, der Vater, stammt vollständig aus holländischer Linie, während die Mutter Ylia Snaby, den Sohn von Carlo van de Werf und Rita van Zuid, in ihrer Abstammung führte.

Krol van 't Rolus Hof: Ein dreifacher Champion im Ring

Krol van 't Rolus Hof, ein dreifacher Ring-Champion, verbindet in seiner Abstammung die besten Eigenschaften aus Ausstellungslinien auf der Vaterseite und Arbeitslinien auf der Mutterseite. Sein Vater, Filou de l'Assa, ist ein Sohn von César de l'Assa und Dora de l'Assa. Die Mutter, Lexy van 't Wymenbosch, führt bekannte Namen aus dem Zwinger van de Molenbeek, darunter Gervaise van de Molenbeek und Vabil van de Molenbeek. Krol vereinte somit ein hohes Mass an Schönheit und Arbeitsqualität und setzte neue Massstäbe im Ringsport.

Gewinner von 1965: Jadoto van Burgondie

Jadoto van Burgondie (LOB 83296 alias LOSH 193149), der Sieger von 1965, ist ein Paradebeispiel fuer die Kombination aus Schoenheits- und Arbeitslinien. Sein Vater, Darky de l'Assa (LOSH 169571), ging aus der Verpaarung von Boer und Vala de Mahyfaut hervor und fuehrte in seiner Abstammung Zwinger wie Le Coin du Bois, Les Fauves Masques, Le Plus Oultre, L'Ecaillon, Saint-Hermes, Bois d'Ere und Champion Ito.

Die Mutter, Clotje van Burgondie, Tochter von Stoud (LOSH 114304), war Teil einer Linie, die durch renommierte Zwinger wie Gent Rabot, de la Fraternite, van de Molenbeek, van 't Gulden Vlies und van de Leegeweg gepraegt wurde. Bemerkenswert ist, dass in der vierten Generation seines Stammbaums der berühmte Snap van de Molenbeek auftaucht, dreifacher Sieger der Jahre 1941 bis 1943. Dies unterstreicht Jadotos erstklassiges genetisches Erbe und seine aussergewoehnliche Vielseitigkeit.

Duc van de Welkom LOB 82192	Flap, alias Blackie van de Welkom
	Moly de Prestbury LOB 73138
Cora van de Welkom LOB 76111	Snap van de Schransweg LOB 56041
	Fliep ALSH 3580

Rex van de Welkom

NVBK: Die Jahre 1964 bis 1973

Auf einer Generalversammlung am Sonntag, dem 15. Dezember 1963, kam es nach Monaten der Aufregung und Zwischenfälle (insbesondere im Zusammenhang mit den Regeln für Ringwettbewerbe) zu einem endgültigen Bruch in der Welt der Gebrauchshunde. Der Verband der Provinz Antwerpen beschloss, die Union Cynologique Saint-Hubert zu verlassen und ein unabhängiges Organ unter dem Namen Nationaal Verbond van Belgische Kynologen (NVBK) (Nationaal Verbond van Belgische Kynologen – FNCB steht für Fédération Nationale Cynologique Belge im Französischen) zu gründen.

Die nationalen Meisterschaften in Ringarbeit
Gewinnerliste

Année	Chien	Pedigree	Variété	M/F	Propriétaire
1964	Kiener	LOSH 197867	Malinois	M	J. Thomassen, Lanaken
1965	Jef van den Gouden Boom	LOSH 192429	Malinois	M	J. De Jonghe, Bruges
1966	Kiener	LOSH 197867	Malinois	M	J. Thomassen, Lanaken
1967	Kiener	LOSH 197868	Malinois	M	J. Thomassen, Lanaken
1968	Arat, dit Dick	NVBK 10596	Malinois	M	R. De Mits, Waarschoot
1969	Arat, dit Dick	NVBK 10597	Malinois	M	R. De Mits, Waarschoot
1970	Canak van de Oewa's	NVBK 10361	Malinois	M	J. Vandebroeck, Heusden
1971	Missou	LOSH 219647	Malinois	M	E. Jacobs, Deurne
1972	Cherie	NVBK 10486	Malinois	M	L. Riviere, Leke
1973	Ferduso		Malinois	M	R. Jacobs, Beerse

KAPITEL 5

Fünfte Periode von 1974 bis 2010

SRSH: Die Jahre 1974 bis 2009

Strenge Einschränkungen bei Paarungen und Farben

Auf Beschluss der Stammbuchkommission (commission du Livre des origines) der Société Royale Saint-Hubert, der vom (conseil cynologique) Kynologischen Rat am 4. Februar 1973 genehmigt wurde, wurde nicht nur das Ende der Verpaarungen zwischen den Varietäten verordnet, sondern vor allem strenge Beschränkungen für die Farben.

Hier ist der Text, den die SRSH am 7. Juni 1973 an die FCI schickte, die ihn ihrerseits in einem Rundschreiben vom 21. Juni 1973 vollständig bestätigte:

"Diese Änderungen gelten ab dem 1. Januar 1974."

- Die Varietäten des Belgischen Schäferhundes wurden klar definiert, um die Einteilung und den Standard dieser Rasse zu vereinheitlichen. Kreuzungen zwischen den Varietäten sind grundsätzlich nicht mehr erlaubt. Sollte jedoch eine Ausnahme von der allein zuständigen belgischen Zuchtkommission genehmigt werden, werden die Nachkommen zunächst im Wartebuch eingetragen. Diese Eintragung bleibt bestehen, bis sich die Tiere bis zur dritten Generation in Textur und Haarfarbe ihrer zugehörigen Varietät stabil fortpflanzen.

Die Varietäten des Belgischen Schäferhundes werden wie folgt klassifiziert:

- Belgische Schäferhunde Groenendael: Langhaarig, schwarz und einheitlich gefärbt.

- Belgische Schäferhunde Tervueren: Falbfarben mit schwarzer Kohleschattierung (Charbonage) und einer markanten schwarzen Maske.

- Belgische Schäferhunde Malinois: Kurzhaarig, falbfarben mit schwarzer Kohleschattierung (Charbonage) und einer prägnanten schwarzen Maske.

- Belgische Laekenois-Schäferhunde: Falbfarben mit rauem, drahtigem Fell, das eine leicht gekräuselte Struktur aufweist.

Alle anderen Varietäten, die nicht den festgelegten Texturen und Haarfarben des Standards entsprechen, werden künftig nicht mehr anerkannt. Eine Ausnahme bildet das silbergraue Langhaar, das vorübergehend weiterhin bei Ausstellungen zugelassen wird. Hunde dieser Varietät werden in separaten Klassen bewertet. Allerdings wird pro Geschlecht nur ein einziges CAC und CACIB vergeben, das sowohl für falbfarbenes Langhaar als auch für silbergraues Langhaar gemeinsam gilt.

Warum diese drastischen Massnahmen, die die 1920 gefassten Beschlüsse zunichte machten? Das bedeutet, alle fundierten Kenntnisse über Geschichte und Genetik zu ignorieren. Welchen Vorteil hat es, Gene zu entfernen, die ein wesentlicher Bestandteil des genetischen Erbes sind?

Wir sprechen natürlich von dem Erbgut, das von den Gründerhunden der Rasse mitgebracht wurde. Die biologische Vielfalt, die derzeit immer mehr angestrebt wird, ist ein Reichtum. Die Anzahl selbst sehr geringer Exemplare einer Varietät oder Farbe ist keinesfalls ein objektives Element, um sie zu streichen. Eine Welle des Protests erhob sich sowohl in Belgien als auch im Ausland über die neuen Massnahmen, die am 1. Januar 1974 in Kraft traten.

All diese Auseinandersetzungen um die Farben waren der Auftakt zu den aufeinanderfolgenden Änderungen des Standard, die 1978 und 1989 veröffentlicht wurden.

Der Standard von 1978

Am 11. März 1978 wurden Änderungen am Standard vom Kynologischen Rat genehmigt. Was waren die wichtigsten Änderungen? Die Maske wird für den Malinois und den Tervueren zur Pflicht. Ein Minimum von acht Pigmentpunkten wird festgelegt. Für das Rauhaar wurde der Text des Standards von 1978 in keiner Weise geändert.

Der 1973 vom Kynologischen Rat verabschiedete Beschluss, der besagte, dass "mit Ausnahme des Laekenois, Rauhaar fahlgelb, die anderen Haarfarben nicht mehr anerkannt werden", wurde also im neuen Standard nicht bestätigt. Ist dies ein Versehen oder eine Änderung der Sichtweise? Das Rauhaar sollte sich einer besonderen Behandlung in Bezug auf die Farben erfreuen können. Wäre es nicht ein Fehler, den Genpool einer 'vertraulichen' Varotät auf eine einzige Farbe zu beschränken? Die Veränderungen in diesem Standard betreffen vor allem das kurze Fell.

Diese Varietät wird auf die einzige Varietät fahlgelb charbonné reduziert. In der Tat schreibt der Standard vor, "dass das Kurzhaar ausser fahlgelb nicht anerkannt wird". Korrekter wäre die Formulierung gewesen, dass "anderes Kurzhaar als Malinois (charbonné fahlgelb mit schwarzer Maske) nicht mehr anerkannt wird". Das bedeutet, dass das schwarze Kurzhaar, das gestromte Kurzhaar und das sandfarbene, charbonné Kurzhaar, das als grau bezeichnet wird, nicht mehr existieren.

Es stimmt, dass diese weniger verbreiteten Varietäten auf dem Weg zum Aussterben waren. Die repräsentativste der drei war das schwarze Kurzhaar. Heutzutage existieren noch einige Exemplare. Unabhängig davon, wie sich eine Varietät im Laufe der Zeit entwickelt, müssen wir den Genpool unserer Schäferrasse erhalten und uns gegen jede Verarmung des Erbguts wehren, die die Auswahlmöglichkeiten für andere Merkmale einschränkt?

Kurzhaar schwarz

Für den Tervueren empfiehlt der Standard, dass die Farbe charbonné fahlgelb die natürlichste ist und daher bevorzugt wird. Mit dieser Formel erweitert der Standard von 1978 die Varietät Tervueren, die bisher nur dem warmen fahlgelb vorbehalten war, um den charbonnén Sand, der als Grau bezeichnet wird. Beim Belgischen Schäferhund wurde und wird in den Standards zur Bezeichnung der verdünnten Farbe fahlgelb das Wort grau verwendet.

Die Verwendung des Wortes "grau" rührt daher, dass der auf einem verdünnten fahlgelbfarbenen Fell verteilte charbonné einen Eindruck von Grau erzeugt. Beim Belgischen Schäferhund ist die Verwendung des Wortes "grau" unangebracht, da es ein spezifisches Gen gibt, das dem Ergrauen zugeschrieben wird. Dieses dringt mit zunehmendem Alter allmählich in dunkle Fellfarben mit weisslichem Haar ein. Dieses Gen hat nichts mit unserem Schäferhund zu tun, sondern kommt auch bei anderen Rassen vor, z. B. beim Pudel.

Um der heutigen Terminologie in Bezug auf die Fellfärbung gerecht zu werden, wird der Begriff Sand verwendet, um die verdünnte fahlgelb Farbe zu beschreiben. Historisch und im Herkunftsland waren die sogenannten warmen charbonnén und maskierten Farben immer beliebt.

Sandfarbig   Sandfarbig mit charbonage

Im Mai 1986 lehnten die FCI-Kommissionen für Wissenschaft und Standards die geforderten Änderungen einstimmig ab, mit der Begründung, dass es absurd sei, ein Gen aus dem Erbgut der Rasse entfernen zu wollen. Hier der Auszug aus dem Protokoll der FCI-Standardkommission vom Montag, den 12. Mai 1986:

"Belgischer Schäferhund Nr. 15: Die vorgeschlagene Änderung betrifft die Farbe. Sie verlangt die Eliminierung der Farbe Sand und akzeptiert nur die Farbe Charbonné fahlgelb. Dieses Thema wird in der gemeinsamen Sitzung mit der wissenschaftlichen Kommission ausführlich diskutiert. Genetische Experten warnen vor dieser Einschränkung der Farben. Die Farbe Sand (rezessives Gen) kann niemals vollständig eliminiert werden, selbst wenn dafür eine riesige Hundepopulation geopfert wird. Ausserdem lehrt uns die praktische Erfahrung, dass die Vererbung von Farben durch Homozygoten innerhalb von zwei oder drei Generationen schnell zu einer Abnahme der Intensität der gewünschten Farbe und zu einer auffälligen Verschlechterung des Allgemeinzustands der Tiere führt, wenn man die Vitalität der Gene nicht durch die Einführung von Heterozygoten (hier die Farbe Sand) wiederbelebt. Da die Heterozygotie einen günstigen Einfluss auf die Farbintensität und den Allgemeinzustand hat, ist es ein Fehler, die Sands ausmerzen zu wollen. Im Übrigen ist nach Zeugnissen, die der Ausschuss zur Kenntnis genommen hat, selbst in Belgien bei weitem nicht jeder mit dieser Farbveränderung einverstanden."

Die Generalversammlung der FCI, die 1987 in Tel Aviv, Israel, stattfand, bestätigte die Ablehnung des Antrags aus Belgien. Die Delegation der Société Royale Saint-Hubert wurde von Herrn G. Van Ceulebroeck geleitet. In Belgien gab es in der Tat zahlreiche Gegner im Royal Groenendael Club und im Royal Berger Belge Club.

Auch der Verein Les Amis du chien de Berger Belge unter der Leitung von Herrn Albert Jacques sowie der Club Français du chien de Berger Belge unter der Leitung von Dr. Yves Surget beteiligten sich sehr aktiv an der Verteidigung des Sandes.

Der Standard von 1989

Mit einem Kraftakt wurde im April 1989 vom FCI-Generalkomitee in Paris eine Änderung des Standards genehmigt, die am 16. Oktober 1989 veröffentlicht wurde (Standard Nr. 15) – und dies, ohne die beiden dazu befugten Kommissionen zu konsultieren! Dieser geänderte Standard schloss die sogenannten grauen und sogar hell fahlgelben Tervueren von CAC, CACIB und der Bewertung „Vorzüglich" aus. Damit verstiess er gegen alle Bestimmungen, die von der Standardkommission, der Wissenschaftlichen Kommission der FCI und der Generalversammlung der FCI 1987 in Tel Aviv einstimmig beschlossen worden waren.

Analysieren wir die wichtigsten Änderungen, die im Standard von 1989 vorgenommen wurden. Beim Kurzhaar wurde folgender Satz eingeführt: „Das Kurzhaar ausser fahlgelb wird nicht anerkannt." Das Rauhaar wurde auf die einzige Laekenois-Varietät reduziert: fahlgelb mit Spuren von charbonné, hauptsächlich an der Schnauze und am Schwanz.

Beim Langhaar konzentrieren sich die Änderungen im Wesentlichen auf die sogenannte verwaschene Farbe, d.h. den charbonné sand, der oft alsgrau bezeichnet wird. Hunde mit dieser Färbung können fortan weder das

Prädikat „Vorzüglich" erhalten noch für CAC, CACIB oder Reserven vorgeschlagen werden.
Nach mehrjährigen Beratungen schlossen sich die beiden Clubs, der Royal Berger Belge Club und der Royal Groenendael Club, 1990 mit Wirkung vom 1. Januar 1991 zur Union Royale des Clubs de Bergers Belges (Königliche Union der Clubs belgischer Schäferhunde) zusammen.

Grosser Preis von Belgien für praktische Arbeit auf dem Land

Gewinnerliste

Année	Chien	Pedigree	Variété	M/F	Propriétaire
1993	Max van Kriekebos	ALSH 45178	Laekenois	M	Johan Weckhuyzen
1994	Puscka van de Haantjeshoek	LOSH 666320	Malinois	F	Mario Misselijn
1995	Rhockhi	LOSH 718361	Malinois	M	Ann Vandewiele
1996	Rhockhi	LOSH 718361	Malinois	M	Ann Vandewiele
1997	Puscka van de Haantjeshoek	LOSH 666320	Malinois	F	Mario Misselijn
1998	Puscka van de Haantjeshoek	LOSH 666320	Malinois	F	Mario Misselijn
1999	Tania van de Duvetorre	LOSH 763719	Malinois	F	Lut Vannecke
2000	Toby van de Haantjeshoek	LOSH 752811	Malinois	M	Gisèle D'Hoir
2001	Toby van de Haantjeshoek	LOSH 752811	Malinois	M	Gisèle D'Hoir
2002	Ulco de Marcolina	LOSH 777563	Groenendael	M	Marc Herman
2003	Tsjoppe van de Haantjeshoek	ALSH 53083	Malinois	M	Bruno Misselyn
2004	Tsjoppe van de Haantjeshoek	ALSH 53084	Malinois	M	Bruno Misselyn
2005	Utty de Lekenare	LOSH 787034	Malinois	F	Emmanuel Van Assche
2006	Aurore du Mont Libre	LOSH 884118	Malinois	F	Gisèle D'Hoir
2007	Asprobruis van de Duvetorre	LOSH 886883	Tervueren *	M	Réginald D'Alleine
2008	Didi van Rostenfoksen	LOSH 951686	Malinois	F	Emmanuel Van Assche
2009	Didi van Rostenfoksen	LOSH 951687	Malinois	F	Emmanuel Van Assche
2010	Didi van Rostenfoksen	LOSH 951688	Malinois	F	Emmanuel Van Assche

* né le 10 juillet 2001 dans une nichée de parents Malinois

Seit der Jahrhundertwende haben Malinois-Hündinnen aussergewöhnliche und erstklassige Ergebnisse erzielt, auch wenn die Begeisterung nach dem Zweiten Weltkrieg möglicherweise etwas nachgelassen hat.

Sie spielten eine wichtige Rolle, indem sie sich nicht nur mehrfach anmeldeten, um mit den Rüden gleichzuziehen, sondern auch, um belgische Meisterschaften oder Grosse Preise zu gewinnen, sei es im Ring, bei der Fährtenarbeit oder in Feldarbeit, alles Prüfungen, die solide körperliche und charakterliche Qualitäten erfordern.

Ist der Einsatz von Hündinnen nicht eine der notwendigen Komponenten für die Bildung von leistungsstarken Arbeitslinien?

Die Geschichte bietet uns mehrere Beispiele, angefangen mit der Geschichte von Cora I, der Mutter von Tjop. Unter anderem ist Aurore du Mont Libre ein Beispiel, das sowohl die Qualitäten einer Arbeitshündin als auch die einer Schönheit in sich vereint.

Aurore hatte vier Würfe, deren Nachkommen alle in den Händen von erfahrenen Hundeführern in verschiedenen Hundesportarten sind. Hier sind die wichtigsten Punkte ihrer Erfolgsliste:

- Vizeweltmeisterin Kat. 1 in 2003 - Kat. 2 in 2005
- Vizemeisterin des Grossen Preises von Belgien - Praktische
- Arbeit auf dem Land 2005 und Champion 2006
- Erste Ausgezeichnete CACIB in Kortrijk 2004
- Internationale Schönheitschampionesse 2008 nach erfolgreicher Durchführung des internationalen IPO Programms.

Aurore du Mont Libre

Ab 1981 gewann Clip fünfmal den Grand Prix, mit einer Unterbrechung im Jahr 1984. In diesem Gespräch mit A. Bastiaens erinnerte er sich gut daran, wie Clips Sieg ernsthaft von Zarrana bedroht wurde. Während der letzten Übung, der gestoppten Attacke, bremste sie auf Befehl ihres Besitzers und einen Meter vor dem Helfer, ohne diesen zu beissen. Das Publikum erhob sich und feierte die Hündin mit stehenden Ovationen. Zarrana war praktisch auf dem Weg, den bel gischen Meisterschaftstitel zu gewinnen. Bereit, zu ihrem Hundeführer zurückzukeren, sah sie jedoch den flüchtenden Angreifer und wurde wahrscheinlich durch das Publikum abgelenkt. Sie holte ihn ein und biss zu. Schon im Vorjahr war Zarrana beinahe Siegerin des Wettbe-werbs.

G`Bibber, Geboren 15. Februar 1981. ALSH 34996, allias Bibber NVBK 11692

G`Bibber, L.Vansteenbrugge Sieger 1987

Das Pedigree des Gewinners von 1987, G'Bibber, dem Hund von Luc Vansteenbrugge, G`Bibber, Geboren 15. Februar 1981. ALSH 34996, allias Bibber NVBK 11692.

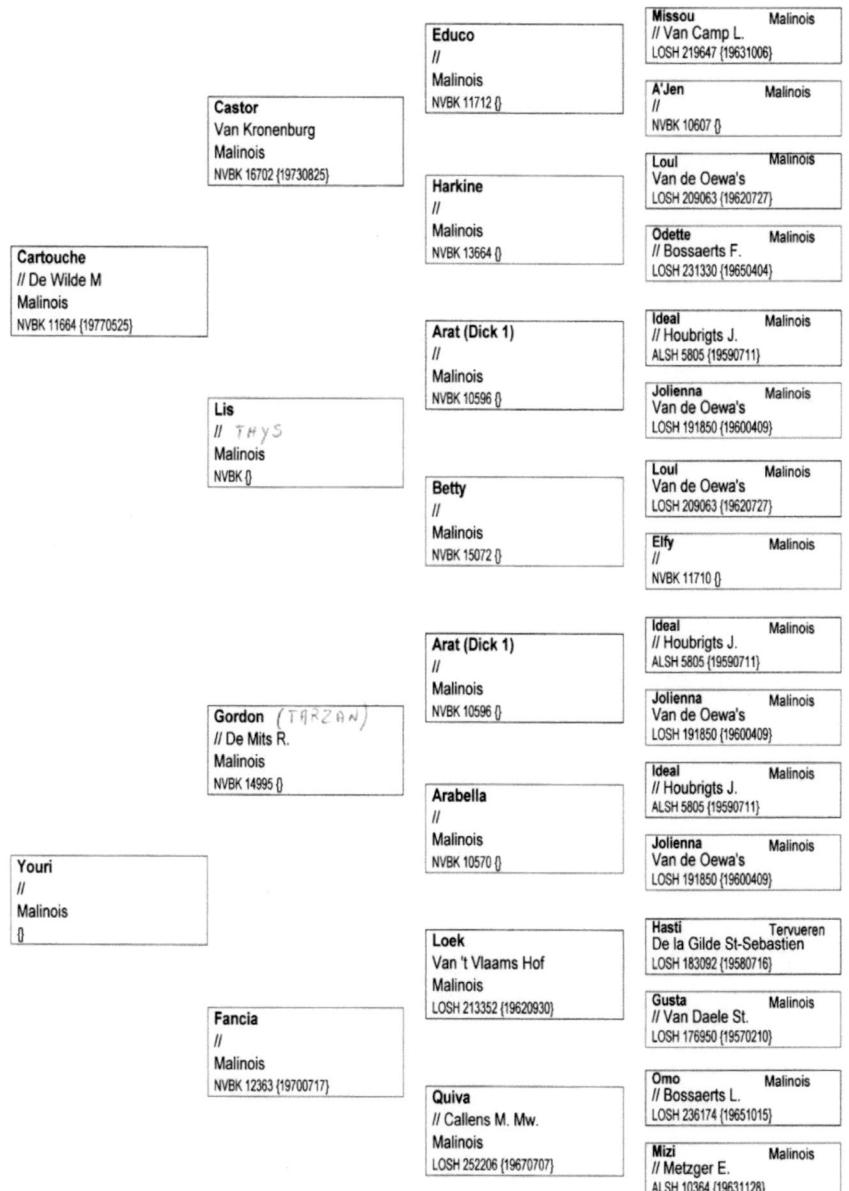

Arbeitschampion 1974-2009

Année	Chien	Pedigree	Variété	M/F	Propriétaire
1978	Xando van Tinneke	ALSH 22160	Malinois	M	J. Misselijn
1983	Clip	LOSH 412720	Malinois	M	L. Gijsels, Heist-op-den-Berg
1985	Amigo van het Davidshof	LOSH 374272	Tervueren	M	H. Gesquière, Menin
1992	James van de Haantjeshoek	LOSH 533418	Malinois	M	J. et B. Misselijn
1997	Picolo	ALSH 49522	Malinois	M	Lut Vannecke

Die Prüfungen des Grossen Preises von Belgien für die Arbeit im Ring
Gewinnerliste

Année	Chien	Pedigree	Variété	M/F	Propriétaire
1974	Ram	LOSH 262533	Malinois	M	G. Bossaerts, Nijlen
1975	Ridgy	LOSH 262190	Malinois	M	A. Schoenmakers, Boortmeerbeek
1976	Tonkin	LOSH	Malinois	M	F. Van Herp, Duffel
1977	Satanas	LOSH 274444	Malinois	M	W. Pauly, Housse
1978	Xando Van Tinneke	LOSH	Malinois	M	J. Misselijn, Heule
1979	Vandrio	LOSH 309256	Malinois	M	A. Ceulemans, Westerlo
1980	Zakira	ALSH 24480	Malinois	M	J. Rijmenants, Heist-op-den-Berg
1981	Clip	LOSH 412720	Malinois	M	A. Bastiaens, Westerlo
1982	Clip	LOSH 412720	Malinois	M	A. Bastiaens, Westerlo
1983	Clip	LOSH 412720	Malinois	M	A. Bastiaens, Westerlo
1984	Cargo	LOSH 410640	Malinois	M	A. Vanaschen, Sprimont
1985	Clip	LOSH 412720	Malinois	M	A. Bastiaens, Westerlo
1986	Clip	LOSH 412720	Malinois	M	A. Bastiaens, Westerlo
1987	G'Bibber	ALSH 34996	Malinois	M	L. Vansteenbrugge, Tournai
1988	F'Sam	ALSH 38761	Malinois	M	G. Velle, Ruddervoorde
1989	Gaillard Du Boscaille	LOSH 485119	Malinois	M	L. Rivière, Leke
1990	Jul	LOSH 537353	Malinois	M	G. Devos
1991	Jul	LOSH 537353	Malinois	M	G. Devos
1992	Lucifer	LOSH 577253	Malinois	M	C. Duhamel, Dottignies
1993	Lucifer	LOSH 577253	Malinois	M	C. Duhamel, Dottignies
1994	Nicolai	LOSH 643250	Malinois	M	A. Verhaegen, Boortmeerbeek
1995	Jul	LOSH 537353	Malinois	M	G. Devos
1996	Nivers Des Tigrous	LOSH 643560	Malinois	M	S. Appeltans, Liège
1997	Nivers Des Tigrous	LOSH 643560	Malinois	M	S. Appeltans, Liège
1998	Nivers Des Tigrous	LOSH 643560	Malinois	M	S. Appeltans, Liège
1999	Siblacky Van Joefarm	LOSH 729115	Malinois	M	K. Debal, Menen
2000	Romeo De Lekenare	LOSH 719065	Malinois	M	E. De Baets, Leke
2001	Siblacky Van Joefarm	LOSH 729115	Malinois	M	K. Debal, Menen
2002	Uman Van 'T Randgeval	LOSH 783862	Malinois	M	F. Torelli, Jemeppe
2003	Uppercut Van 'T Meretshofke	LOSH 789133	Malinois	M	J. Bats, Pepinster
2004	Uppercut Van 'T Meretshofke	LOSH 789133	Malinois	M	J. Bats, Pepinster
2005	Xheena	LOSH 829706	Malinois	F	J. Govaere, Wevelgem
2006	Xheena	LOSH 829707	Malinois	F	J. Govaere, Wevelgem
2007	Ring des Contes d'Hofmann	LOF 046254	Malinois	M	M. Messiaen
2008	Cartouche	LOSH 934453	Malinois	M	J.-M. Appeltans
2009	Onze Belg Arno	LOSH 884202	Malinois	M	M. Misselijn
2010	Onze Belg Arno	LOSH 884203	Malinois	M	M. Misselijn

Mondioring

Der Hundesport wurde mit der Schaffung des Mondioring in den 80er Jahren international. Der Mondioring ist ein internationales Ringprogramm, das sich an den verschiedenen nationalen Regelungen orientiert, die es in Frankreich (französischer Ring), Belgien (belgischer Ring Saint-Hubert), den Niederlanden (KNPV) und ein wenig am deutschen und schweizerischen Schutzhund gibt. Es hat nicht den Anspruch, die nationalen Programme zu ersetzen. Mondioring umfasst drei Stufen mit progressiven Schwierigkeitsgraden: die Kategorien I mit insgesamt 300 Punkten, II mit 350 Punkten und III mit 400 Punkten. Am Samstag, dem 3. Oktober 1987, fand das erste europäische Turnier auf der Grundlage des Mondioring Programms statt. Zum ersten Mal traten Teilnehmer aus den Niederlanden, Belgien, Deutschland, der Schweiz und Frankreich in einem internationalen Mondio Ringprogramm gegeneinander an.

Turniere der Kategorie III von 1987 bis 1994

Im Jahr 1988 liess der gefürchtete belgische Ringsport Champion F'Sam, der das Publikum mit seiner typisch belgischen Lebhaftigkeit und seiner Arbeitsfreude begeisterte, den Sieg nur knapp entgehen. Er verlor mit nur vier Punkten gegen Ugo de la Fontaine du Buis, der bei keinem der Übungen des Programms Fehler machte und ein beeindruckender Wettkämpfer im Feld war. F'Sam errang im folgenden Jahr in der Schweiz den Sieg. Bei der sechsten Ausgabe im Jahr 1992, die in der Schweiz in Cortébert stattfand, reisten 26 Hunde an. Sie kamen aus Belgien, der Schweiz, Spanien und Frankreich. Die Belgier, die in voller Stärke angereist waren, belegten in allen drei Kategorien die ersten Plätze. In der Kategorie III belegte Luc Vansteenbrugge mit Elgos du Chemin des Plaines den zweiten Platz mit nur sechs Punkten Unterschied. Elgos, ein Enkel von G'Bibber, gewann 1993 ebenfalls den zweiten Platz mit einem Unterschied von weniger als vier Punkten. Er wurde 1994 mit 353 Punkten Dritter.

Gewinnerliste

Année	Chien	Lieu	Variété	M/F	Points sur 400	Propriétaire/Pays
1987	Clip	Belgique	Malinois	M	366,0	A. Bastiaens, Belgique
1988	Ugo de la Fontaine du Buis	France	Malinois	M	379,0	R. Huber, France
1989	F'Sam	Suisse	Malinois	M	375,0	G. Velle, Belgique
1990	Joepy	Belgique	Malinois	M	367,0	C. Schrepers, Belgique
1991	Lobby des Deux Pottois	France	Malinois	M	334,0	Ph. Rocchi, Belgique
1992	Lobby des Deux Pottois	Suisse	Malinois	M	358,0	Ph. Rocchi, Belgique
1993	Bunk	Espagne	Malinois	M	350,0	M. Beyer, France
1994	Fred du Domaine du Caméléon	Belgique	Malinois	M	381,0	F. Beyer, France
1995	Niver des Tigrous	France	Malinois	M	369,0	S. Appeltans, Belgique
1996	Niver des Tigrous	Suisse	Malinois	M	366,0	S. Appeltans, Belgique
1997	Huby du Domaine Saint Loup	Espagne	Malinois	M	383,5	R. Huber, France
1998	Huby du Domaine Saint Loup	Belgique	Malinois	M	371,5	R. Huber, France
1999	Siblacky van Joefarm	France	Malinois	M	363,0	S. Seynhave, Belgique
2000	Siblacky van Joefarm	Suisse	Malinois	M	342,0	S. Seynhave, Belgique
2001	Siblacky van Joefarm	Italie	Malinois	M	325,5	S. Seynhave, Belgique
2002	Oscar du Vulcain	Belgique	Malinois	M	351,0	V. Droz, France
2003	Pedro des Clans de la Pleine Lune	Suisse	Malinois	M	380,0	M. Frischknecht, Suisse
2004	Rony	Espagne	Malinois	M	362,0	R. Toussaint, France
2005	Shaka de la Cité de Foucault	Slovénie	Malinois	M	345,0	Eva Renz, Suisse
2006	Sniper du Cami de Catheric	Portugal	Malinois	M	354,0	S. Gaspard, France
2007	Boby	France	Malinois	M	379,5	J.-J. Vanden Breeden, Belgique
2008	Valmy du Haut de l'Arize	Italie	Malinois	M	359,7	T. Andrykowsky, Suisse
2009	Valmy du Haut de l'Arize	Belgique	Malinois	M	344,5	T. Andrykowsky, Suisse
2010	Veni	Pays-Bas	Malinois	M	376,0	C. Monnier, France
2011	Canyon des Trévires	Suisse	Malinois	M	349,0	C. Albertini, France
2012	Bep	Italie	Malinois	M	365,0	T. Le Pellec, France
2013	Goofy van Joefarm	Espagne	Malinois	M	364,5	M. Willems, Belgique
2014	Akani von den Gelbenteufeln	Italie	Malinois	M	340,5	N. Pleskot, Autriche
2015	Elvis von Hängelen City	France	Malinois	M	348,0	B. Regg, Suisse
2016	Emir des Plaines de Thierarche	Belgique	Malinois	M	370,0	M. Andersson, Suède
2017	Ghost du Vallon du Roucas	Espagne	Malinois	M	337,5	S. Leca, France

FMBB organisierte die Mondioring Weltmeisterschaft für Belgische Schäferhunde

Die FMBB veranstaltet jährlich im Mai oder Juni Weltmeisterschaften, die dem Belgischen Schäferhund vorbehalten sind. Neben der Weltmeisterschaft werden auch Agility-, Obedience-, IPO- und Ausstellungswettbewerbe veranstaltet. Es sei darauf hingewiesen, dass es 2005 keine Veranstaltung gab. Im Jahr 2009 gehörten Schweden, Finnland, die Russische Föderation, Dänemark, Rumänien und die USA zu den Teilnehmerländern, was eine zunehmende Internationalisierung des Mondioring belegt.

Année	Chien	Lieu	Variété	M/F	Points	Propriétaire/Pays
2003	Oscar du Vulcain	Belgique	Malinois	M	383,0	V. Droz, France
2004	Xeus du Pré d'Amite	Espagne	Malinois	M	360,0	R. Salazar Montalvo, Espagne
2006	Ranger	Hongrie	Malinois	M	360,5	D. Finfe, Belgique
2007	Ring des Contes d'Hofmann	France	Malinois	M	353,5	M. Messiaen, Belgique
2008	Valmy du Haut de l'Arize	Slovénie	Malinois	M	390,0	T. Andrykowsky, Suisse
2009	Warras vom Wolfsprung	Rép. tchèque	Malinois	F	344,5	J. Selz, Suisse
2010	Kelistam Eboets	Allemagne	Malinois	M	349,0	J. Helsen, Belgique

Die Weltmeisterschaft in Belgien Kategorie III - Grosser Preis von Belgien

Année	Chien	Pedigree	Variété	M/F	Points sur 400	Propriétaire
2000	Siblacky van Joefarm	LOSH 729115	Malinois	M	382,0	S. Seynhaeve
2001	Siblacky van Joefarm	LOSH 729115	Malinois	M	377,0	S. Seynhaeve
2002	Siblacky van Joefarm	LOSH 729115	Malinois	M	342,0	S. Seynhaeve
2003	Siblacky van Joefarm	LOSH 729115	Malinois	M	357,0	S. Seynhaeve
2004	Boby	LOE 1162092	Malinois	M	353,0	J.-J. Vanden Breeden
2005	Zorroh of the Zilver Rails	LOSH 874337	Malinois	M	346	A. Frognet
2006	Ring des Contes d'Hofmann	LOF 046254	Malinois	M	367,5	M. Messiaen
2007	Boby	LOE 1162092	Malinois	M	367,0	J.-J. Vanden Breeden
2008	Tanit des Crocs de l'Olympe	LOF 000805	BH poil court	F	344,5	N. Muntaneanu
2009	Kelistam Eboets	LOSH 968681	Malinois	M	355,0	J. Helsen
2010	Kelistam Eboets	LOSH 968681	Malinois	M	315,0	J. Helsen
2011	Goby du Djan Djan	LOSH 1017977	Malinois	M	375,0	M. Glinne
2012	Gringoo	LOSH 1019245	Malinois	M	371,0	K. Debal
2014	Goofy van Joefarm	LOSH 1024984	Malinois	M	348,0	M. Willems

Bei der letzten Ausgabe im Jahr 2010 erreichten der Holländische Schäferhund Tanit of the Crocs of the Olympus, der 2008, unter Nicoletta
Muntaneanu, sowie Zorroh of the Zilver Rails, Gewinner von 2005, den
zweiten bzw. dritten Platz. Der Holländische Schäferhund erhielt zudem den
Preis für den schönsten Hund.

In der Kategorie II triumphierte der Tervueren Drakar du Clos d'Ypsi vor
dem Malinois Erra von Luc André und Elios du Premier Cercle von Cédric
Limet. Besonders erwähnenswert ist die Teilnahme des Groenendaels
Bougie de Marcolina, gezüchtet von Marc Herman, der sich seit vielen Jahren
mit grossem Engagement für den Erhalt des schwarzen Langhaars in Arbeitsprüfungen einsetzt.

Die Schönheitschampions von 1974 bis 2000

Groenendal

Année	Chien	Pedigree	M/F	Éleveur
1982	Brigand de la Quièvre	LOSH 401624	M	N. Deschuymere, Mouscron
1983	Duc de Mayolla	LOSH 425474	M	R. Herman, Wevelgem
1983	Ego de la Quièvre	LOSH 448841	M	N. Deschuymere, Mouscron
1984	F'Yorick du Val des Artistes	LOSH 472395	M	E. Dhont, Petit-Enghien
1985	Edouard de la Nounourserie	LOSH 454560	M	A. Tromont, Pâturages
1985	Elorn du Val des Artistes	LOSH 448841	M	E. Dhont, Petit-Enghien
1986	Halleluja du Pays des Flandres	ALSH 33856	M	Mrs E. Camus, Brecht
1987	Jerrico of Foxie's Farm	LOSH 535367	M	A. & J. Den Hond, Balen
1988	If de la Maison du Bois	LOSH 515709	M	Mrs A.-M.Heraly, Melin
1990	Krack de Marcolina	LOSH 515709	M	M. & J. Herman, Wevelgem
1991	Louky de la Quièvre	LOSH 600370	M	N. Deschuymere, Mouscron
1991	Neck de la Quièvre	LOSH 624625	M	N. Deschuymere, Mouscron
1992	King of Foxie's Farm	LOSH 557269	M	A. & J. Den Hond, Balen
1992	Max du Filamarchois	LOSH 617443	M	E. Lebun, Forchies-la-Marche
1993	Navaron du Pays des Flandres	LOSH 636104	M	Mrs E. Camus, Brecht
1993	Poncha des Terres Bergères	LOSH 661031	F	S. Dewilde, Seneffe
1995	Queyrac des Terres Bergères	LOSH 701360	M	S. Dewilde, Seneffe
1995	Quhmram	LOSH 687171	M	P. Pauwelijn, Bas-Warneton
1998	Pharos de la Quièvre	LOSH 673282	M	N. Deschuymere, Mouscron

Laekenois

Année	Chien	Pedigree	M/F	Éleveur
1989	Kamel van Kriekebos	LOSH 569050	M	Mrs E. Comeine, Ch.-à-Wattines
1990	Laser van Balderlo	LOSH 601755	M	P. Vloemans, Turnhout
1990	Max van Kriekebos	ALSH 45178	M	Mrs E. Comeine, Ch.-à-Wattines
1993	Opium van Kriekebos	LOSH 660294	M	Mrs E. Comeine, Ch.-à-Wattines
1997	Otje van Kriekebos	LOSH 660297	F	Mrs E. Comeine, Ch.-à-Wattines
1997	Quichot van de Duvetorre	LOSH 698523	M	J. Weckhuyzen, Stalhille
2009	Fenice d'Eroudur	LOSH 999728	F	Mrs Ch. Bouchat, Anderlues

Malinois

Année	Chien	Pedigree	M/F	Éleveur
1980	Alix du Maugré	LOSH 380176	M	Y. Dambrain, Piéton
1981	Zuulcken	LOSH 363636	M	A. Taelman, Lokeren
1982	Caius van Bouwelhei	LOSH 416531	M	A. Vloemans, Bouwel
1983	Djerba du Maugré	LOSH 441097	M	Y. Dambrain, Piéton
1983	Ego du Maugré	LOSH 449040	M	Y. Dambrain, Piéton
1984	Dorian des Hautes Cimes	LOSH 423441	M	G. Lunari, Fontaine-l'Evêque
1984	Elsa du Malibou	LOSH 443444	F	A. Vankaem, Souvret
1984	Fax du Maugré	LOSH 458798	M	Y. Dambrain, Piéton
1985	Fanny de la Casa du Barry	LOSH 461903	F	B. Cianci-Lambert, Charleroi
1986	Gawrain du Maugré	LOSH 489395	M	Y. Dambrain, Piéton
1986	Ino de la Casa du Barry	LOSH 512593	M	B. Cianci-Lambert, Charleroi
1987	Garou du Pomereuil	LOSH 480827	M	Mme C. De Smet, Opprebais
1988	Iago du Val Dorian	LOSH 524379	M	J. D'Haen, Bruxelles
1988	Jammy	LOSH 543380	M	J.-M. Chonquerez, Vilvoorde
1988	Joeri van Bouwelhei	LOSH 537735	M	A. Vloemans, Bouwel
1989	Halzette de la Casa du Barry	LOSH 495232	M	B. Cianci-Lambert, Charleroi
1989	Jelka 2° van Bouwelhei	LOSH 537736	F	A. Vloemans, Bouwel
1989	Koran van Balderlo	LOSH 567874	M	P. Vloemans, Turnhout
1990	Iork du Val Dorian	LOSH 524380	M	J. D'Haen, Bruxelles
1990	Laïka de la Nounourserie	LOSH 601037	F	A. Tromont, Pâturages
1991	Mauna de la Nounourserie	LOSH 616840	F	A. Tromont, Pâturages
1991	Nardo van Bouwelhei	LOSH 621205	M	A. Vloemans, Bouwel
1992	Kyno van Balderlo	LOSH 567875	M	Mrs P. Vloemans, Turnhout
1992	Marass	LOSH 615582	M	O. Warnier, Nandrin
1993	Markos de la Casa du Barry	LOSH 619827	M	B. Cianci-Lambert, Charleroi
1994	Maya de la Casa du Barry	LOSH 619828	F	B. Cianci-Lambert, Roux
1994	Oural de la Casa du Barry	LOSH 647591	M	B. Cianci-Lambert, Roux
1994	Panja de Romanin	LOSH 668309	M	H. Raemaekers, Châtelineau
1994	Pedro de la Casa du Barry	LOSH 669375	M	B. Cianci-Lambert, Roux
1995	Quadro van Balderlo	LOSH 694528	M	P. Vloemans, Turnhout
1996	Quando van Balderlo	LOSH 698500	M	P. Vloemans, Turnhout
1997	Steed du Hameau S-Blaise	LOSH 774671	M	B. Cianci & Ms C. Purnelle
1998	Turbo van Bouwelhei	LOSH 757857	M	A. Vloemans, Bouwel
1999	Vidocq du Hameau S-Blaise	LOSH 823948	M	B. Cianci & Ms C. Purnelle
2000	Toby van de Haantjeshoek	LOSH 752811	M	J. & B. Misselyn, Heule

Tervueren

Année	Chien	Pedigree	M/F	Éleveur
1982	Darius de la Nounourserie	LOSH 421819	M	A. Tromont, Pâturages
1982	Django du Spitant	LOSH 438279	M	H. Dumont, Uccle
1984	Farouk du Val des Cigognes	LOSH 457477	M	Ph. Gilson, Aywaile
1986	Grimm van de Hoge Laer	LOSH 481881	M	J.-L. Vandenbemden, Hoeilaart
1990	Jonathan of the Two	LOSH 532881	M	E. Desschans, Kampenhout
1991	Kaischa van de Hoge Laer	ALSH 37916	F	J.-L. Vandenbemden, Hoeilaart
1991	Louky du Domaine Ponti	ALSH 45005	M	Mrs L. Franck, Dion-Valmont
1992	Millo van de Hoge Laer	ALSH 46292	F	J.-L. Vandenbemden, Hoeilaart
1993	Orson van 't Sparrebos	LOSH 653789	M	F. Verwimp, Kasterlee
1994	Musk-Montana	ALSH 45880	M	
1994	Para van de Hoge Laer	ALSH 48888	M	J.-L. Vandenbemden, Hoeilaart
1994	Piquera van 't Sparrebos	LOSH 668680	F	F. Verwimp, Kasterlee
1994	Prince van 't Sparrebos	ALSH 48739	M	F. Verwimp, Kasterlee
1995	Onak van de Hoge Laer	LOSH 641249	M	J.-L. Vandenbemden, Hoeilaart
1995	Quinten van 't Sparrebos	ALSH 49936	M	F. Verwimp, Kasterlee
1997	Simthos van 't Sparrebos	LOSH 725650	M	F. Verwimp, Kasterlee
1997	Spike of Belgian Loyalty	LOSH 735414	M	Van den Troost, Oud-Turnhout
1998	Spirou van de Hoge Laer	LOSH 747331	M	J.-L. Vandenbemden, Hoeilaart
1998	Thrudor van 't Sparrebos	LOSH 753331	M	F. Verwimp, Kasterlee
2009	Enzi des Ardents Fauves	LOSH 973613	M	A. Renard, Trooz

Im LOSH eingetragenen Würfe von 1976 bis 2005

Variety	1976-80	1981-85	1986-90	1991-95	1996-00	2001-05	Total	Pct
Malinois	640	646	693	580	723	836	4118	48%
Groenendael	398	569	554	352	269	210	2352	27%
Tervueren	279	289	341	356	340	267	1872	22%
Laekenois	12	14	46	47	57	47	223	3%
Total	1329	1518	1634	1335	1389	1360	8565	100%

Die Zahlen in der oben dargestellten Tabelle geben einen statistischen Überblick über die im LOSH eingetragenen Würfe in den Jahren 1976 bis 2005. Es ist zu beachten, dass die Zahlen für Tervueren durch solche Tiere, die in Malinois-Würfen geboren wurden und als Würfe gezählt werden, leicht erhöht erscheinen.

Wenn wir den Trend der Wurfentwicklung auf die Jahre 2001 bis 2005 beschränken, ergibt sich ein deutlich abweichender Durchschnitt pro Varietät im Vergleich zur obigen Tabelle. Der Malinois bleibt mit Abstand die führende Varietät, mit einer grossen Anzahl von Würfen pro Jahr, die in den letzten Jahren sogar einen steigenden Trend zeigt. Der Groenendael hingegen hat deutlich an Bedeutung verloren und musste seinen Platz als zweitwichtigste Varietät an den Tervueren abtreten. Seine Populationsgrösse sank im Vergleich zu den Jahren 1946–1975 von 31,1 % auf nur noch 15,4 %. Seit Anfang der 1990er Jahre befindet sich der Groenendael in einem stetigen Rückgang.

Was könnten die Ursachen dafür sein? Sicherlich spielen Fruchtbarkeitsprobleme eine Rolle, doch ist dies allein die Erklärung? Nach seinem Höhenflug in den 1970er Jahren hat sich der Tervueren stabilisiert. Seit Anfang der 1990er Jahre ging seine Population jedoch auf etwa 20 % des Bestands zurück, was durchschnittlich 50 Würfen pro Jahr entspricht.

Die internationalen Freundschaftstage des Laekenois

Obwohl der Laekenois etwa nur zehn Würfe pro Jahr produziert, ist er aus der Versenkung aufgetaucht, aber immer noch eine seltene Varietät. So enthält der LOSH von 2006 (Ausgabe 2007) nur vier Würfe mit insgesamt 21 Welpen, von denen einer auf den Namen der Zwinger Hameau St-Blaise und drei auf den Namen der Borghese Zuchtstätte Eroudur von Christin Bouchat

Borghese d'Erodour (LOSH 924447)

lautet. Diese Züchterin unterlässt es nicht, Anstrengungen zu unternehmen, um diese rauhaarige Varietät besser bekannt zu machen.

So organisierte sie am Sonntag, dem 28. September 1997, einen ersten internationalen und geselligen Tag des Laekenois in Mouscron. Das Ergebnis war mit der Anwesenheit von 98 Hunden überraschend gut. Mehrere Enthusiasten waren von weit her angereist: Dänemark, Niederlande, Deutschland, Schweden, Finnland und Frankreich.

Die Aufzeichnungen des Richters Norman Deschuymere, der eine detaillierte Beschreibung jedes Hundes mit Foto und Stammbaum über drei Generationen enthielten, wurden anschliessend gesammelt und veröffentlicht, was zu einer sehr interessanten Publikation führte.

Die beiden von der Züchterin Evelyne Comeine gezüchteten Hunde Max van Kriekebos, der Johan Weckhuyzen gehörte, und Opium van Kriekebos, der Christine Bouchat gehörte, waren zusammen die Väter von einem Drittel der abgebildeten Würfe. Fast ein Viertel der Hunde stammte aus der Zuchtstätte van de Duvetorre von Johan Weckhuyzen. Neben dem Vorführring befand sich ein Trainingsgelände für Gebrauchshunde.

Vorführungen verschiedener Programme wurden mit Bravour durchgeführt. Eine grosse Heterogenität der fahlgelbfarbenen rauhaarigen Varietät war die wichtigste Erkenntnis dieses Tages. Das zweite Treffen dieser Art fand am 29. April 2000 in Nivelles statt, wobei 75 Hunde anwesend waren. Es wurde eine bessere Homogenität festgestellt, die uns zu einem eher belgischen Schäferhundtyp zurückführte.

Die dritte Tagung fand am 13. Oktober 2001 in Leval statt, mit einer Beteiligung von nur 30 Hunden. Der vierte Tag mit 60 Teilnehmern fand am 31. Mai 2008 statt. Am 15. Mai 2010 fand der fünfte Tag in Soyes (Belgien) statt.

Laekenoise d`Eruodur Enzo, Dalmin, Drena

KCB: die Jahre 1974 bis 2009

Année	Chien	Pedigree	Variété	M/F	Propriétaire
1974	Rex	LOB 97338	Malinois	M	P. Van Doren, Wommelgem
1975	Rex	LOB 97338	Malinois	M	P. Van Doren, Wommelgem
ex-aequo	Alk, dit Racky	ALOB 3498	Malinois	M	M. Steurs, Evere-Schaerbeek
1976	Alk, dit Racky	ALOB 3498	Malinois	M	M. Steurs, Evere-Schaerbeek
1977	Alk, dit Racky	ALOB 3498	Malinois	M	M. Steurs, Evere-Schaerbeek
1978	Alk, dit Racky	ALOB 3498	Malinois	M	M. Steurs, Evere-Schaerbeek
1979	Alk, dit Racky	ALOB 3498	Malinois	M	M. Steurs, Evere-Schaerbeek
1980	Tjhad	LOB 119203	Malinois	M	G. Steurs, Evere-Schaerbeek
1981	Tjhad	LOB 119203	Malinois	M	G. Steurs, Evere-Schaerbeek
1982	Django	LOB 130210	Malinois	M	E. Moons, Boom
1983	Bardo de la Vallée de la Pede	LOB 129238	Malinois	M	L. Verlinden, Boom
1984	Flick	LOB 139119	Malinois	M	M. Steurs, Evere-Schaerbeek
1985	Django	LOB 142597	Malinois	M	Van Craenenbroeck, Winksele

Die Wettkämpfe der belgischen Meisterschaft in Ringarbeit Rex, der Sieger von 1974 und Sohn von Duc van de Welkom, war ein sehr schöner Hund. Dies wurde mir von André Ackaert berichtet, der dem Wettbewerb beiwohnte. Er musste seinen Sieg von 1975 mit einem Hund teilen, der die Meisterschaft in fünf aufeinanderfolgenden Jahren gewann, nämlich von 1975 bis 1979, was in der Geschichte des KCB einzigartig ist. Es handelte sich um Alk, genannt Racky, von Marcel Steurs. Alk (NVBK 15017) war am 6. November 1971 geboren. Der talentierte Ausbilder gewann auch 1980 und 1981 mit Tchad und 1984 mit Flick, dem Sohn von Alk und Betty van den Hazenwind (LOB 132818). 1974 gewann Alk auch den Grossen Preis von Belgien im Ring.

Die Karriere des noch relativ jungen Alk wurde beendet, um seine recht empfindliche Nase, die oft durch den Maulkorb verletzt wurde, nicht zu beschädigen. Er starb am 23. September 1985. Zu diesen Qualitäten als Wettkämpfer kamen noch bemerkenswerte Qualitäten als Zuchttier hinzu. Es dauerte bis 1985, bis eine Malinois Hündin den zweiten Platz belegte. Es handelte sich um Rita, LOB 141600, hinter Django. Sie belegte 1986 den dritten Platz. Tosca, Tochter des Champions Racky van

Alk, alias Racky, fünfacher Sieger von M.Steur

den Hazewind (LOB 133581) und Enkelin von Alk, gewann 1989. Auch 1990 und 1991 stand eine Hündin ganz oben auf dem Siegertreppchen. Es handelte sich um Bessy, eine Urenkelin von Alk.

Im Leitartikel der Zeitschrift L'Élevage vom September 2007 formuliert P. Van Gyzel, Präsident des KCB, einige Meinungen zum Thema Trainingsmethoden folgendes:

> „Sie haben sich auch stark verändert. Denn auch hier gibt es einen ernsthaften Rückschritt. Wenn ich zu einem bestimmten Zeitpunkt der Meinung war, dass die modernen Mittel eine Verbesserung darstellen, dann nur, weil sie einen guten Ersatz für die brutalen und manchmal unmenschlichen Methoden darstellen, die von einigen Leuten angewandt wurden. Methoden, die ich nie gutgeheissen habe und die sich auch nicht bewährt haben. Wir hatten im KCB brillante Champions, die ihre Erfolge durch das Belohnungssystem und die Liebe des Hundes zu seinem Besitzer erzielten."

NVBK: Die Jahre 1974 bis 2010

Da der Verbond der Belgischen Kynologen NVBK kein Stammbuch heraus-
gibt und es nicht üblich ist, den Namen des Hundes mit der Stammbaum-
nummer zu versehen, ist es für Interessierte nicht einfach, Stammbäume zu
studieren. Auch Zwingernamen werden selten verwendet.

Die Arbeitsmeisterschaften im Ring
Alle Teilnehmenden Hunde waren Malinois Rüden

Année	Chien	Pedigree	Propriétaire
1974	Firis	NVBK 11917	M. Put, Heusden
1975	Grobber	NVBK 13176	J. Helsen, Nijlen
1976	B'Rocky		A. Rogge, Deurne
1977	Grobber	NVBK 13176	J. Helsen, Nijlen
1978	B'Rocky		A. Rogge, Deurne
1979	Debber	NVBK 17362	J. Nulens, Heusden
1980	Fordak		R. Vaes, Lummen
1981	Debber	NVBK 17362	J. Nulens, Heusden
1982	Gimo	NVBK 19641	A. Schepers, Heusden
1983	Hans		F. Igo, Kessel-Lo
1984	Duc		M. Nouwen, Reppel
1985	Ismar		J. Bossaerts, Nijlen
1986	Tar		I. Heytens, Koksijde
1987	Duc		E. Leirs, Oevel
1988	Leonor		R. Mertens, Lenor
1989	Duc		E. Leirs, Oevel
1990	Leopol	NVBK 21758	R. Sneyers, Lummen
1991	Duc		M. Nouwen, Reppel
1992	Joeri, aka Flup	NVBK 24539	B. Bellon, Hoboken
1993	Barry		W. Lemmens, Herenthout
1994	P'Jack	NVBK 13347br	R. Smets, Olen
1995	Barry		W. Lemmens
1996	Tourtel Van 'T Muizenbos	NVBK 13075br	L. Josten, Beerse
1997	V'Rack		Y.Poffe, Tildonk
1998	Wolf Van Dupae'S Kenneltje	NVBK 24462	D. Swerten, Lummen
1999	V'Ginger	NVBK 14910	V. Orshaeghen, Hoboken
2000	Woeba Van Het Groentenhof	NVBK 13490	R. Goossens, Hulst
2001	Zarki	NVBK 15255	N. Van de Winckel
2002	X'Jaffer	NVBK 14221	R. Bossaerts, Oksdonk
2003	A'Tim	NVBK 16241	J. Lopes, Lummen
2004	C'Troy	NVBK 16241	B. Haezaerts, Hever
2005	Yarko Du Boscaille	LOSH 845699	B. Caruso, Lillois
2006	Torky	LOB 168076	W. Verschueren, Wommel
2007	Zanou	NVBK 17913	F. Geets, Aalst
2008	E'Stan	NVBK 25936	J.M. Van Hamelrijk, Aalst
2009	Hergos Van Het Groentenhof	NVBK	S. Dewaelheyns, Liège
2010	Hergos Van Het Groentenhof	NVBK	S. Dewaelheyns, Liège

Gemälde von Andrè Ackaert

Charaktereigenschaften und Einschätzungen:

Ein hyperaffektiver

Der Belgische Schäferhund besitzt eine rassenspezifische Besonderheit in Bezug auf sein Verhalten: Er zeichnet sich durch eine Emotionalität aus, die oft grösser ist als bei anderen Rassen; er ist ein „hyperaffektiver" Hund mit einer sehr grossen Emotionalität in der Beziehung zu seinem Besitzer. Dieser Charakterzug zieht verschiedene Konsequenzen nach sich.

Zum einen sollte jede Form harter oder physischer Bestrafung vermieden werden. Eine rauhe Behandlung führt nur zu Frustrationen beim Besitzer, und einige Hunde könnten eine sich bietende Gelegenheit nutzen, sich zu revanchieren. Daher sollte der Besitzer besonders auf den Ton seiner Stimme achten und diesen sowohl für Lob als auch für Tadel effektiv einsetzen. Eine weitere Besonderheit, die speziell den Belgischen Schäferhund betrifft, ist, dass der Besitzer idealerweise selbst mit der Ausbildung seines Hundes betraut sein sollte, entweder durch die Teilnahme an einem Gehorsamkeit`s oder Arbeitshundekurs oder durch Befolgen der Anleitung eines erfahrenen Trainers. Das Training erfordert viel Aufmerksamkeit und Geschick des Trainers. Konsequenz ist notwendig, muss jedoch sanft umgesetzt werden.

Eine zusätzliche Folge ist, dass der Belgische Schäferhund, obwohl er alle charakterlichen und physischen Eigenschaften besitzt, die für Polizei- oder Militärdienste erforderlich sind, individualistischer ist als andere Rassen. Er bevorzugt es nicht, mit vielen Artgenossen zu leben oder zu arbeiten, und jeder Wechsel des Besitzers kann zu mehr oder weniger tiefgreifenden psychologischen Störungen führen.

Der Belgische Schäferhund zeichnet sich durch seine grosse Frühreife aus, die ihn besonders geeignet für schnelles und nachhaltiges Training macht. Dieser Hund erfordert jedoch ein gewisses Fingerspitzengefühl, da er sehr auf seinen Besitzer fixiert ist. Bei ihm ist wirklich das Bild „eine eiserne Hand in einem Samthandschuh" passend. Im Alltagsleben ist er stets ein Wächter. Seine Lebhaftigkeit kann dazu führen, dass seine Reaktione Laien überraschen. Seine Frühreife und seine starke Emotionalität machen ihn anfälliger für Trainingsfehler, die bei ihm sehr schwer zu korrigieren sind. In der französischen Hundezeitschrift „Sans Laisse" vom Mai 1989 äussert sich J.Y. Reguer wie folgt über den Malinois in einer Artikelserie über Verteidigungshunde:

„Er ist ursprünglich ein Hirtenhund, der im Vergleich zu anderen Schutzhunderassen mittelgross und sogar klein ist. Der Malinois ist weit weniger beeindruckend als ein Beauceron oder sogar ein Deutscher Schäferhund. Er hat jedoch das günstigste Verhältnis von Gewicht und Kraft, das man finden kann, was ihn zu einem unermüdlichen Tier mit ultraschnellen Reflexen macht. Schon körperlich ist der Malinois am besten als Verteidigungshund geeignet. Seine Gesundheitsprobleme sind aussergewöhnlich gut, und er ist nicht anfällig für die gefürchteten Magendrehungen. Neben diesem athletischen Körperbau fehlt es dem Malinois nicht an den geistigen Qualitäten, die von einem Arbeitshund verlangt werden. Zunächst einmal hat der Malinois einen harten Griff. Er hat zwar nicht die Kraft des Mauls eines Bouvier des Flandres oder eines Beauceron, aber seine Griffe sind in der Regel tiefer. Der Malinois ist mutig. Von einem guten Malinois kann man erwarten, dass er selbst in der grössten Hitze zwanzig Angriffe hintereinander durchführt. Das bekommen Sie von keinem anderen Hund einer anderen Rasse. Die erste Eigenschaft des Malinois ist seine Trainierbarkeit. Dieser Hund zeigt eine bemerkenswerte Anpassungsfähigkeit während des Trainings und bewahrt stets seine Begeisterung, und verliert nie seinen Enthusiasmus. Das ist das Gegenstück zu seiner extremen Wachsamkeit und Aufmerksamkeit, die er zuerst seinem Besitzer und dann seiner Umgebung widmet. Manche zögern, einen Malinois in ihre Familie aufzunehmen, da sie befürchten, auf einen aggressiven Hund zu stossen. Es stimmt, dass es solche gibt, aber diese Aggressivität richtet sich nur gegen Fremde und wendet sich nie gegen Familienmitglieder, die er stattdessen mit rührender Wachsamkeit beschützt."

Hommage an die Brüder Huyghebaert

Louis Huyghebaert ist eine zentrale Persönlichkeit in der Geschichte des Belgischen Schäferhundes und gilt als Pate des
Malinois. Geboren 1868 in Mechelen als
jüngstes von fünf Kindern, führte er ein
äusserst aktives Leben. Beruflich stieg er
im Finanzministerium auf und beendete
seine Karriere nach Stationen in Lierre
und Louvain als Direktor in Antwerpen.
In der Blütezeit des Fahrrads war er
Konsul des belgischen Fahrradverbands
in Mechelen und initiierte den Bau eines
der ersten Radwege des Landes. Sein Interesse für Schäferhunde entwickelte sich

Louis Huyghebaert (1868-1952)

früh. Er berichtete von einer prägenden Begegnung mit Professor Adolphe
Reul:

> „Als ich gerade die Schule in Mechelen verlassen hatte, hatte ich das
> Glück, Professor Reul auf einer seiner Reisen nach Neckerspoel zu
> treffen, wo vor der Einführung der Viehzölle ein blühender Handel
> mit holländischen Milchkühen herrschte. Die meisten dieser Kühe
> wurden aus Holland importiert und auf den Weiden entlang der
> Dijle zwischen Nekkerspoel und Muizen gehalten, bis die Bauern sie
> auf den Wochenmärkten in Mechelen kauften. Reul war Mitglied der
> Jury, die jedes Jahr auf der Viehausstellung in Mechelen die Sieger
> kürte. Professor Reul war auch derjenige, der von unserer Regierung
> ernannt wurde, um Belgien bei internationalen Treffen im Ausland
> zu vertreten.“

Ab 1894 begann Huyghebaert mit der Zucht von Kurzhaar-Schäferhunden. Anfang 1911 übergab er seinen Zwinger „ter Heide", benannt nach einem Gut südlich von Mechelen, an Ritter Pierre Hynderick de Theulegoet. Sein Ziel war stets die Kombination von Schönheit und Leistung. Huyghebaert war Richter für Ausstellungen und Arbeitsprüfungen, mit Ausnahme der Ringprüfungen. Während eines Besu-

L. Huyghebaert mit einem Malinois

uchs von Louis Vander Snickt bei Louis Huyghebaert in Mechelen wurde ein erster Entwurf für Prüfungsregeln ausgearbeitet, der am 12. Juni 1898 in der Zeitschrift Chasse et Pêche veröffentlicht wurde.

Im Juli 1903 organisierten die Brüder Huyghebaert die erste Gehorsamsprüfung in Mechelen, ein wegweisendes Ereignis für die Rasse. Ende 1908 gründete Louis die Société Nationale pour l'Amélioration du Chien de Berger Belge (SNACBB), die ab 1909 jährlich Feldprüfungen mit Fährten- und Schwimmübungen durchführte. Louis Huyghebaert war Redakteur von Chasse et Pêche und anderen Zeitschriften. Seine Artikel sind zahlreich und stellen die wichtigste Informationsquelle über unsere Schäferhunde dar. 1925 veröffentlichte er in der flämischen Zeitschrift Cultura eine umfassende Abhandlung über Belgische Schäferhunde und Bouviers unter dem Titel „Les Chiens de Berger Belges et les Bouviers; Origines - Variétés - Utilisation". Eine französische Version dieser Arbeit erschien 1947 in der Zeitschrift l'Aboi.

Huyghebaert zog sich in den 1930er Jahren aus der Hundewelt zurück, als er erkannte, dass die Zucht sich nicht mehr in die von ihm gewünschte Richtung entwickeln liess. Er starb am 22. März 1952 im Alter von 84 Jahren in Antwerpen und wurde auf dem Friedhof von Berchem beigesetzt.

In einem Nachruf schrieb Alphonse Peffer in Chasse et Pêche am 1. Mai 1955:

„Louis Huyghebaert gebührt die Ehre und das Verdienst, die Idee der Fährtenarbeit ins Leben gerufen zu haben. Er war der eigentliche Schöpfer dieses Sports, dem die Fährtenarbeit ihre Blütezeit verdankt. Er war es, der die olfaktorischen Qualitäten unserer Hirten hervorhob, die bis dahin als nasenlos galten und nicht in der Lage waren, die von einem vorbeigehenden Menschen hinterlassenen Spuren richtig zu erfassen."

Sein Bruder Frans Huyghebaert, ebenfalls ein begeisterter Schäferhundliebhaber, war ein geschätzter Richter für Belgische Schäferhunde und Belgische Zugpferde. Der berühmte Malinois Tjop, der häufig fälschlicherweise Louis zugeschrieben wird, gehörte Frans, bevor er an den Tierarzt S. Goffin verkauft wurde. 1910 reiste Frans mit sechs Groenendaels und sechs Malinois zur Internationalen Ausstellung nach Buenos Aires und hielt sich später eine Zeit lang im Belgischen Kongo auf. Er starb am 19. Februar 1923 in Forest.

Frans Huyghebaert (1861-1923)

Entwurf zur Aktualisierung des Standards

Der Belgische Club für den Belgischen Schäferhund legte der Königlichen Gesellschaft Saint-Hubert im März 2015 einen Entwurf zur Aktualisierung des Standards für den Belgischen Schäferhund vor. In einem Schreiben vom 14. August 2015 teilte uns die SRSH mit, dass sie alle Punkte des Antrags en bloc ablehne, ohne die Akte der Wissenschaftlichen Kommission vorzulegen. Trotz dieser Ablehnung wurden wichtige Änderungen vorgeschlagen. Dazu gehören die Übernahme der standardisierten Nomenklatur, die Anpassung an die FCI-Richtlinie vom 9. Januar 2012 (Verpaarungen und Varietäten) sowie die Berücksichtigung der FCI-Gesundheitsempfehlungen. Darüber hinaus zielt der Aktualisierungsentwurf darauf ab, den Differenzialstatus des grau-kohligen Langhaars (charbonniertes Fahlgrau) endgültig aus dem Standard zu entfernen.

Es gibt keine wissenschaftliche Begründung für die Beibehaltung einer solchen diskriminierenden Regelung. Charbonniertes Fahlgrau ist ausserhalb Belgiens in den anderen FCI-Ländern kaum als spezifische Farbe klassifiziert. Ausserhalb des FCI-Bereichs existiert diese Anomalie überhaupt nicht.
Die im Standard genannten Varietäten und Farben wären damit wie folgt angepasst:

- Groenendael: Schwarzes Langhaar.
- Tervueren: Fahlrotes oder fahlgraues Langhaar, jeweils charbonniert (mit schwarzer Überzeichnung), mit schwarzer Maske.
- Malinois: Fahlrotes Kurzhaar, charbonniert, mit schwarzer Maske.
- Laekenois: fahlgelbes raues Haar, charbonniert, vor allem an Schnauze und Schwanz.

Die Entscheidung der SRSH basiert ausschliesslich auf der Meinung eines Trios von Allround-Richtern, die als "Standardkommission" fungieren: Frau L. De Ridder sowie die Herren A. De Wilde und N. Deschuymere. Angesichts der Bedeutung dieser Angelegenheit stellt sich die Frage, warum die

SRSH kein Treffen zur Abstimmung mit dem Belgischen Club organisiert hat. Viele weitere Fragen bleiben weiterhin offen.

Bezogen auf:
- die aktuellen Kenntnisse in der Molekulargenetik,
- dem Rundschreiben FCI 90/2009 zur standardisierten Nomenklatur der Fellfarben,
- die FCI-Richtlinie vom 01.09.2012 zur Sortenpaarung,

wäre es für ein gutes Management der Rasse nicht angebracht,den Standard zu aktualisieren?

Für die Verwendung eines angemessenen Vokabulars

Schluss mit den impressionistischen Ausdrücken wie Braun, Rot, Strohfarben und vielen anderen für die Fellfarben bei Hunden. Es gibt nun eine standardisierte Nomenklatur für Fellfarben, die auf der Molekulargenetik basiert und eine wissenschaftliche Grundlage besitzt. Sie wurde im FCI-Rundschreiben vom November 2009 offiziell veröffentlicht und dient als Referenz für die Beschreibung von Fellfarben.

Bei verschiedenen Rassen kann es vorkommen, dass ein und dasselbe Wort unterschiedliche Fellfarben beschreibt oder dass ein Fell mit sehr unterschiedlichen Bezeichnungen versehen wird. Ziel ist es, die genaue Natur der Fellfarbe zu berücksichtigen. In Frankreich wird diese neue Nomenklatur bereits bei der Ausstellung von Stammbäumen angewandt.

Gibt es im Standard für Belgische Schäferhunde eine Fellfarbe, deren Beschreibung nicht mit ihrer genauen Beschaffenheit übereinstimmt?

- Schwarz sowie fauve-charbonné sind korrekt beschrieben.
- Bei grau oder grau-getigert gibt es jedoch Unstimmigkeiten. Der Begriff "grau" wurde in der Zeit von Louis Huyghebaert und Charles Huge als isabelle bezeichnet. Wegen der mehr oder weniger grossen Menge an Charbonage auf blassem Hintergrund (verdünntes Fauve) entsteht ein grauer Farbeindruck.

In der Genetik entspricht "grau" einem anderen Phänomen. Es wird durch das G-Allel des G-Lokus für Vergrauung verursacht. Dieses dominante Allel bewirkt, dass schwarzes oder dunkles Fell mit zunehmendem Alter von weisslichem Haar überwuchert wird. Dieses Phänomen tritt beim Belgischen Schäferhund nicht auf, da dieses Gen in seinem Erbgut nicht vorhanden ist. Es findet sich jedoch in anderen Rassen wie dem Bouvier des Flandres oder dem Pudel.

Die Rolle des rezessiven Allels "i" im Belgischen Schäferhund

Unter der Wirkung des rezessiven Allels "i" (Locus I – Intense), in doppelter Dosis, verliert die Farbe Fauve (Phaeomelanin) an Intensität und erzeugt die Fellfarbe sand-charbonné (ein Begriff, der in der Genetik verwendet wird und der standardisierten Nomenklatur entspricht). Diese Wirkung betrifft jedoch nicht die Verdünnung der schwarzen Farbe des Charbonné oder der Maske. Wie bei fauve-charbonné hat auch der Begriff sand-charbonné den Vorteil, dass das Wort Charbonage gut hervorgehoben wird. Ein Mangel an Charbonage wird zu Recht als Fehler angesehen. Mehrere Standards in Ländern ausserhalb der FCI-Zone erkennen seit Langem die Farbe sand-charbonné an, wobei die meisten ausdrücklich das Vorhandensein eines black overlay (Charbonage) fordern.

Kritische Betrachtung des aktuellen Standards

Im letzten Standard wird der Begriff grau-charbon zum ersten Mal verwendet. Dieser Begriff wurde jedoch nicht in die standardisierte Nomenklatur übernommen. Da das Wort "grau" bereits den Begriff "verkohlt" impliziert, ist grau-charbon widersprüchlich.
Es erscheint unsinnig, im Standard einerseits "grau" als Fehler zu katalogisieren und andererseits "grau-charbonné" als zulässige Fellfarbe zuzulassen. Eine klare und wissenschaftlich fundierte Anpassung des Standards ist notwendig, um solche Widersprüche zu vermeiden und die Konsistenz mit der genetischen Realität sowie der standardisierten Nomenklatur zu gewährleisten.
Fazit:

Ersetzen wir im Standard die Begriffe
- „Grau" und „Graukohle" durch „Sandkohle" gemäss der standardisierten Nomenklatur der FCI.
Diese Änderung würde nicht nur für eine präzisere Beschreibung der Fellfarben sorgen, sondern auch das Verständnis der genetischen Grundlagen und
der tatsächlichen Farbgebung beim Belgischen Schäferhund verbessern.

Für die Gleichwertigkeit von Sorten

Es gibt einen grundlegenden Unterschied zwischen den beiden Pigmentarten Eumelanin, das die Farbe Schwarz bestimmt, und Phaeomelanin, das
die gesamte Palette an Farbtönen der Farbe Falb umfasst.

- Eumelanin (schwarz): Kommt nicht nur im Fell vor, sondern auch in anderen Körperteilen wie der Nase, den Lippen und der Iris des Auges.

- Phaeomelanin (fauve): Kommt ausschliesslich in den Haarzellen vor und
tritt in anderen Körperteilen nicht auf.

Diese Unterscheidung ist von grundlegender Bedeutung, da sie genetische
Variationen und deren Auswirkungen auf den Belgischen Schäferhund
besser verständlich macht.

Genetische Hintergründe und gesundheitliche Auswirkungen

Wenn das rezessive Allel "d" (Locus D) in doppelter Dosis vorliegt, wird das
schwarze Pigment verdünnt, und die Auswirkungen sind nicht nur im Fell,
sondern auch in der Haut, der Nase, den Augen und der Iris sichtbar. Das
schwarze Fell wird zu "Blaugrau" (slate blue), und diese Veränderungen sind
bereits bei der Geburt erkennbar.

Leider ist die sogenannte "blaue" Fellfarbe mit bestimmten gesundheitlichen
Risiken verbunden:

- Hautprobleme: Empfindlichkeit gegenüber Sonnenlicht, Haarausfall.

- Augenprobleme: Bläuliche Augen, die lichtempfindlicher sind, sowie Berichte über juvenile Katarakte.

- Diese Merkmale sind ein Hinweis darauf, dass diese Farbvariation genetisch bedenklich ist und nicht mit dem historischen Erbe des Belgischen Schäferhundes übereinstimmt.

Sand-Charbonné

Im Gegensatz dazu ist das Sand-Charbonné, bei dem die Intensität der Lohfarbe reduziert ist, auf die Haarzellen beschränkt und hat keine nachgewiesenen gesundheitlichen Risiken. Historisch betrachtet ist das Sand-Gen ein Teil des genetischen Erbes des Belgischen Schäferhundes. Zahlreiche Beispiele belegen, dass es bereits früh als akzeptierte Farbvariante auftrat.

So schrieb der bekannte Kynologe Charles Huge 1920:

"Die Fauve-Farbe ist sehr variabel, sie reicht von lebhaften, manchmal sehr verkohlten Tönen wie beim Fuchs bis zu isabellfarbenen Nuancen. Diese Vielfalt muss vollständig anerkannt werden."

Fazit:

- Die aktuelle wissenschaftliche Grundlage liefert keinen plausiblen Grund für die Aufrechterhaltung des Differenzialstatus für das Sand-Charbonné. Die Gleichstellung dieser Fellfarbe würde den Standard des Belgischen Schäferhundes vereinheitlichen und auf eine neue, universelle Ebene heben. Die Geschichte und die genetischen Fakten der Rasse stützen eine solche Entscheidung. Es ist an der Zeit, den Standard entsprechend zu modernisieren und die Vielfalt der Varietäten anzuerkennen.

Für die konsistente Präsenz jeder der Fellfarben

Bei unserem Nachbarn, dem Holländischen Schäferhund, kommt Sand in den Farben sandgestromt (silbergestromt im Standard) bei allen drei Haartypen (kurz, lang und rau) vor. Dasselbe gilt für gestromtes fauve (goldgestromt im Standard). Die Begriffe gestromte Fauve und gestromter Sand sind Begriffe aus der standardisierten Nomenklatur. Mit anderen Worten: Beide Farbkleider finden sich bei jeder Haarvariante wieder. Es stellt sich daher die Frage, warum der Belgische Schäferhund nicht die gleiche Behandlung erhält, obwohl die beiden Rassen, die durch eine konventionelle Grenze getrennt sind, einen gemeinsamen Ursprung und eine gemeinsame Vererbung haben? Ist die unterschiedliche Verteilung der Fellfarben gerechtfertigt?

Beim Belgischen Schäferhund haben die Entscheidungen, die Anzahl der Varietäten zum 1. Januar 1974 zu reduzieren, das seit 1920 bestehende konsequente Vorkommen von Farbkleidern in jedem Haartyp aus dem Gleichgewicht gebracht.

Derzeit findet man zwar noch fauve-kohlefarben in jedem Haartyp, aber schwarz und sand-kohlefarben nur noch bei den Langhaarigen. Infolgedessen haben Fälle sortenübergreifender Verpaarungen selbst nach einer oder mehreren Generationen Fellfarben hervorgebracht, die vom Standard ausgeschlossen sind. Welchen Sinn hatte es, "kleine" Sorten zu streichen, deren einziger Fehler eine Frage der Farbe ist? Ist es nicht eine Verarmung des Erbguts, die die Möglichkeiten der Selektion auf andere Merkmale einschränkt? Hat man sich nicht gegen die Erhaltung der genetischen Variabilität versündigt?

Die FCI-Richtlinie vom 9. Januar 2012 fördert die Verpaarung zwischen verschiedenen Sorten (ausser Langhaar x Rauhaar). Da sie Langhaar x Kurzhaar-Verpaarungen zulässt, ist ihr Anwendungsbereich weiter gefasst als der des Standards. Nehmen wir ein Beispiel: Die Anpaarung Groenendael x Malinois wird die Sorte Kurzhaar schwarz hervorbringen. Nachdem diese Varietät 1911 wieder auf Ausstellungen auftauchte, war Charles Huge nicht der eifrigste Befürworter für ihre offizielle Anerkennung im Jahr 1920? Wenn die historischen Argumente für seine Rückkehr sprechen, ist er dann nicht ein höchst interessanter Fall von genetischer Variablität?

Schlussfolgerung:

Eine konsequente Darstellung der drei Fellfarben entsprechend den einzelnen Haartypen, die mit der FCI-Richtlinie vom 9. Januar 2012 übereinstimmt, würde nicht nur den genetischen Pool der Rasse erweitern, sondern auch verhindern, dass bei sortenübergreifenden Verpaarungen Welpen mit einer nicht anerkannten Fellfarbe geboren werden. Diese Anpassung würde die aktuelle Verteilung von CAC und CACIB in keiner Weise beeinträchtigen. Der Belgische Schäferhund ist ein Hütehund mit allen Merkmalen, die dies in Bezug auf Bauart, Gangarten und Charakter mit sich bringt. Die Bekämpfung von Erbkrankheiten, Strukturfehlern und Charaktermängeln hat deutlich mehr Priorität, als Fellfarben auszusortieren, die Teil seines historischen und genetischen Erbes sind.

Ein Standard, der auf wissenschaftlichen Konzepten basiert, ist eine grundlegende Voraussetzung, um ein nachhaltiges und optimales Management der Rasse sicherzustellen. Die Berücksichtigung moderner Erkenntnisse wird nicht nur den Fortbestand, sondern auch die Weiterentwicklung des Belgischen Schäferhundes gewährleisten.

INTERNATIONAL FRIENDSHIP TROPHY
from
Club de Francais du Chien de Berger Belge
1953   Copy 6/8

Diese Trophäe wurde Jean-Marie Vanbutsele in Anerkennung seiner unermüdlichen Hingabe an die Geschichte des Belgischen Schäferhundes verliehen. Am 14. August 2015 überreichte er diese Auszeichnung der FCI als Zeichen seines Engagements für die Förderung und Bewahrung dieser aussergewöhnlichen Rasse.

Zusammenfassende Tabelle

Synthese der Entwicklung des Standards und der Varietäten des Belgischen Schäferhundes (SRSH - URCSH)

Der erste Standard von 1892, veröffentlicht am 24. März 1892

Auf seiner Generalversammlung am 3. April 1892 verabschiedete der Club du Chien de Berger Belge den von Professor Adolphe Reul erarbeiteten Standard. Er unterscheidet drei Varietäten nach dem Haartyp ohne Berücksichtigung der Fellfarbe: Langhaar, Kurzhaar und Rauhhaar.

Der überarbeitete Standard von 1899, veröffentlicht am 24.9. 1899

Der 1898 setzte der Club du Chien du Berger Belge auf Einheitlichkeit durch die Festlegung spezifischer Farben für jeden der drei Felltypen unter folgenden Bedingungen:

* Vollständig schwarz, einfarbig für Langhaar;
* Rabenschwarz, mit einer schwarzen Maske so weit wie möglich, für Kurzhaar;
* Dunkles Aschgrau für rauhes Fell.

"Exemplare, deren Ohren nicht spitz zulaufen, werden nicht in Betracht gezogen. Hunde ohne Rute oder mit einem einfachen Stummel, sei es von Natur aus oder durch Kupieren, sowie Hunde, die die Rute trompetenförmig oder spiralförmig tragen, haben keinen Anspruch auf einen Preis bei Ausstellungen."

Im September 1905 verzichtete der Club du Chien de Berger Belge auf die Schirmherrschaft der Société Royale Saint-Hubert. Anfang 1907 wurde er durch den Berger Belge Club ersetzt, was die Anerkennung des fahlgelben Langhaars und des fahlgelben Rauhhaars zur Folge hatte. Seitdem zählt die Rasse fünf Varietäten. Das Verfahren zur Annahme des Standards von 1914 wurde durch den Ersten Weltkrieg unterbrochen.

Anerkennung der alten Farben im Jahr 1920

Bei der beratenden Generalversammlung der Société Royale Saint-Hubert vom 8. Februar 1920 sprachen sich die Mitglieder einstimmig für die vollständige Beibehaltung der fünf bestehenden Varietäten aus. Die Qualifikation als Belgischer Schäferhund wurde Hunden mit altfarbigem Fell, die der Rasse angehörten, zuerkannt. Folgende Verpaarungen wurden erlaubt:

- Hunde aller zulässigen Farben mit gleicher Fellstruktur dürfen untereinander gekreuzt werden;
- die Kreuzung aus Kurzhaar und Rauhaar ; wurden andere Paarungen, Kurzhaar x Langhaar oder Langhaar x Rauhaar, verboten.

In Ermangelung einer offiziellen Veröffentlichung wird der Standard, der in einer vom Royal Berger Belge Club 1923 herausgegebenen Broschüre veröffentlicht wurde, als Referenz herangezogen.Gemäss den Ausstellungs und LOSH-Regeln wurden die Sorten in acht verschiedene Klassen, d. h. acht CACs pro Geschlecht, wie folgt aufgeteilt:

Die fünf existierenden Varietäten:

1. Malinois-Schäferhunde
2. Groenendaeler Schäferhunde
3. Belgische Schäferhunde mit fahlgelbem Langhaar ;
4. Belgische Schäferhunde mit fahlgelbfarbenem Rauhaar ;
5. Belgische Schäferhunde mit dunkelgrauem, aschgrauem, hartem Fell ;

Die anderen Sorten :

6. Kurzhaarige Belgische Schäferhunde, andere als Malinois;
7. Langhaarige Belgische Schäferhunde, andere als schwarz oder falbfarben ;
8. Belgische Schäferhunde mit hartem Haar, andere als falbfarben oder dunkelgrau aschgrau.

"Das fahlgelb und das Schwarz mit Spuren von Weiss auf der Brust und manchmal an den Extremitäten bilden unserer Meinung nach die Grenzen der Rasse, aber die fahlgelb-Farbe ist sehr variabel und sehr breit als Skala, und hier dürfen wir nicht exklusiv sein, denn sie muss ganz zugelassen werden; sie reicht von lebhaften, manchmal stark charbonnén Rottönen, wie beim Fuchs, bis zur isabellfarbenen Tönung, und das kommt häufig vor, auch heute noch, in demselben Wurf." (Charles Huge)

Mit Wirkung vom 1. Januar 1934 wird die Anzahl der CACs von acht auf vier reduziert, und zwar gemäss der folgenden Aufteilung:

1. Kurzhaarig, ohne Unterscheidung nach Farben (alle Farben zusammen) ;
2. Rauhaarig, ohne Unterscheidung nach Farben (alle Farben zusammen) ;
3. Schwarzes Langhaar Groenendael ;
4. Langhaarig ohne Unterscheidung der Farben (ausser schwarz, alle Farben zusammen).

In den Ausstellungsreglementen bleibt die Trennung der Varietäten in 8 Klassen nach Typ und Haarfarbe erhalten. (Chasse et Pêche) vom 14. Januar 1934) Auf der Sitzung der Zuchtsektion am 21. Oktober 1945 wurden folgende Verpaarungen erlaubt: die Langhaar/Kurzhaar-Verpaarung, die Kurzhaar/Drahthaar-Verpaarung, die Verpaarung aller Farben Kurzhaar und die Verpaarung aller Farben Langhaar.

Der Standard von 1956

Der Standard, der in der Zeitschrift Chasse et Pêche vom 1. Dezember 1956 veröffentlicht wurde, behält die Farbpalette bei, d. h. fauve (fahlgelb), schwarz, brindle und die gesamte Bandbreite von fauve bis grau, die historisch zur Rasse gehört, wie sie von der beratenden Generalversammlung 1920 bestätigt wurde.

- Groenendael: Einfarbig schwarzes Langhaar.
- Tervueren: Fauvefarbenes Langhaar in warmen Farbtönen, gut charbonné (verkohlt) und mit möglichst schwarzer Maske.
- Malinois: Kurzhaar in fauve-charbonné mit schwarzer Maske.
- Laekenois: Fauvefarbenes Rauhaar mit Spuren von Charbonage, insbesondere an der Schnauze und am Schwanz.

"Wenn es stimmt, dass andere Belgische Schäferhunde als Malinois, Groenendael, Tervueren und Laekenois nicht mehr auf methodische Weise gezüchtet werden, haben wir", schrieb F.E. Verbanck, "unter diesen Zufallsprodukten wunderschöne, typisch Belgische Schäferhunde kennengelernt. Aus diesem Grund wurde beschlossen, sie nicht aus unserem Erbe auszuschliessen. Es ist nicht gesagt, dass wir uns nicht freuen würden, in der Zukunft unter ihnen Elemente der Rückzüchtung zu finden".

LOSH	1939	1949	1959	1965
Malinois	460	800	420	415
Autre poil court	17	0	6	3
Groenendael	175	374	138	238
Tervueren	30	84	20	79
Laekenois	15	0	9	1

Das Jahrzehnt 1951-1960 war durch einen weltweiten Rückgang in der Hundezucht und bei Hundeveranstaltungen gekennzeichnet. Belgien entging dieser allgemeinen Regel, die auf die wirtschaftlichen und internationalen Umstände zurückzuführen ist, nicht. Bei den Hirtenhunden erlebten die Malinois, trotz einer beachtlichen Gruppe von Dressurliebhabern, ebenfalls einen bedeutenden Rückgang. Die Zahlen in der folgenden Tabelle bestätigen diesen Trend.

Während des gesamten Zeitraums von 1945 bis 1975 blieb der Malinois die wichtigste Varietät, die alle anderen Varietäten zahlenmässig übertraf. Das fauvefarbene Rauhaar oder Laekenois erregte wenig Begeisterung und beschränkte sich auf durchschnittlich einen Wurf pro Jahr. Wie die Tabelle und das Diagramm unten deutlich zeigen, ist die Groenendael nach einigen Jahren des Rückgangs wieder auf das Niveau von etwa 50 Würfen pro Jahr zurückgekehrt und hält ihren Platz als zweitwichtigste Sorte nach der Malinois. Die Hauptbewegung ist der Aufschwung, den der Tervueren in den Jahren 1971 bis 1975 mit durchschnittlich mehr als 30 Würfen pro Jahr nahm, verglichen mit durchschnittlich nur 10 Würfen pro Jahr in der Zeit von 1946 bis 1970.

Variété	1946-50	1951-55	1956-60	1961-65	1966-70	1971-75	Total	Pct
Malinois	378	357	289	390	351	423	2188	56,9%
Groenendael	218	165	127	194	250	240	1194	31,1%
Tervueren	50	22	30	66	85	179	432	11,2%
Laekenois	2	7	9	3	4	6	31	0,8%

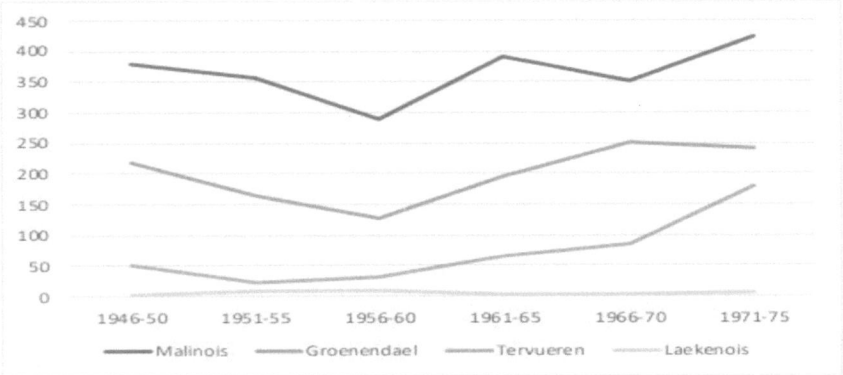

speziellen Fällen, für die Ausnahmegenehmigungen von den zuständigen nationalen Zuchtverbänden erteilt werden

Weniger Sorten und Streit um das sandfarbene Langhaar

Am 4. Februar 1973 beschloss der Kynologische Rat der Königlichen Kynologischen Union Saint-Hubert, wichtige Änderungen in Bezug auf die Varietäten und ihre Verpaarungen vorzunehmen.

Nachfolgend die genaue Kopie der Notiz vom 7. Juni, die vom Generalsekretär des Königlichen Saint-Hubert Verbandes unterzeichnet wurde:

Diese Änderungen gelten ab dem 1. Januar 1974

- Kreuzungen zwischen den Varietäten des Belgischen Schäferhundes sind nicht mehr erlaubt.
- Falls Kreuzungen ausnahmsweise von der allein zuständigen belgischen Zuchtkommission genehmigt werden, werden diese Produkte in ein Wartebuch eingetragen, bis sie sich bis zur 3. Generation in der Textur und Haarfarbe ihrer Varietät fortpflanzen.

Es wird beschlossen, die klassischen Bezeichnungen der Varietäten des Belgischen Schäferhundes wie folgt beizubehalten:

- Es wird beschlossen, die traditionellen Bezeichnungen der Varietäten des Belgischen Schäferhundes wie folgt zu benennen:
- Belgische Schäferhunde Groenendael: Einfarbig schwarzes Langhaar.
- Belgische Schäferhunde Tervueren: Fauvefarbenes Langhaar, gut charbonné (verkohlt), mit schwarzer Maske.
- Belgische Schäferhunde Malinois: Kurzhaar in fauve-charbonné mit schwarzer Maske.

- Belgische Schäferhunde Laekenois: Fauvefarbenes Rauhaar mit Spuren von Charbonage, vor allem an der Schnauze und am Schwanz.

Sie werden in getrennten Klassen beurteilt, aber es gibt pro Geschlecht nur ein einziges CAC und CACIB für fauves Langhaar und silbergraues Langhaar VEREINIGT.

Im Klartext heisst das, dass die Tür für das schwarze Kurzhaar und das sandfarbene, verkohlte Kurzhaar, das andere Rauhaar als Fauve und alle Brindés endgültig geschlossen ist. Nur das sogenannte "graue" Langhaar wird vorläufig geduldet. Was ist mit "vorläufig" gemeint?

© Päivi Lotila

Ulvemors IV

Stellen wir auch fest, wie eine rezessive Farbe, fauve oder grau, mehrere Generationen lang in Groenendaels - mit "reinem" Phänotyp, aber hybridem Genotyp - latent bleiben kann, bevor sie wieder auftaucht. Mit dem Jahr 1974 begann eine neue Periode für die Zucht durch eine Reduzierung der Anzahl der Sorten und durch die strenge Einschränkung der Paarungen zwischen den Sorten. Damit wurden alle ausgewogenen Entscheidungen der beratenden Generalversammlung vom 8. Februar 1920 rückgängig gemacht. Wie gültig sind diese Bestimmungen, die in einem einfachen Rundschreiben veröffentlicht wurden? Tatsächlich sind die wichtigen Massnahmen bezüglich der Abschaffung mehrerer Varietäten und der Einschränkung von Paarungen zwischen Varietäten Angelegenheiten, die unbestreitbar in den Standard der Rasse fallen. So wie eine notarielle Urkunde nur durch einen anderen notariellen Vertrag geändert werden kann, muss jede Änderung des Standards, der die Basisurkunde einer Rasse ist, nach den Regeln oder Verfahren für die Änderung des Standards erfolgen. Nur die

Veröffentlichung eines geänderten Standards hat Gesetzeskraft für seine Umsetzung. Mit Verspätung wurden die neuen Bestimmungen teils in den Standard von 1978 und teils in den Standard von 1989 übertragen!

Der Standard von 1978

Für den Malinois und den Tervueren ist die schwarze Maske mittlerweile Pflicht. Beim Kurzhaar (Malinois) wird ausschliesslich die Farbe fauve-charbonné anerkannt. Für den Tervueren legt der Standard fest, dass die Farbe als „intensives, dunkles Fauve" oder „sattes, dunkles Sandfarben" bevorzugt wird, da sie als die natürlichste gilt. Mit dieser Formulierung erweitert der Standard von 1978 die Farbpalette des Tervueren, die zuvor nur das warme Fauve umfasste, um den sand-charbonné, der oft als „Grau" bezeichnet wird. Für das Rauhaar (Laekenois) gab es keine Änderungen im Standard.

Der Standard von 1989

Im Gegensatz zu den beiden vorhergehenden Standards verschwindet im Standard von 1989 die Rubrik zur Beschreibung der Farbpalette unter den allgemeinen Merkmalen. Infolgedessen wird trotz eines unveränderten Textes über die Unterscheidungsmerkmale für das Rauhaar die Varietät auf den einzigen Laekenois, das fahlgelbfarbene Rauhaar, reduziert.
Das Langhaar sandfarben charboniert (sog. Grau) kann nicht mehr das Prädikat vorzüglich beanspruchen oder einen Vorschlag für CAC, CACIB oder Reserve erhalten.

Der Standard von 2001, FCI-Standard Nr. 15 vom 13. März 2001

Gemäss den Richtlinien der F.C.I. ist das neue Präsentationsmodell umfassender als die vorherigen Ausgaben. Die Beschreibungen sind präziser und detaillierter. Dieser Standard bestätigt die reduzierte Farbgestaltung für die vier Varietäten: Malinois, Groenendael, Tervueren und Laekenois. Ein Tervueren, dessen Farbe nicht ausreichend kohlrabenfarbig ist oder nicht der gewünschten Intensität entspricht, kann nicht als "Eliteobjekt" betrachtet werden. Der Standard definiert jedoch nicht, was genau darunter zu verstehen ist. Die Zahlen in der Tabelle und im Diagramm oben geben einen statistischen Überblick über die Anzahl der im LOSH eingetragenen Würfe in den

Variety	1976-80	1981-85	1986-90	1991-95	1996-00	2001-05	Total	Pct
Malinois	640	646	693	580	723	836	4118	48%
Groenendael	398	569	554	352	269	210	2352	27%
Tervueren	279	289	341	356	340	267	1872	22%
Laekenois	12	14	46	47	57	47	223	3%
Total	1329	1518	1634	1335	1389	1360	8565	100%

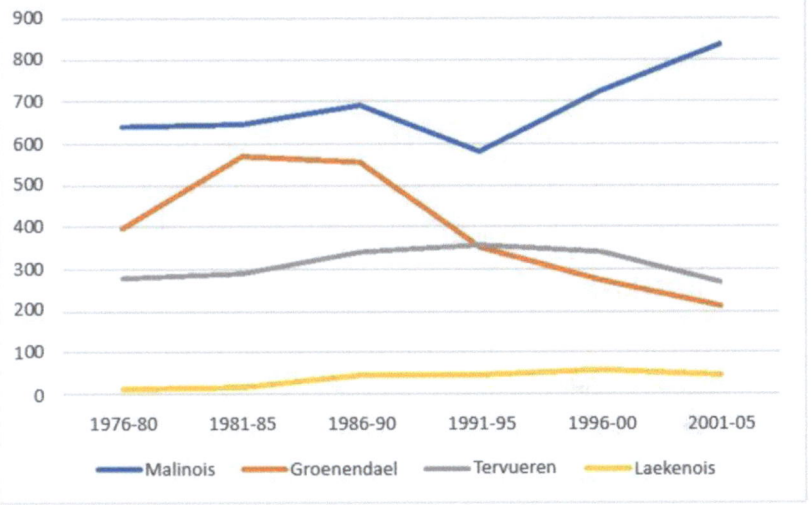

Wenn wir den Trend der Entwicklung der Würfe auf die Jahre 2001 bis 2005 beschränken, unterscheidet sich der durchschnittliche Ertrag pro Varietät deutlich von den Zahlen in der obigen Tabelle. Der Malinois bleibt mit grossem Abstand die führende Varietät mit einer hohen Anzahl an Würfen pro Jahr. Der Trend der letzten Jahre zeigt einen Anstieg.

Der Groenendael hingegen verlor deutlich an Bedeutung und musste seinen Platz als zweitwichtigste Varietät an die Tervueren abgeben. Im Vergleich zu den Jahren 1946-1975 sank seine Populationsgrösse von 31,1 % auf 15,4 %. Seit Anfang der 1990er Jahre befindet sich der Groenendael im Rückgang. Was könnten die Ursachen dafür sein? Sicherlich spielen Fruchtbarkeitsprobleme eine Rolle, doch ist dies die einzige Ursache?

Nach seinem Höhepunkt in den 1970er Jahren hat sich der Tervueren konsolidiert. Seit Anfang der 1990er Jahre ist auch er auf etwa 20 % des Bestands zurückgegangen, was einem Durchschnitt von 50 Würfen pro Jahr entspricht.

Hinweis: In diesem Buch wurde bewusst darauf verzichtet, auf die historischen Aspekte der weissen Flecken bei Hunden einzugehen. Dieses Thema wurde bereits ausführlich im Buch Messages d'Antan behandelt.

Max van Kriekebos

Der Standard von 2001

Als Neuheit führt dieser Standard in der Rubrik "Farbe" den Begriff des Elite-Subjekts ein, ohne jedoch eine Definition dafür zu geben. Dies ist eine wichtige und interessante Frage, denn ohne eine angemessene Definition können die Meinungen sehr unterschiedlich sein und sogar auseinandergehen. Unterscheiden wir zunächst zwischen Phänotyp und Genotyp. Der Phänotyp eines Individuums ist die Gesamtheit der offensichtlichen morphologischen, physiologischen und psychologischen Merkmale. Der Genotyp hingegen ist die Gesamtheit der sichtbaren, verborgenen

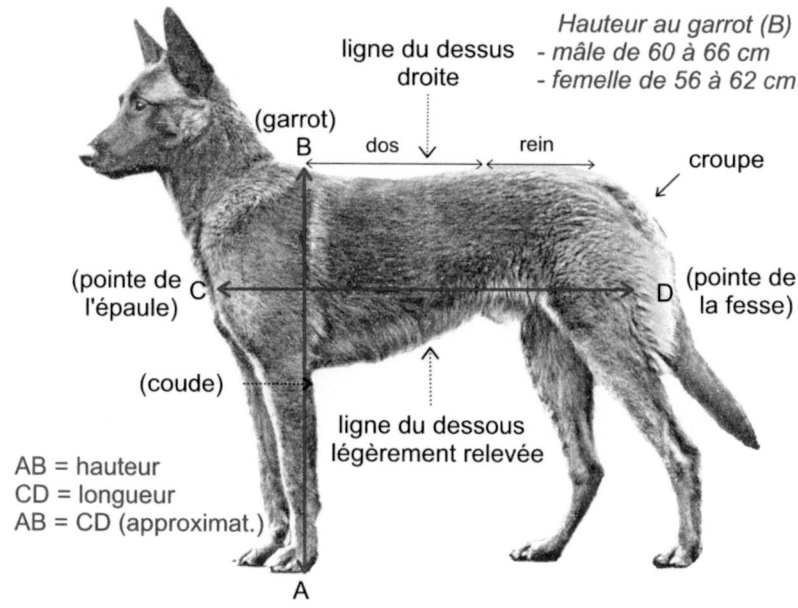

oder latent vorhandenen Attribute, die das Individuum in erblicher Potenz besitzt und an seine Nachkommen weitergeben kann. Eine Selektion, die sich ausschliesslich auf die äussere Prüfung (Schönheitsausstellungen) - und auf die Kontrolle der Erträge (Arbeitsprüfungen) - ohne jegliche Reproduktionsprüfung stützt, ist eine phänotypische Selektion. Eine Selektion, die die Zuchtprüfung einsetzt, ist eine genotypische Selektion, denn es sind die Jungtiere, die dann den wahren Zuchtwert des Vererbers bestimmen und die dazu beitragen können, diesen Vererber zum Elitesubjekt zu erklären. Wenn das Ziel die Verbesserung der Rasse ist, kann es nicht ausreichen, einen Hund zum Schönheits- oder Arbeitschampion zu erklären, da es auf die Weitergabe der Merkmale des Erzeugers an seine Nachkommen ankommt. Ein Hund sollte nur dann als "Elitehund" deklariert werden, wenn er ein Vererber mit ausgezeichneter Erbkraft ist, der phänotypisch sehr gute Eigenschaften aufweist, sowohl in Bezug auf die Schönheit als auch auf die Reinheit der Rasse, und der ernsthafte Qualitäten als Wachhund und Verteidiger gezeigt hat.

Es gibt keinen Mangel an Elitetieren in der Rasse. Durch das Studium der Geschichte haben wir viele von ihnen entdeckt. Einer der ersten war der Malinois Tjop, der vor 1914 der wichtigste Zuchtrüden und Vererber der Rasse war. Ein ganz grosser Zuchtrüde war der berühmte Snap (geb. Fram de Jolimont), Champion von 1925, dessen Qualitäten wir in diesem Buch ausführlich beschrieben haben. Er war ein schöner Athlet, der sich in allen Arbeitsdisziplinen auszeichnete und dessen Nachkommen viele Spitzenhunde hervorbrachten.

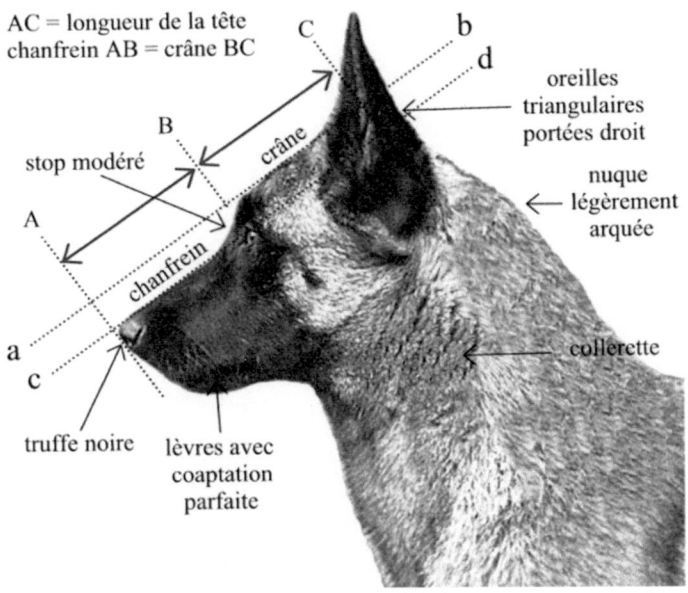

INTERNATIONALE KYNOLOGISCHE FÖDERATION (AISBL)

GENERALSEKRETARIAT: 13, Place Albert [1er] B - 6530 Thuin (Belgien)

22.06.2001 / DE /

FCI-Standard Nr. 15

BELGISCHER BERGER

URSPRUNG: Belgien.

**DATUM DER VERÖFFENTLICHUNG DES GÜLTIGEN OFFIZI-
ELLEN STANDARDS**: 13.03.2001. / 22.06.2001

VERWENDUNG: Ursprünglich Hirtenhund, heute Gebrauchshund
(Bewachung, Verteidigung, Fährtenlesen usw.) und vielseitiger
Diensthund sowie Familienhund.

FCI-KLAssIFIKATION: Gruppe 1   Hüte- und Treibhunde
    Sennenhunde   (ausser
    Schweizer Sennenhunde).
    Abschnitt 1   Hunde   von
    Schäferhunden. Mit Arbeitsprüfung.

KURZER GESCHICHTLICHER ABRIss: Ende der 1800er Jahre
gab es in Belgien eine Vielzahl von Herdenschutzhunden, deren Typ
heterogen und deren Fellfarben extrem unterschiedlich waren. Um
etwas Ordnung in diesen Zustand zu bringen, gründeten einige begeisterte Hundesportler eine Gruppe und liessen sich von Professor
A. Reul von der Tierärztlichen Hochschule in Cureghem, den man als
eigentlichen Pionier und Gründer der Rasse bezeichnen kann.
Zwischen 1891 und 1897 wurde die Rasse offiziell geboren. Am 29.
September 1891 wurde in Brüssel der "Club du Chien de Berger Belge" gegründet, und noch im selben Jahr, am 15. November, organisierte Professor A. Curegmure eine Ausstellung über den Belgischen
Schäferhund. Reul in Cureghem eine Versammlung von 117 Hunden,
die es ermöglichte, eine Zählung durchzuführen und eine Auswahl
der besten Tiere zu treffen. In den folgenden Jahren begann man mit
einer echten Selektion, indem man bei einigen Deckrüden extreme
Inzucht praktizierte.
Am 3. April 1892 wurde vom "Club du Chien de Berger Belge" bereits ein erster, sehr detaillierter Rassestandard verfasst. Es wurde nur
eine Rasse mit drei Haarvarianten zugelassen. Allerding war der Belgische Schäferhund, wie man damals sagte, nur ein Hund der kleinen

Leute, also eine Rasse, der es noch an Prestige fehlte. Folglich wurden die ersten Belgischen Schäferhunde erst 1901 in das Stammbuch der Société Royale Saint-Hubert (L.O.S.H.) eingetragen.

In den folgenden Jahren machten sich die Führer der belgischen Schäferhundzucht beharrlich an die Arbeit, um den Typ zu vereinheitlichen und Fehler zu beheben. Man kann sagen, dass um 1910 der Typ und der Charakter des Belgischen Schäferhundes bereits festgelegt waren.

Im Laufe der Geschichte des Belgischen Schäferhundes hat die Frage der verschiedenen Varietäten und der zugelassenen Farben zu vielen Kontroversen geführt. Hinsichtlich des Körperbaus, des Charakters und der Arbeitsfähigkeit gab es hingegen nie Unstimmigkeiten.

ALLGEMEINES ERSCHEINUNGSBILD : Der Belgische Schäferhund ist ein mittelgrosser, harmonisch proportionierter Hund, der Eleganz und Kraft vereint, von mittlerer Grösse, trockener und kräftiger Muskulatur, der in ein Quadrat passt, rustikal, an das Leben im Freien gewöhnt und so gebaut ist, dass er den so häufigen Wetterschwankungen des belgischen Klimas standhält. Durch die Harmonie seiner Formen und die stolze Haltung des Kopfes vermitteln den Eindruck eleganter Robustheit, typisch für eine gezielt herausgezüchtete Gebrauchshunderasse. Der Belgische Schäferhund wird statisch in seinen natürlichen Positionen beurteilt, ohne physischen Kontakt mit dem Vorführer.

WICHTIGE PROPORTIONEN: Der Belgische Schäferhund ist in einem Quadrat beschreibbar. Die Brust ist bis zu den Ellenbogen herabgezogen. Die Länge der Schnauze ist gleich oder etwas grösser als die Hälfte der Kopflänge.

VERHALTEN / **CHARAKTER**: Der Belgische Schäferhund ist wachsam, intelligent, mutig und unermüdlich. Seine ausgeprägte Lernfähigkeit und Anpassungsfähigkeit machen ihn zu einem exzellenten Gebrauchshund. Neben seiner angeborenen Fähigkeit, Herden zu hüten, vereint er die wertvollen Eigenschaften des besten Wachhundes für das Eigentum. Er ist ohne zu zögern ein hartnäckiger und leidenschaftlicher Verteidiger seines Herrn. Er vereint alle Eigenschaften eines Hüte-, Wach-, Verteidigungs- und Diensthundes. Sein lebhaftes und waches Temperament und sein selbstbewusstes Wesen, ohne jegliche Furcht oder Aggressivität, müssen in der Körperhaltung und dem stolzen und aufmerksamen Ausdruck seiner funkelnden Augen sichtbar sein. Der Charakter ist zu berücksichtigen."ruhig" und "kühn" in den Urteilen.

KOPF: Hoch getragen, lang ohne Übertreibung, geradlinig, gut ziseliert und trocken. Schädel und Schnauze sind im Wesentlichen gleich lang, mit höchstens einem sehr leichten Vorteil für die Schnauze, was dem Ganzen einen Eindruck von vollendeter Vollendung verleiht.

KRANKENREGION: Mittelbreit, im Verhältnis zur Kopflänge; Stirn eher abgeflacht als gerundet, mit schwach ausgeprägter Mittelfurche; im Profil gesehen parallel zur gedachten Linie, die den Nasenrücken verlängert; Hinterhauptkamm schwach entwickelt; Augenbrauen- und Jochbeinbogen nicht hervortretend.
Stopp: Mässig.

GESICHTSREGION :
Trüffel (Nase) : Schwarz.
Fang: Mittellang und unter den Augen gut gemeisselt; sich zur Nase hin allmählich zu einem länglichen Keil verjüngend; Nasenrücken gerade und parallel zur verlängerten oberen Stirnlinie; Maul gut gespalten, was bedeutet, dass bei geöffnetem Maul die Mundwinkel weit nach hinten gezogen werden, wobei die Kiefer weit auseinander stehen.
Lippen: Dünn, eng anliegend und stark pigmentiert. Kiefer/Zähne: Kräftige, weisse Zähne, die regelmässig und stark gut entwickelten Kiefern stehen. Artikuliert
"Das "Scherengebiss", das von Schaf- und Viehtreibern bevorzugt wird, wird toleriert. Vollständiges Gebiss, das der Zahnformel ent-

spricht; das Fehlen von zwei Prämolaren (2 PM1) wird toleriert, und die Molaren 3 (M3) werden nicht berücksichtigt.

<u>Wangen</u>: Trocken und schön flach, wenn auch muskulös.

AUGEN: Dunkel und leicht mandelförmig" durch: "Dunkelbraun, leicht mandelförmig, weder hervorstehend noch tiefliegend. Der Ausdruck ist intelligent und aufmerksam.

OHREN: Eher klein, hoch angesetzt, von deutlich dreieckigem Aussehen, gut abgerundete **Ohrmuscheln**, die Spitze spitz zulaufend, steif, gerade und senkrecht getragen, wenn der Hund aufmerksam ist.

HALS: Gut ausgeprägt, leicht länglich, ziemlich aufgerichtet, gut bemuskelt, zu den Schultern hin allmählich breiter werdend und frei von Wamme; der Nacken ist leicht gewölbt.

KÖRPER: Kräftig, aber nicht schwerfällig; die Länge von der Schulterspitze bis zur Gesässspitze ist ungefähr gleich Widerristhöhe.
<u>Obere Profillinie</u>: Die Linie des Rückens und der Lende ist gerade. <u>Widerrist</u>: Akzentuiert.
<u>Rücken</u>: Fest, kurz und gut bemuskelt.
<u>Niere</u>: Kräftig, kurz, ausreichend breit, gut bemuskelt.
<u>Kruppe</u>: Gut bemuskelt; nur leicht abfallend; ausreichend breit, aber nicht übermässig breit.
<u>Brust</u>: Nicht sehr breit, aber tief; die Rippen sind im oberen Teil gewölbt; von vorn gesehen ist die Brust nicht breit, aber auch nicht schmal. <u>Untere Profillinie und Bauch</u>: Beginnt unterhalb der Brust und steigt in einer harmonischen Kurve leicht zum Bauch hin an, der weder geschluckt noch aufgezogen ist, sondern leicht angehoben und mässig entwickelt ist.

RUTE: Gut angesetzt, kräftig am Ansatz, mittellang, mindestens bis zum Sprunggelenk, vorzugsweise aber darüber hinaus; in der Ruhephase hängend, mit leicht nach hinten gebogener Spitze in Höhe des Sprunggelenks; in der Bewegung höher, aber nicht über die Horizontale hinaus, mit stärkerer Biegung zur Spitze hin, ohne dass sie je-

doch zu irgendeinem Zeitpunkt einen Haken oder eine Abweichung
bilden kann.

MITGLIEDER

FRÜHERE MITGLIEDER :
Allgemeines: Starker, aber nicht schwerer Knochenbau; trockene,
kräftige Muskulatur; die Vorderläufe sind von allen Seiten gesehen
lotrecht und von vorne gesehen vollkommen parallel.
Schultern: Das Schulterblatt ist lang und schräg, gut angesetzt und
bildet mit dem Oberarmknochen einen ausreichenden Winkel, der
idealerweise 110-115° misst.
Arm: Lang und ausreichend schräg. Ellenbogen: Fest, weder abgehoben noch
fest.

Unterarm: Lang und gerade.
Karpfen (Handgelenk) : Sehr fest und scharf.
Mittelfussknochen: Kräftig und kurz, möglichst senkrecht zum Boden
oder nur ganz leicht nach vorne geneigt.
Vorderpfoten: Rund, Katzenpfoten; Zehen gebogen und eng anlie-
gend; Ballen dick und elastisch; Nägel dunkel und gross.

POSTERIORE GLIEDMAssEN :
Gesamtansicht: Kräftig, aber nicht schwerfällig; im Profil sind die
Hinterläufe senkrecht und von hinten gesehen vollkommen parallel.
Oberschenkel: Mittellang, breit und stark bemuskelt.
Grasset (Knie) : Ungefähr lotrecht zur Hüfte; normale Kniewinkelung.
Unterschenkel: Mittellang, breit und muskulös.
Sprunggelenk: Bodennah, breit und muskulös, mässig gewinkelt.
Hintermittelfuss: Kräftig und kurz; Afterkrallen sind .
Hinterpfoten: Können leicht oval sein; Zehen gekrümmt und eng an-
liegend; Ballen dick und elastisch; Nägel dunkel und gross.

GANGWERK: Lebhafte und freie Bewegung in allen Gangarten:
Der Belgische Schäferhund ist ein guter Galopper, aber die üblichen

Gangarten sind Schritt und vor allem Trab: Die Gliedmassen bewegen sich parallel zur Mittelebene des Körpers. Bei hoher Geschwindigkeit nähern sich die Füsse der Mittelebene; im Trab ist die Amplitude mittelgross, die Bewegung ist gleichmässig und leicht, mit einem guten Schub aus den Hinterbeinen, wobei die Oberlinie straff bleibt, ohne dass die Vorderbeine zu hoch gehoben werden. Der Belgische Schäferhund ist ständig in Bewegung und scheint unermüdlich zu sein; sein Gangwerk ist federnd, leichtfüssig und kraftvoll, wobei der Bewegungsablauf fliessend und effizient bleibt. Aufgrund seines überschwänglichen Temperaments und seines Wunsches, zu bewachen und zu beschützen, neigt er dazu, sich in Kreisen zu bewegen.

HAUT: Elastisch, aber gut gespannt am ganzen Körper; Lippen- und Lidränder stark pigmentiert.

FELL UND VARIANTEN: Da das Haar bei den Hunden des Belgischen Schäferhundes in Länge, Richtung, Aussehen und Farbe variiert, wurde dieser Punkt als Kriterium angenommen, um die vier Varietäten der Rasse zu unterscheiden: den Groenendael, den Tervueren, den Malinois und den Laekenois.
Diese vier Sorten werden getrennt beurteilt und können jeweils einen Vorschlag für CAC, CACIB oder Reserve erhalten.

Haarqualität: Bei allen Sorten muss das Haar immer dicht, dicht und von guter Textur sein und zusammen mit der wolligen Unterwolle eine hervorragende Schutzhülle bilden.

A- LANGES HAAR: Am Kopf, an der Aussenseite der Ohren und an den unteren Gliedmassen ist das Haar kurz, ausser am hinteren Rand des Unterarms, der vom Ellenbogen bis zum Handgelenk mit langen Haaren besetzt ist, die Fransen genannt werden. Am restlichen Körper ist das Haar lang und glatt, am längsten und üppigsten um den Hals und an der Brust, wo es eine Halskrause und einen Kropf bildet. Die Öffnung des Gehörgangs wird von buschigen Haaren geschützt. Die Haare ab dem

Ohransatz sind aufgestellt und rahmen den Kopf ein. Die Rückseite der Oberschenkel ist mit sehr langen und üppigen Haaren besetzt, die das Höschen bilden. Der Schwanz ist mit langem, üppigem Haar besetzt, das eine Panaschiere bildet. Groenendael und Tervueren sind langhaarig.

B- KURZES HAAR: Am Kopf, an der Aussenseite der Ohren und an den unteren Gliedmassen ist das Haar sehr kurz. Am Rest des Körpers ist es kurz und am Schwanz und um den Hals herum voller, wo es einen Kragen bildet, der am Ohransatz beginnt und sich bis zur Kehle erstreckt. Ausserdem ist die Rückseite der Oberschenkel mit längeren Haaren gesäumt. Der Schwanz ist stachelig, bildet aber keine Rispen.
Der Malinois ist kurzhaarig.

C- RAUHES HAAR: Das wichtigste Merkmal des rauen Haars der raue und trockene Zustand des Haars, das zudem kräuselnd und zerzaust ist.
Spürbar sechs Zentimeter lang an allen Körperteilen, am kürzesten ist das Haar am oberen Nasenrücken, an der Stirn und an den Gliedmassen. Weder die Haare um die Augen noch die Haare der Schnauze dürfen so stark ausgeprägt sein, dass sie die Kopfform verdecken. Die Schnauzenbehaarung muss jedoch vorhanden sein. Der Schwanz darf keine Rute bilden.
Der Laekener hat ein hartes Fell.

Haarfarbe :
Maske: Bei Tervueren und Malinois muss die Maske sehr gut ausgeprägt sein und dazu tendieren, die Ober- und Unterlippe, den Mundwinkel und die Augenlider in einem einzigen schwarzen Bereich zu umfassen. Es wird ein striktes Minimum von sechs Punkten der Pigmentierung der Phanere festgelegt: beide Ohren, beide Oberlider und beide Lippen, Ober- und Unterlippe, müssen schwarz sein.

Verkohlt: Bei Tervueren und Malinois bedeutet verkohlt, dass Haare eine schwarze Spitze haben, die die Grundfarbe überschattet. Dieses Schwarz ist auf jeden Fall "geflammt" und darf weder in grossen Platten noch in echten Streifen (brindé) vorkommen. Bei den Laekenern kommt die Köhlerei diskreter zum Ausdruck.

Groenendael: Einfarbig schwarz, mit langem, glattem und gut anliegendem Haar.

Tervueren: Falbfarben mit schwarzer Russzeichnung (charbonné) und klar definierter schwarzer Maske.

Malinois: Falbfarben mit schwarzer Russzeichnung (charbonné) und schwarzer Maske.

Laekenois: Falbfarben mit schwarzer Russzeichnung (charbonné).

Für alle Varietäten gilt: Ein wenig Weiß an Brust und Zehen ist zulässig.

GRÖSSE, GEWICHT UND KÖRPERMASSE:

Widerristhöhe: Die wünschenswerte Höhe beträgt bei männlichen Tieren im Durchschnitt 62 cm. 58 cm bei weiblichen Tieren. Grenzwerte: im Minus 2 cm, im Plus 4 cm.

Gewicht: Männchen ca. 25-30 kg. Weibliche Tiere ca. 20-25 kg.

Masse: Normale Durchschnittsmasse bei einem männlichen Belgischen Schäferhund von 62 cm Widerristhöhe:

- Körperlänge (von der Spitze der Schulter bis zur Spitze des Gesässes): 62 cm.
- Länge des Kopfes: 25 cm.
- Länge der Schnauze: 12,5 bis 13 cm.

FEHLER: Jede Abweichung von den oben genannten Punkten ist als Fehler zu betrachten, der entsprechend seiner Schwere und seiner Auswirkungen auf die Gesundheit und das Wohlbefinden des Hundes bestraft wird.

* Allgemeines Erscheinungsbild: schwerfällig, es fehlt an Eleganz; zu leicht oder zu gebrechlich; länger als hoch, in ein Rechteck ein beschreibbar.
* Kopf: schwer, zu stark, zu wenig parallel, zu wenig ziseliert oder t rocken; Stirn zu gerundet; Stop zu betont oder verwaschen; Schnauze zu kurz oder verkniffen; Nasenrücken buschigAugen brauenbogen oder Jochbein zu weit vorstehend.
* Nase, Lippen, Augenlider: Spuren von Depigmentierung.
* Gebiss: Schneidezähne falsch geordnet. Schwerer Fehler: Fehlen eines Schneidezahns, eines Prämolaren 3, eines Prämolaren 2, von 3 Prämolaren 1.
* Augen: Klar, rund.
* Ohren: gross, lang, an der Basis zu breit, tief angesetzt, divergie rend oder konvergierend.
* Hals: schlank; kurz oder eng.
* Körper: zu lang; Brustkorb zu breit (zylindrisch).
* Widerrist: Ausgelöscht, niedrig.
* Obere Profillinie: Rücken und/oder Lende lang, schwach, durchhängend oder gewölbt.
* Kruppe: Zu stark geneigt, überhöht.
* Untere Linie: zu weit oder zu wenig abgesenkt; zu viel Bauch.
* Schwanz: zu tief angesetzt; zu hoch getragen, hakenförmig, abgelenkt.
* Gliedmassen: zu leichter oder zu schwerer Knochenbau; schlechte Stellung im Profil (z.B. zu schräge Mittelfussknochen oder schwache Handgelenke), von vorne (z.B. Knick- oder Plattfüsse, abstehende Ellenbogen usw.) oder von hinten (z.B. eng stehende, gespreizte oder tonnenförmige Hinterläufe, geschlossene oder offene Sprunggelenke usw.); zu wenig oder übermässig gewinkelt.
* Füsse: offen.
* Gangart: Enge Bewegung, zu kurze Schritte, zu wenig Impuls,

schlechte Übertragung über den Rücken, hochgezogene Gänge.

- Haar: Alle vier Varianten: Unzureichende Unterwolle.

Groenendael und Tervueren: wolliges, gewelltes oder gelocktes Haar; Haar nicht ausreichend lang.

Malinois: Halblanges Haar, in dem er sich kurz zeigen sollte; kurz-haarig; harte Haare, die im kurzen Haar verstreut sind; gewelltes Haar.

Laekenois: Zu langes, seidiges, gewelltes, gekräuseltes oder kurzes Haar; vollgestopft mit feinen Haaren, die in Strähnen im rauen Haar verstreut sind; der Haare, die das Auge umgeben oder das untere Ende des Kopfes auskleiden; buschiger Schwanz.

- Farbe: Alle vier Varietäten: weisser Fleck auf der Brust, der den Brustpanzer bildet; weiss an den Füssen, die über die Zehen hinausragen.

Groenendael: rötlicher Schimmer im Fell; graue Hosen. Tervueren: Grau.

Tervueren und Malinois: Gestromt; nicht ausreichend warme Farbtö-ne; zu wenig oder zu viel Charbonné oder dessen Anordnung in Plat-ten auf dem Körper, zu wenig Maske.

Tervueren, Malinois und Laekenois: zu helles Fauve; eine stark abge-schwächte Grundfarbe, die sogenannte "verwaschene" Farbe, gilt als schwerer Fehler.

- Charakter: Personen, denen es an Selbstvertrauen mangelt und die hypernervös sind.

MÄNGEL, DIE ZUM AUsSCHLUsS FÜHREN :

- Aggression oder übermässige Scheu
- Jeder Hund, der offensichtlich körperliche oder Verhaltensanomalien aufweist.
- Allgemeines Erscheinungsbild: Fehlende typische Rassemerk male, fehlende Maske (bei Tervueren und Malinois), unzulässige Farben oder gravierende physische Defekte.
- Gebiss: Oberkieferprogression; Unterkieferprogression, auch ohne Kontaktverlust (umgekehrter Biss): Kreuzbiss; Fehlen eines Eckzahns (1C), eines oberen (1PM4) oder unteren (1 M1) Karnies, eines Molaren (1M1 oder 1M2, ausser M3), eines Prämolaren 3 (1PM3) plus ein weiterer Zahn oder insgesamt drei

(ausser Prämolaren1) oder mehr Zähne.

- Nasenschwamm, Lippen, Augenlider: stark depigmentiert.
- Ohren: Hängend oder künstlich aufgerichtet gehalten.
- Schwanz: Fehlender oder verkürzter Schwanz, von Geburt an oder durch Kupieren; zu hoch und ringförmig getragen oder eingerollt.
- Haar: Fehlen von Unterwolle.
- Farbe: Alle Farben, die nicht denen der beschriebenen Varietäten ; zu ausgedehnte weisse Abzeichen an der Brust, umso mehr, wenn sie bis zum Hals hinaufreichen; Weiss an den Pfoten, das über die Hälfte der Mittelfussknochen oder Mittelfussknochen hinausgeht und Socken bildetweisse Flecken an anderen Stellen als der Brust und den Zehen; Fehlen der Maske einschliesslich der Schnauze, die heller als das gesamte Fell ist, beim Tervueren oder beim Malinois.
- Grösse: ausserhalb der vorgeschriebenen Grenzen.

N.B.:

- Männliche Tiere müssen zwei normal aussehende Hoden haben, die vollständig in den Hodensack abgesunken sind.
- Nur gesunde Hunde, die in der Lage sind, die Funktionen zu erfüllen, für die sie ausgewählt wurden, und deren Körperbau rassetypisch ist, dürfen zur Zucht verwendet werden.

KREUZUNGEN - EHE INTER-VARIETES: Die Paarungen zwischen den Sorten sind verboten, ausser in besonderen Fällen, wenn die zuständigen nationalen Zuchtkommissionen eine Ausnahmegenehmigung erteilen (Text 1974, in Paris erstellt).

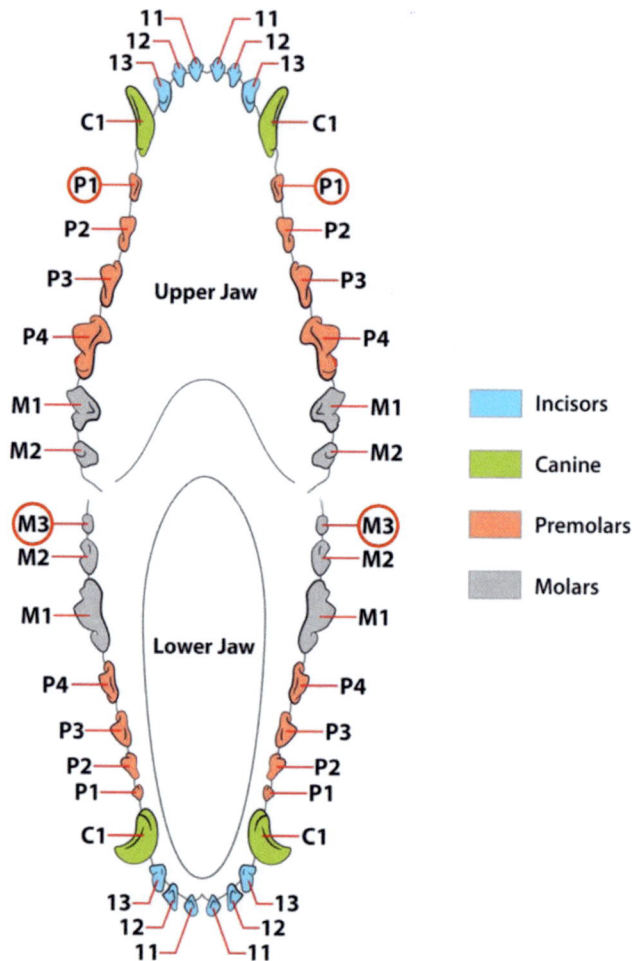

11 — 11
12 — 12
13 — 13
C1 — C1
P1 — P1
P2 — P2
P3 — P3
Upper Jaw
P4 — P4
M1 — M1
M2 — M2
M3 — M3
M2 — M2
M1 — M1
P4 — P4
P3 — P3
P2 — P2
P1 — P1
C1 — C1
Lower Jaw
13 — 13
12 — 12
11 — 11

Incisors

Canine

Premolars

Molars

ÄUSSERE ANATOMIE

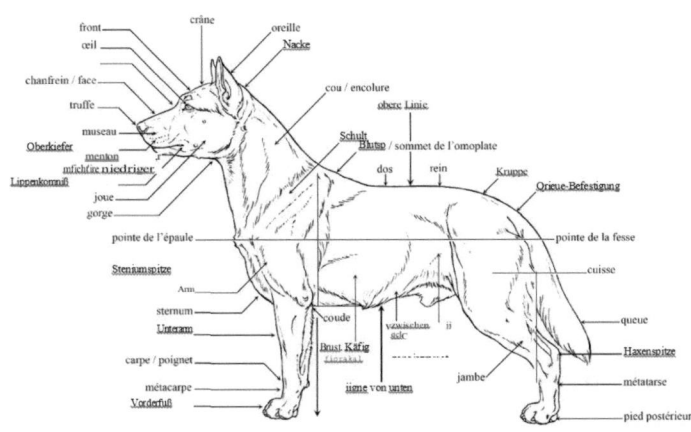

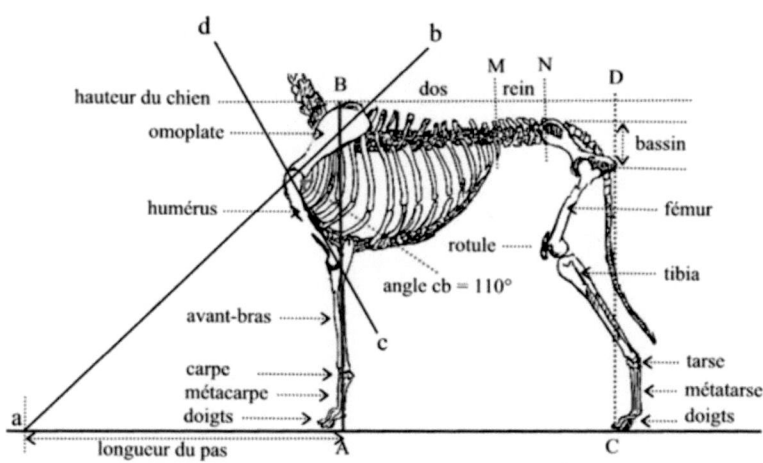

Groenendael un Tervueren Welpen

Farben und Haartypen

Standartisierte Nomenklatur der Fellfarben

Der Generalvorstand der FCI hat auf seiner Sitzung Ende Juli 2009 eine Kurzfassung des von Professor Bernard Denis verfassten Buchs Les couleurs de robe chez le chien genehmigt.

Diese fünfseitige Kurzfassung mit dem Titel Nomenclature standardisée des couleurs de robe chez le chien (Standardisierte Nomenklatur der Fellfarben beim Hund) dient seitdem als offizielle Referenz für die Beschreibung von Fellfarben. Im FCI-Rundschreiben 90/2009 wird klargestellt: "Alle geänderten oder neuen Standards sollten sich an diese Nomenklatur halten." In Frankreich wird diese Nomenklatur bereits für die Ausstellung von Stammbäumen angewendet. Die Notwendigkeit einer standardisierten Nomenklatur

Professor Dr. Bernard Denis, Experte auf dem Gebiet der Fellfarben, erklärte:

„Es ist seit langem bekannt, dass bei verschiedenen Rassen ein und dasselbe Wort unterschiedliche Fellfarben bezeichnet oder dass ein und dasselbe Fell mit sehr unterschiedlichen Bezeichnungen versehen wird. Zudem legen traditionelle Nomenklaturen oft mehr Wert darauf, bestimmte Farbnuancen bildlich hervorzuheben, als die genaue Beschaffenheit des Grundfells zu berücksichtigen."

Anpassung der Fellfarbennomenklatur beim Belgischen Schäferhund

Groenendael: Im Standard wird die Fellfarbe des Groenendael als „zainschwarz" beschrieben. Der Begriff „zain" bedeutet, dass das Fell eine einheitliche schwarze Farbe hat und keine weissen Haare enthält. Dieser Begriff steht jedoch im Widerspruch zu einem anderen Punkt des Standards, der ein wenig Weiss an Brust und Zehen bei allen Varietäten des Belgischen Schäferhundes zulässt. Da der Begriff „zain" nicht in der standardisierten Nomenklatur enthalten ist, wird empfohlen, ihn zu streichen, um die Kohärenz zu gewährleisten.

Charbonage (Verkohlung): Diese Fellfarbe zeichnet sich durch zweifarbige Haare aus, wobei die Haare an der Basis fauve (lohfarben) und an der Spitze schwarz sind, durchsetzt mit ganz schwarzen Haaren. Diese Fellfarbe ist charakteristisch für folgende Varietäten:

- Malinois: kurzes Fell in fauve-charbonné mit schwarzer Maske.
- Tervueren: langhaarig in fauve-charbonné mit schwarzer Maske.
- Laekenois: rauhaarig in fauve-charbonné mit Spuren von charbonage, vor allem an der Schnauze und am Schwanz.

Das Wort „charbonné" impliziert „schwarz verkohlt". Auch für die Maske gilt: „maskiert" bedeutet „schwarz maskiert". Falls die Farbe der Maske abweicht, muss sie angegeben werden (z. B. „blau charbonné"). Die Stärke der charbonage kann von sehr leicht bis zu sehr stark variieren. Standardmässig impliziert „charbonné" eine mittlere Stärke. Beim rauhaarigen Laekenois-Fell akzeptiert der Standard, dass die charbonage weniger stark ausgeprägt sein darf.

Grau-Charbonage:
Der Standard akzeptiert für den Tervueren die Fellfarbe „grau-charbonné", stuft Grau jedoch als Fehler ein. Aufgrund der mehr oder weniger grossen Menge an charbonage auf einem blassen, verdünnten fauvefarbenen Grund entsteht der Eindruck einer grauen Farbe. In der Genetik entspricht Grau jedoch einem anderen Phänomen: Es entsteht durch das G-Allel am Locus G für Vergrauung, das beim Belgischen Schäferhund nicht vorkommt.

Sand-Charbonné:
Das Verdünnungsallel i am Locus I (Intensität) kann das Phaeomelanin (Fauve) zu Sand aufhellen, ohne dabei das schwarze Eumelanin (charbonage, Maske usw.) zu beeinflussen. Diese Verdünnung führt zu der Farbe „sandcharbonné". Hunde mit dem Genotyp ii (doppelte Verdünnung) erscheinen blasser als Hunde mit dem Genotyp Ii (einfache Verdünnung).
Eine Aktualisierung der im Standard verwendeten Begriffe auf die standardisierte Nomenklatur, die eng mit der genetischen Terminologie verknüpft ist, würde eine groessere Präzision und ein besseres Verständnis in Bezug auf

Fellfarben gewährleisten. Die Verwendung der Begriffe charbonné und charbonage bleibt essenziell für die korrekte Beschreibung der Fellfarben beim Belgischen Schäferhund.

Chromosomen, Gene und Allele:
Ein Lebewesen ist ein Verband von Zellen. Im Inneren einer **Zelle** befindet sich ein **Zellkern**. Dieser Kern enthält die **Chromosomen**. Jedes Chromosom wird von einem DNA-Molekül gebildet. Bei einem Hund gibt es 78 Chromosomen, die in 39 Paaren gruppiert sind. Die Chromosomen sind alle paarweise gruppiert, wobei eines vom Vater und das andere von der Mutter geerbt wurde. Die paarweise Gruppierung ermöglicht eine gleichmässige Aufteilung der Gene bei der Zellteilung.

Auf jedem Chromosom sind **Allele** angeordnet. Jedes Element bildet zusammen mit seinem Gegenstück, das sich auf dem anderen Element des Paares befindet, das Gen. Ein **Gen** besteht also aus zwei Allelen, die gleich oder verschieden sein können, aber immer an derselben Stelle auf dem Chromosom liegen. Der Ort, an dem sich ein Gen auf einem Chromosom

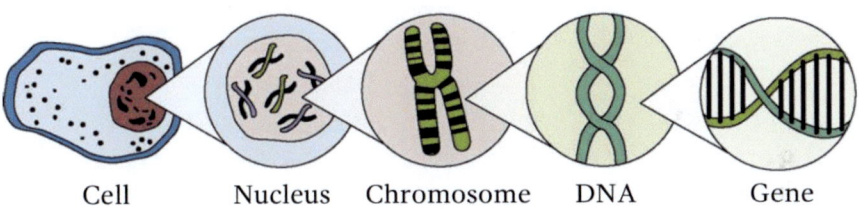

Cell   Nucleus   Chromosome   DNA   Gene

befindet, wird als **Locus** bezeichnet. Der Begriff locus (lateinisches Wort für "Ort") wird im Plural loci geschrieben. Loci werden mit einem Grossbuchstaben bezeichnet, der der Anfangsbuchstabe des englischen Wortes ist, das ihre Wirkung am genauesten beschreibt.

Homozygot und heterozygot:

Wenn die beiden Allele an demselben Lokus identisch sind, wird das Merkmal für diesen Lokus als **homozygot** (homo = gleich, zygote = Ei) bezeichnet. Wenn die beiden Allele an demselben Lokus unterschiedlich sind, wird das Merkmal als **heterozygot** (hetero = anders) für diesen Locus bezeichnet.

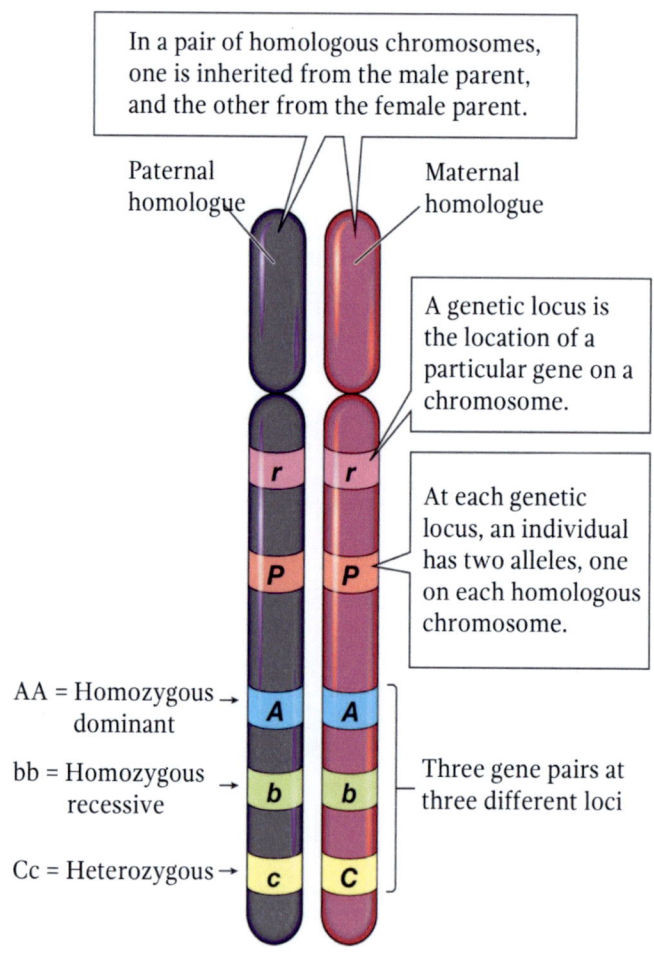

In a pair of homologous chromosomes, one is inherited from the male parent, and the other from the female parent.

Paternal homologue

Maternal homologue

A genetic locus is the location of a particular gene on a chromosome.

At each genetic locus, an individual has two alleles, one on each homologous chromosome.

AA = Homozygous dominant

bb = Homozygous recessive

Cc = Heterozygous

Three gene pairs at three different loci

Dominanz und Rezessivität:

Allele können auf verschiedene Weise miteinander interagieren. Das **dominante** Allel besitzt die Eigenschaft, die Wirkung des Partnerallels desselben Paares zu unterdrücken oder zu maskieren. Das dominante Allel kommt automatisch zum Ausdruck, auch wenn dieses Allel nur in einer einzigen Kopie vorhanden ist und somit nur von einem der beiden Elternteile stammt. Es kommt vor, dass die Dominanz eines Allels über ein anderes nicht immer vollständig ist. Man spricht dann von unvollständiger Dominanz.
Das **rezessive** Allel hingegen ist dasjenige, dessen Wirkung im Paar durch sein dominantes Allel verdeckt wird. Seine Wirkung ist nur dann sichtbar und phänotypisch nachweisbar, wenn es in doppelter Ausprägung vererbt wird, d. h. von beiden Elternteilen.

Homozygote und heterozygote Individuen können das gleiche Aussehen (Phänotyp) haben. Der Heterozygote ist jedoch Träger eines rezessiven Gens, das er von Generation zu Generation weitergeben kann. Wenn aus einer Verpaarung von dominant veranlagten Individuen ein rezessiv veranlagter Welpe hervorgeht, z. B. ein Fauve aus zwei Schwarzen, tragen sowohl der Deckrüde als auch die Hündin die Verantwortung dafür.

Es gibt ausserdem auch Fälle, in denen die Beziehung zwischen zwei Allelen weder dominant noch rezessiv ist. Keines der beiden Allele weist eine vollständige Dominanz auf. In diesem Fall spricht man von **Kodominanz.**

Interaktionen zwischen Allelen, die sich an verschiedenen Loci befinden, sind ebenfalls möglich. Von **epistatischen** Beziehungen spricht man, wenn die Allele eines bestimmten Locus die Expression der Allele eines anderen Locus (hypostatischer Locus) verhindern. Um anzugeben, dass ein Gen dominant oder rezessiv ist, wird folgende Schreibweise akzeptiert: Das dominante Allel wird gross und das rezessive Allel klein geschrieben. Die Allele der einzelnen Loci werden nach der Dominanz der Allele geordnet.

<u>Die Genetik der Farben und Fellstruktur:</u>

Die Färbung entsteht durch ein Pigment, das sogenannte Melanin, das von spezialisierten Zellen, den Melanozyten, produziert wird. Melanozyten schützen den Körper vor Sonnenstrahlung und absorbieren Licht. Melanozyten können zwei Arten von Pigmenten absondern:

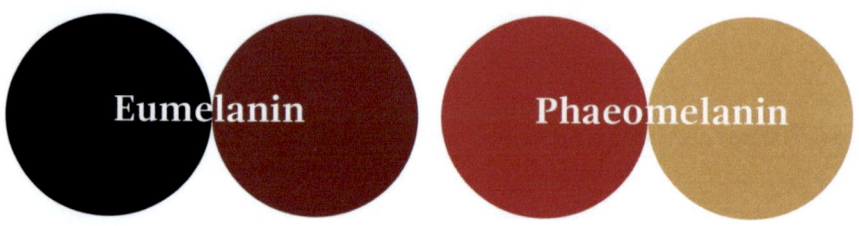

Eumelanin:
Dieses Pigment bestimmt die schwarze oder braune Farbe. Eumelanin kommt sowohl im Fell als auch an anderen Körperteilen vor, insbesondere an der Nase, den Lippen und der Iris der Augen.

Phaeomelanin:
Dieses Pigment bestimmt die gesamte Palette an Farbtönen der Fellfarbe. Phaeomelanin ist ausschliesslich in den Zellen vorhanden, aus denen das Haar besteht. Es kommt in anderen Körperteilen nicht vor.

Zusammenfassend lässt sich sagen, dass alle Fellfarben entweder durch Eumelanin, Phaeomelanin oder eine Kombination aus beiden bestimmt werden. Die Farbintensität kann durch die Verdünnung der Pigmente beeinflusst werden. Weisses Fell entsteht durch das Fehlen von Pigmentierung.

Genetik und Fellfarben des Belgischen Schäferhundes:
Derzeit sind beim Hund etwa ein Dutzend Gene oder Loci bekannt. Acht davon wurden durch DNA-Analyse auf den Chromosomen identifiziert. Der Einfachheit halber gehen wir nicht auf die Untersuchung der Loci ein, die keinen Einfluss auf die Fellfarbe unserer Schäferhunde haben.

Loci	Description	Identification by DNA	Present in the Belgian Shepherd
A (agouti)	affects distribution of both eumelanin and phaeomelanin; fawn or sand with black overlay, recessive black, black saddle	✓	✓
B (brown)	affects colour of eumelanin, black or brown	✓	✓
C (coloured)	pigmentation, albinism	✓	✓
E (extension)	black mask, recessive fawn, domino	✓	✓
D (dilutes)	dilution, intensity of eumelanin	✓	✓
K (black)	dominant black, brindle	✓	✓
M (merle)	dilution of eumelanin in areas	✓	✗
S (spotting)	affects distribution of all pigments	✓	✓
H (harlequin)	the base colour of the coat is white	✓	✗
G (progressive greying)	progressive greying	✗	✗
I (intense)	modifies the intensity of phaeomelanin	✗	✓
T (ticked)	a pattern of many small pigmented spots on a white background	✗	✗

Der Eumelanin-B-Lokus:

Es ist der Lokus oder das B-Gen (TYRP1 - identifiziert auf Chromosom 11), das bestimmt, ob das Eumelanin schwarz oder braun ist. Für diesen Lokus gibt es zwei Allele, die in der Reihenfolge der Dominanz stehen:

B = schwarzes Eumelanin
b = braunes Eumelanin

Das Allel B:

Bei Hunden, die Träger der Allele BB oder Bb sind, ist das Eumelanin schwarz. Der Hund ist entweder ganz schwarz oder, wenn er nicht schwarz ist, sind seine Extremitäten (Nase, Lippen, Augenlider, Pfotenballen usw.) schwarz.

Der Belgische Schäferhund ist **BB** für diesen Lokus. Der Standard lässt keine Zweifel an der Farbe des Trüffels **(Nasenpigmentierung)** aufkommen. Sie muss schwarz sein.

Trüffel schwarz

Das Allel b:

Bei Hunden mit dem **bb-Allel** ist das **Eumelanin** verdünnt und erscheint braun (auch Schokolade oder Leber genannt). In diesem Fall sind auch Nase, die Haut, die Pfotenballen und andere Extremitäten braun. Die **bb-Allele** verringern die Intensität der Augenfarbe (Bernsteinfarbe). Ihre Rezessivität gegenüber Schwarz ist sicher. Das **b-Allel** kommt beim Belgischen Schäferhund nicht vor.

Trüffel braun

Andere Loci, die die Grundfarbe bestimmen:

a) Der A-Lokus (Agouti)

Der Lokus A, (ASIP auf Chromosom 24 identifiziert) ist nach dem Agouti benannt, einem kleinen Nagetiersäugetier, dessen Fell aus Haaren mit abwechselnd hellen und dunklen Streifen besteht.

Der Lokus A besitzt zwei Eigenschaften. Er ist der einzige Lokus, der die Synthese beider Pigmente auf demselben Haar ermöglicht (pigment type-switching), produziert selbst kein Pigment, steuert aber, wo und wann Eumelanin und Phäomelanin im Fell verteilt bzw. auf die verschiedenen dorsalen und ventralen Bereiche des Körpers verteilt werden (pattern). Am A-Lokus verhält sich das schwarze Eumelanin rezessiv zum fauven Pigment des Phäomelanins.

Die Agouti-Reihe besteht aus den folgenden Allelen:

- A^y = kohlrabenschwarz / charboné
- a^w = Kleid vom Wildtyp
- a^t = schwarz mit falb markiert
- a = schwarz (rezessiv)

Das Allel Ay:

Das A^y-Allel, (y von yellow), schränkt die Verteilung des Pigments Eumelanin ein, wobei die schwarzen Haare unterschiedlich stark ausgeprägt sind
und das Fellmuster "charbone fauve" aufweisen, d. h. fauvefarbene Haare
mit schwarzer Spitze, die mit vollständig schwarzen Haaren durchsetzt sind.
Phäomelanin wird in der letzten Phase des Haarwachstums gebildet.
Es ist das dominante Allel für den Malinois, den Tervueren und den
Laekenois. Dieses Allel spielt auch bei der gestromten Fellfarbe des Holländischen Schäferhundes eine Rolle.

Das A^y-Allel ist beim Deutschen Schäferhund nicht vorhanden (John Ayotte
- Color genetics).

Charbonnè

ohne Charbonage

Das Allel a^w:

Das a^w-Allel,(w von wild), ist das Wildtyp-Allel und führt
zu einer wolfsgrauen Färbung. Die Haare weisen Bereiche mit schwarzen Haaren an der Basis und an der Spitze
sowie inmitten von fauven Haaren auf. Die Menge der
Haare mit hellem oder schwarzem Pigment variiert mit
einer grösseren Verteilung der schwarzen Haare auf dem
Rücken. Der Elchhund ist das am häufigsten genannte
Beispiel. Dieses Allel kommt beim Belgischen Schäferhund nicht vor.

Elkhond

<u>Das Allel a^t:</u>

Das **a^t-Allel**, (t von tan), erzeugt das Fellmuster schwarz mit lohfarbener Zeichnung (früher schwarz und feuerrot genannt). Die schwarzen Haare des Fells erstrecken sich fast über den gesamten Körper und lassen nur an der Schnauze, über den Augen, an der Brust, an den Füssen und unter dem Schwanz fauvefarbene Abzeichen zurück.

Als Schwarzmantelkleider werden Farben bezeichnet, die von den Enden her mit **Phäomelanin** (fauve) durchsetzt sind. Sie bilden einen schwarzen Mantel, der bis zu einem schwarzen Sattel schrumpfen kann. Der genetische Mechanismus dieses Phänomens (engl. creeping tan pattern) ist nicht bekannt. Die Ursache ist wahrscheinlich ein modifizierendes Gen.

Diese Art von Fell ist nicht wünschenswert und wird im Standard als eliminatorischer Fehler angesehen.

falb mit schwarzem Mantel   schwarzer Mantel mit falb

Sporadisch werden beim Belgischen Schäferhund fauve-Welpen mit schwarzem Mantel geboren. Dieses Gen ist nicht Teil des historischen genetischen Erbes des Belgischen Schäferhundes. Es ist offensichtlich, dass in der Vergangenheit Kreuzungen mit anderen Rassen vorgenommen worden sind. Diese Art von Fell ist nicht wünschenswert und wird im Standard als eliminatorischer Fehler angesehen.

<u>Das Allel a:</u>

Der Hund muss homozygot **aa** sein, um das einfarbig schwarze Fell auszuprägen. Die Wirkung von **Phäomelanin** wird vollständig gehemmt. Dieses Allel ist im Vergleich zu den anderen Allelen dieser Reihe rezessiv,

daher der Name rezessives Schwarz.
In ästhetischer Hinsicht unterscheidet
es sich in keiner Weise vom dominan-
ten Schwarz. Beim Belgischen Schäfer-
hund gibt es das rezessive schwarze
Allel seit dem Ursprung der Rasse.
Der schwarze Rauhaarige **Moor** ist ein
Beispiel dafür. Er ist ein Sohn des fau-
ven Rauhhaars Vos I und des fauven
Rauhhaars **Spits** (ebenfalls ein Sohn

von Vos I). Das **rezessive schwarze Allel** scheint auf nur wenige Rassen
beschränkt zu sein. Dieses Allel soll allein für die Farbe des schwarzen
Deutschen Schäferhundes verantwortlich sein. Die meisten **Schipperkes**
sind Träger des rezessiven schwarzen Allels.

Der K-Lokus (BlacK):
Der Lokus K, (CBD103 = auf Chromosom 16) hat drei Allele:

- K^B = schwarz (dominant)
- kbr = gestromt
- ky = lässt die Allele des A-Lokus zum Ausdruck kommen

Das K-Allel K^B:

Das K-Allel K^B (B von "Black") erzeugt ein einheitlich schwarzes Fell, das
von der Wurzel bis zur Spitze schwarz ist. Es ist das dominante Allel der
Serie, das ausschliesslich die schwarze Farbe des **Eumelanins** produziert
und diese gleichmässig über alle Körperteile verteilt. Es ist nicht möglich, die
schwarze Farbe der rezessiven Allele **aa** von der des dominanten Allels K^B zu
unterscheiden. K^B ist **epistatisch** in Bezug auf die Allele des A- und E-
Lokus, mit Ausnahme von **ee**. Kein Allel des A-Lokus ist sichtbar. Die meisten Groenendaels sind $K^B K^B$ oder $K^B k^y$.

Groenendael

Das k-Allel br (br von brindle):
Das k-Allel br (brindle) erzeugt schwarze vertikale Streifen (Eumelanin) auf einem fauven Hintergrund (Phäomelanin). Rezessiv zu K^B, ist kbr dominant gegenüber k^y, sodass ein Hund nur ein k^{br}-Allel benötigt, um gestromt zu sein.
Das k^{br}-Allel ist epistatisch in Bezug auf jedes Allel des A-Lokus. Das durch das A-Lokus-Allel bestimmte Grundmuster ist zwischen den schwarzen Streifen sichtbar.

Beispiel für das Erscheinungsbild:
Vor einigen Jahren wurde ein Holländischer Schäferhund mit einem schwarzen Mantel beobachtet – ein fauver, gestromter Hund mit schwarzem Mantel (a^t/a^t k^{br}/k^{br}). Dieses Erscheinungsbild weist eindeutig auf eine Kreuzung mit einer anderen Rasse hin.

Variation in der Stromung:

Die Intensität des gestromten Musters kann von Hund zu Hund variieren.

- Einige gestromte Hunde haben weit auseinanderliegende Streifen, während andere sehr eng beieinanderliegende Streifen aufweisen, wodurch die helleren Farben des Grundmusters kaum sichtbar sind.
- Gestromte Hunde sind immer entweder k^{br}/k^{br} / k^{br}/k^{y}.

Holländischer Schäferhund fauve bringnè

Rassen mit gestromtem Fell:
Das gestromte Muster ist bei Belgischen Schäferhunden mittlerweile sehr selten und wird im Standard nicht mehr anerkannt. Es tritt jedoch bei Holländischen Schäferhunden auf, die in drei Fellvarianten existieren: Kurzhaar, Langhaar und Rauhaar.
Farben der Stromung: Gestromt auf fauvem Hintergrund (A^y):
- Wird im Standard als „**gestromtes Gold**" bezeichnet (standardisierte Nomenklatur: fauve-brignè gestromt).
- Gestromt auf verdünntem fauvem Hintergrund:

- Wird als „gestromtes Silber" bezeichnet (standardisierte Nomen
  klatur: sand gestromt). Diese Variante entsteht durch die Verdünnung des Phäomelanins (siehe I-Lokus).

Holländischer Schäferhund rauhaar brignè

Das k^y-Allel (y von yellow):
Ein Hund mit dem Genotyp $k^y k^y$ (homozygot für k^y) lässt die Allele des A-
Lokus vollständig zum Ausdruck kommen. Das bedeutet:

Funktion des k^y-Allels:
- Das k^y-Allel hat keine epistatische Wirkung auf die Muster, die
  durch den A-Lokus kontrolliert werden (z. **B. A^y, a^t, aw**).
- Es wirkt also neutral und ermöglicht, dass das durch den A-Lokus
  bestimmte Fellmuster sichtbar bleibt.

Bedeutung des A-Lokus:

- Der A-Lokus steuert die Verteilung von Eumelanin (schwarzes Pigment) und Phäomelanin (rotes Pigment), was Muster wie sable (fauve), tan-points (lohfarben) oder wolfsgrau hervorbringt. Bei einem **kyky**-Hund wird das Muster des A-Lokus sichtbar, da es nicht durch das dominante K^B- oder **kbr**-Allel überdeckt wird.

Beispiel:

- Ein Hund mit **kyky AyAy** hat ein fauves Fellmuster, da **Ay** (fawn) dominant ist.
- Ein Hund mit **kyky atat** zeigt ein lohfarbenes Fellmuster (tan-points), da at lohfarben bestimmt.

Der E-Lokus (Extension):
Die Allele des E-Lokus sind: (MC1R - auf Chromosom 5)

- E^m = schwarze Maske
- E^G = Grizzle (beim Saluki) oder Domino (beim Afghanischen Windhund)
- E = ermöglicht die volle Pigmentierung
- e = produziert nur Phäomelanin

Das E^m-Allel (m von mask):
Das E^m-Allel ermöglicht die Ausdehnung des schwarzen Pigments zur Bildung einer schwarzen Maske. E^m ist das dominante Allel der **E-Serie**. Daher benötigt ein Hund nur ein E^m-Allel, um eine Maske zu haben, unabhängig davon, welches andere Allel der Serie vorhanden ist.

Für den Belgischen Schäferhund sind die möglichen Kombinationen: E^mE^m oder E^mE. Für den Malinois und den Tervueren ist die Maske inzwischen obligatorisch (Standard von 1978). Beim Holländischen Schäferhund wird der Maske der Vorzug gegeben.

Tervueren mit Maske   Malinois mit Maske   keine Maske vorhanden

Die Maske kann stark variieren – von der Abdeckung nur der Spitze des Schnauzenbereichs bis hin zur vollständigen Bedeckung des gesamten Gesichts und der Ohren. Nach dem aktuellen Stand der molekularen Forschung gibt es noch keine Erklärung für die unterschiedlichen Ausprägungen der Maske. Die Wirkung des Maskenallels **E^m** ähnelt der Ablagerung einer schwarzen Pigmentschicht über der Grundfarbe des Fells. Hunde ohne Maske (**EE**) zeigen die Grundfarbe mit möglicherweise einer kleinen Menge schwarzen Pigments an der Basis des Schnauzenbereichs nahe der Nase.

Offene wissenschaftliche Fragen zum Maskenallel:
Könnte das E^m-Allel auch für die schwarze Pigmentierung anderer Körperteile verantwortlich sein, wie:

- die schwarze Linie entlang des Rückens (Schwarzfärbung der Fellspitzen),
- schwarze Abzeichen auf der Brust,
- schwarze Streifen an den Beinen,
- und die schwarze Spitze der Rute (sogenannter "**Schwanzdreieck**")?

Die Wissenschaft hat bisher keine abschliessenden Antworten gegeben, und es bleibt möglich, dass zukünftige Entdeckungen anderer Allele weitere Alternativen liefern.

Ausgeprägte Charbonnage schwarzs   Band auf dem Rücken

Sichtbarkeit der Maske auf schwarzem Fell:
Eine schwarze Maske ist auf einem vollständig schwarzen Hund nicht sichtbar. Aus diesem Grund können Tervueren, die von Groenendael-Eltern ohne sichtbare Maske abstammen (was genetisch nicht erkennbar ist), ein blass gefärbtes Gesicht oder eine fehlende Maske aufweisen.

Standardvorgaben für den Tervueren und den Malinois:
Der Standard betrachtet das Fehlen einer Maske, einschliesslich eines Schnauzenbereichs, der heller ist als das restliche Fell, als eliminatorischen Fehler. Dies gilt insbesondere für den Tervueren und den Malinois.

Das E-Allel ^{G} (Grizzle G):
Das E^G-Allel verursacht den Phänotyp Grizzle beim Saluki und Domino beim Afghanischen Windhund. Das E^G-Allel kommt nur in Gegenwart der A^tA^t-Allele zum Ausdruck. Die Forschung in diesem Bereich wird bei anderen Rassen fortgesetzt.

Gewöhnlich mit einem Grossbuchstaben geschrieben, ist **E** rezessiv zu **Em**. E lässt die normale Produktion von Eumelanin oder Phäomelanin zu.

Das Allel e:
Bei Vorhandensein des homozygoten Paares ee kommt nur das Pigment Phäomelanin, verdünnt oder unverdünnt, im Haar zum Ausdruck, als ob jede Spur von Eumelanin ausgelöscht wäre. Die Farbe der Augen, der Nase und der Lippen bleibt davon unberührt, da diese von anderen genetischen Loci bestimmt werden. Dies gilt auch für den Irish Setter und den Golden Retriever.

Das **e**-Allel ist beim Belgischen Schäferhund nicht vorhanden, da es die für den Standard erforderlichen Merkmale wie die schwarze Maske und die Charbonnage verhindert.

Es ist sehr schwierig, einen fauven Hund ohne Charbonnage und ohne Maske von einem ^{ee}-Hund zu unterscheiden. Dazu muss man auf Gentests zurückgreifen, es sei denn, man untersucht die Schnurrbarthaare. Laut Sue Ann Bowling in Canine Color Genetics sind die Haare auf Nasenhöhe schwarz, wenn der Hund homozygot A^yA^y ist. Sie sind sandfarben (cream or straw colored), wenn der Hund **homozygot ee** ist.

Der C-Lokus: Hypothese zur Pigmentierung und Albinismus bei Hunden

Der C-Lokus (C von Colored): (TYR noch nicht identifiziert):
Der **C-Lokus**, der für die normale Pigmentierung verantwortlich sein soll, bleibt hypothetisch, da er bislang nicht eindeutig einem spezifischen Gen oder Chromosom zugeordnet wurde. Die frühere Hypothese eines C-Allels **ch** (Chinchilla) zur Erklärung der Verdünnung von fauve zu sand konnte nicht bestätigt werden. Die Forschung zeigt, dass diese Farbverdünnung durch den **I**-Lokus (**Intense**) beeinflusst wird.

Bekannte Allele des C-Lokus:

- C = normale Pigmentierung (vollständige Ausprägung von Eumelanin und Phäomelanin).
- c^a = Albinismus (rote Augen, völliger Verlust der Pigmentierung).

Albinismus bei Hunden:
Das c^a-Allel führt zu Albinismus, wobei das Eumelanin und das Phäomelanin vollständig eliminiert werden. Dies äussert sich durch:

- Weisses Fell,
- Rote Augen (aufgrund des fehlenden Pigments in der Iris und der Durchscheinbarkeit der Blutgefässe),
- Depigmentierte Nase, Lippen und Augenlider.
-

Albinismus ist bei Hunden äusserst selten. Bei Belgischen Schäferhunden kommt dieses Gen nicht vor. Alle Varietäten des Belgischen Schäferhundes weisen normale Pigmentierung auf und tragen den Genotyp **CC**.

Wissenschaftliche Validierung:
Die Hypothese des **C**-Lokus bleibt spekulativ, und die bisher angenommenen Mechanismen, insbesondere in Bezug auf Verdünnungseffekte, werden heute dem **D**-Lokus (**Dilution**) oder dem **I**-Lokus (**Intense**) zugeschrieben. Der **C**-Lokus wird jedoch weiterhin in der klassischen **Genetik** verwendet, um **Albinismus** zu erklären.

Zusammenfassung:

- Das **C**-Allel: Verantwortlich für normale Pigmentierung.
- Das c^a-Allel: Führt zu Albinismus, ist jedoch beim Belgischen Schäferhund nicht vorhanden.
- Der **C**-Lokus ist hypothetisch und wurde bisher nicht eindeutig lokalisiert.

Der D-Lokus (Dilution D): (MLPH - auf Chromosom 25)

Für diesen Lokus gibt es zwei Allele:
- D = keine Verdünnung
- d = Verdünnung des Eumelanins

Das **D**-Allel führt nicht zu einer Verdünnung. Die Pigmentierung wird normal ausgeprägt. Alle Varietäten des Belgischen Schäferhundes sind **DD**.
Das Verdünnungsallel **d** ist **rezessiv**. Bei Vorhandensein des Paares dd werden die Farben wie folgt verdünnt:

Färbung grau/blau

- Schwarz wird zu Blau (grau-blau, auch "slate blue" genannt).
- Braun wird zu Beige.
- Wildfarben (agouti) wird zu Sand.

Färbung bei dd-Genotyp:
Hunde mit dem Genotyp **dd** zeigen eine grau-blaue Färbung (auch als **"slate blue"** bezeichnet), die durch eine Verdünnung des schwarzen Pigments (**Eumelanin**) entsteht. Diese Verdünnung betrifft nicht nur das Fell, sondern auch die Nase, die Lippen und den Gaumen, die alle in einem bläulichen Ton

erscheinen. Diese charakteristischen Merkmale sind bereits bei der Geburt sichtbar. Auch die Augenfarbe wird durch das dd-Gen beeinflusst. Die Iris wird verdünnt, was ihr einen blauen oder rauchigen Farbton verleiht – oft als "smoky eyes" beschrieben.

Neben der Verdünnung von **Eumelanin** wirkt sich der Genotyp dd auch auf **Phäomelanin** (rote Pigmente) aus und macht diese Farben matter oder pastellartiger.

Genetische Probleme bei verdünnten Farben:
Mit der Verdünnung durch das **dd**-Gen geht häufig eine erhöhte Anfälligkeit für **Alopezie** (Haarausfall) einher. Diese genetische Störung tritt besonders bei Rassen wie dem Dobermann oder der Deutschen Dogge auf. Bei Deutschen Schäferhunden ist **Alopezie** seltener, wird jedoch als zuchtausschliessender Fehler angesehen.

Blau beim Belgischen Schäferhund:
Beim Belgischen Schäferhund kommen blaue Fellfarben mittlerweile häufiger vor, obwohl sie kein Teil des ursprünglichen genetischen Erbes der Rasse sind. Diese Färbung ist ein Hinweis auf frühere Kreuzungen mit anderen Rassen. **Da blaue Hunde weder dem Standard entsprechen noch die gewünschten Eigenschaften der Rasse repräsentieren, gilt diese Färbung als eliminatorischer Fehler und ist nicht erwünscht.**

Zusammenfassung:
Die Verdünnung durch das **dd**-Gen führt zu blauen Fellfarben, die von einem graublauen Ton des Fells bis hin zu rauchblauen Augen reichen.

Diese Färbung widerspricht den Standards des Belgischen Schäferhundes und deutet auf historische Kreuzungen hin. Gleichzeitig sind Hunde mit verdünnten Farben oft anfälliger für genetisch bedingte Gesundheitsprobleme wie **Alopezie**.

Historische Kreuzungen: Die Aussage, dass blaue Hunde beim Belgischen Schäferhund auf Kreuzungen mit anderen Rassen zurückgehen, ist plausibel, aber nicht genetisch nachweisbar, wenn keine genauen Stammbäume oder DNA-Analysen vorliegen. Diese Aussage sollte daher vorsichtig formuliert werden. Standarddefinition: Die Beschreibung des Standards (z. B. "eliminatorischer Fehler") basiert auf gängigen Zuchtstandards für Belgischen Schäferhunde. Quelle (FCI-Standard).

Der I-Lokus (I von Intense):

Hypothese des I-Lokus:

Aufgrund neuerer Studien wurde festgestellt, dass das hypothetische **C**-Allel ch (für Chinchilla) nicht für die Verdünnung der fauven Farbe des Hundefells verantwortlich ist. Stattdessen wird dieser Mechanismus durch den **I**-Lokus (noch nicht auf einem Chromosom lokalisiert) erklärt.

Mögliche Allele des I-Lokus:

-       I = keine Verdünnung von Phäomelanin
-       i = ko-dominantes Allel der Verdünnung

Das I-Allel führt nicht zu einer Verdünnung. Die Pigmentierung bleibt normal, sodass das Phäomelanin in voller Intensität sichtbar ist.

Das Verdünnungsallel i:

Das i-Allel ist rezessiv. Bei Vorhandensein des homozygoten Paares **ii** wird die Farbe fauve (Phäomelanin) zu sand verdünnt, wie es in der standardisierten Nomenklatur bezeichnet wird. Diese Verdünnung betrifft ausschliesslich das **Phäomelanin** und hat keinen Einfluss auf das schwarze **Eumelanin**, das z. B. in der Charbonnage, oder der Maske sichtbar ist.

Da **Phäomelanin** ausschliesslich im Haar vorkommt, bleiben die Pigmentierung von Nase und Augen unverändert. Die durch das Allel **ii** erzeugte Farbe wird als sand bezeichnet, mit Variationen von cremeweiss bis weisslich. In Kombination mit Charbonnage entsteht der Farbton Charbon-Sand.

Ko-Dominanz des i-Allels:
Das rezessive **i**-Allel zeigt eine besondere Eigenschaft, die als Ko-Dominanz bezeichnet wird. Hunde mit dem Genotyp **Ii** weisen eine leicht verdünnte Fellfarbe auf, die noch eine gewisse Intensität des **Phäomelanins** bewahrt. Dagegen erscheinen Hunde mit dem Genotyp **ii** deutlich blasser, da die Verdünnung des **Phäomelanins** stärker ausgeprägt ist. Diese Farbveränderungen betreffen ausschliesslich das **Phäomelanin**, während das schwarze **Eumelanin**, wie es in der Charbonnage (schwarze Haarspitzen) oder der Maske vorkommt, unverändert bleibt.

- Hunde mit dem Genotyp I^i haben eine leicht verdünnte Farbe.
- Hunde mit dem Genotyp ii erscheinen deutlich blasser als Ii-Hunde.

Relevanz beim Belgischen Schäferhund:
Beim Belgischen Schäferhund, insbesondere bei der Varietät Tervueren, ist die **graue** Fellfarbe im FCI-Standard als zulässig definiert. Diese Farbe entsteht durch eine Kombination aus verdünntem **Phäomelanin** und **Charbonnage**, wodurch das Fell einen grau-schwarz-gewolkten Eindruck erhält. Im Standard wird diese Farbe als "**grau**" bezeichnet, obwohl die zugrunde liegende Genetik eine Verdünnung des **Phäomelanins** mit einbezieht. Die Beschreibung im offiziellen FCI-Standard Nr. 15 lautet wie folgt: Tervueren:

„Vorzugsweise falbfarben-schwarz-gewolkt oder grau-schwarz-gewolkt mit schwarzer Maske."

Diese Definition deckt sich mit den genetischen Erkenntnissen, die zeigen, dass die graue Färbung durch den Einfluss des i-Allels und die Präsenz von Charbonnage zustande kommt.

"Charbonnage-Sand":
Der Begriff "Charbonnage-Sand", der manchmal verwendet wird, beschreibt die Farbwirkung, die durch die Kombination von Charbonnage und verdünntem Phäomelanin entsteht. Allerdings wird diese Bezeichnung nicht im offiziellen Standard verwendet. Stattdessen wird die Farbe im Standard allgemein als "grau" zusammengefasst.

Zusammenfassung:
Das I-Allel bewahrt die volle Intensität des Phäomelanins und führt zu keiner Verdünnung.
Das i-Allel hingegen verdünnt ausschliesslich das Phäomelanin, was zu sandfarbenen oder cremefarbenen Tönen führt, ohne das schwarze **Eumelanin** zu beeinflussen.
Beim Tervueren wird die durch das i-Allel erzeugte Farbe als grau im Standard akzeptiert, wobei sie durch den Einfluss der Charbonnage zusätzlich charakterisiert wird.
Quellenangaben:
Fédération Cynologique Internationale (FCI). Standard Nr. 15 – Belgischer Schäferhund. Offizielle Beschreibung der Farbvarianten. Verfügbar unter: FCI Belgischer Schäferhund Standard

Welpen kurzhaar. Wurf aus fauve und sandfarben

Weissfärbung oder fehlende Pigmentierung:

Weisse Brustflecken (white chest spot):
Eine kleine Menge Weiss an der Brust und den Zehen wird als Restweiss (white chest spot) bezeichnet. Dies tritt auf, wenn die Farbpigmente während der embryonalen Entwicklung nicht vollständig migriert sind. Verzögerungen in der Embryonalentwicklung, beispielsweise durch Stress oder Erkrankungen der Mutter, könnten die Ursache sein. Prof. Sheila Schmutz erklärt hierzu:

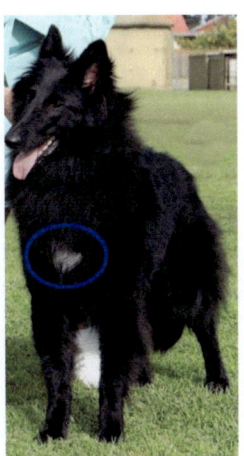

„Da die Melanozyten während der Embryogenese entlang der Wirbelsäule nach unten wandern, schliessen nicht alle Tiere diesen Prozess bei der Geburt oder danach vollständig ab. Bei Hunden ist es daher nicht ungewöhnlich, weisse Finger zu sehen. Dies ist wahrscheinlich eher ein zufälliges Ereignis als das Ergebnis eines bestimmten Allels. Weisse Flecken treten auch häufig auf der Brust auf. Dies ist ebenfalls darauf zurückzuführen, dass die Melanozyten in der Entwicklung des Fötus sehr spät migrieren. Entwicklungsverzögerungen können den Abschluss der Melanozytenmigration verhindern. Es ist möglich, dass die Migrationsrate der Melanozyten selbst genetisch beeinflusst wird."

Gemäss dem offiziellen FCI-Standard Nr. 15 sind kleine weisse Abzeichen an der Brust und an den Zehen bei allen Varietäten des Belgischen Schäferhundes toleriert. Allerdings gibt es klare Vorgaben, was als Fehler oder disqualifizierendes Merkmal gilt:

Tolerierte Merkmale:
- Kleine weisse Flecken an der Brust.
- Weiss an den Zehen, das nicht übermässig ausgeprägt ist.

Fehlerhafte Merkmale:
- Ein grosser weisser Fleck an der Brust, der einen Brustpanzer bildet.
- Weiss an den Füssen, das über die Zehen hinausgeht.

Disqualifizierende Fehler:
- Zu ausgedehnte weisse Abzeichen an der Brust, insbesondere wenn sie bis zum Hals reichen.
- Weiss an den Füssen, das über die Hälfte der Mittelfussknochen hinausgeht und sogenannte „Socken" bildet.
- Weisse Flecken an anderen Körperstellen als Brust und Zehen.

Unterschiede zu anderen Rassen:
- Beim Holländischen Schäferhund ist laut Standard ein Übermass an Weiss an der Brust und den Pfoten unerwünscht.
- Beim Schipperke führen selbst kleinste weisse Flecken, auch an den Zehen, zur Disqualifikation.

Fellmuster und Genetik weisser Flecken (Spotted Patterns):
Der S-Lokus (Spotting Locus, MITF - Chromosom 20) ist für das Vorhandensein von weissen Flecken (weisse Panaschierung) verantwortlich. Für diesen Lokus existieren zwei Allele:

- **S** = keine weissen Abzeichen
- **s^p** = weisse Panaschierung (Piebald).

Das s-Allel **p** (piebald) erzeugt weisse Flecken, die an jeder beliebigen Stelle des Körpers auftreten können. Sie sind nicht gleich gross oder befinden sich an einer bestimmten Stelle. Hunde mit **sp** können wenige oder viele weisse Flecken auf einem bunten Hintergrund haben.

Die Allele am **S**-Lokus sind Beispiele für unvollständige Dominanz. Das bedeutet, dass ein heterozygoter **ssp** durch das **rezessive** Allel beeinflusst werden kann. Weisse Flecken vermehren sich nicht treu, und aus Verpaarungen können Welpen ohne Panaschierung, mit Panaschierung oder dazwischen entstehen. Die Menge der weissen Flecken kann stark variieren.

Beim sogenannten "**Irischen Fell**" (Irish spotting) sind die weissen Abzeichen ziemlich symmetrisch und treten an:

- der Schnauze;
- am Hals;
- an der Brust;
- an den Beinen auf, ohne über die Mittelfussknochen hinauszugehen, an den;
- Hinterbeinen;
- der Schwanzspitze.
-

Unter dem Körper gibt es keine weissen Flecken. Das betreffende Gen, das in Bezug auf den **S**-Lokus **rezessiv** ist, wurde noch nicht auf einem Chromosom lokalisiert. Dieser Fall ist beim Belgischen Schäferhund sehr selten.

Was legt der Standard fest?
- Für alle Sorten sind folgende Merkmale Fehler:
- Weisser Fleck auf der Brust, der einen Brustpanzer bildet.
- Weiss an den Füssen, das über die Zehen hinausgeht.
- Ausscheidende Fehler:
- Zu ausgedehnte weisse Abzeichen an der Brust, besonders wenn sie bis zum Hals reichen.
- Weiss an den Füssen, das über die Hälfte der Mittelfussknochen hinausgeht und Socken bildet.
- Weisse Flecken an anderen Stellen als an der Brust und den Zehen.

Beispiele für Welpen mit abweichenden Merkmalen:

Laekenois-Welpe   Malinois-Welpe

Ähnlichkeit mit einem Border-Collie-Welpen.

Die Farbe des Auges und der Extremitäten:

Der Einfluss der Farben kann auf die verschiedenen Teile des Auges, auf die Iris (als den farbigen Teil) und auf das, was man gewöhnlich als das Weisse des Auges bezeichnet, ausgeübt werden. Der Hund hat eine runde

Eumelanin locus

Locus B	determines the colour of eumelanin
B	**black** eumelanin
b	bb = brown eumelanin

Other loci responsible for the base colour

Locus A	determines the pattern of the coat
A^y	**fawn coat with black overlay**
a^w	wild type coat
a^t	black coat marked with fawn
a	aa produces a **recessive black coat**

Locus K	the blacK locus
K^B	produces a **dominant black coat**
k^{br}	produces a **brindle coat**
k^y	$k^y k^y$ allows expression of locus A alleles

Locus E	extension locus
E^m	black mask
E^G	grizzle in Salukis, domino in Afghans
E	eumelanin or phaeomelanin can be produced in hair
e	ee only phaeomelanin is produced in hair

Loci that affect the intensity of pigmentation

Locus C	coloured locus
C	full pigmentation
c^{aZ}	albinism of Doberman Pinschers
c^{aL}	albinism of small, long-haired dogs

Locus I	intensity locus, only affects phaeomelanin
I	intense red, not diluted
i	co-dominant, dilutes fawn to **sand**

Locus D	dilution locus, dilutes eumelanin to blue
D	not diluted
d	dd = diluted pigmentation

Locus responsible for white spots

Locus S	spotting locus
S	solid, minimal to no white markings
s^p	piebald or random spotting

Génotypes et phénotypes du Berger Belge

Couleurs de robes reconnues par le Standard

Le génotype est la réalité génétique, exprimée ou non. Le phénotype est ce que l'on voit.
Pour toutes les variétés un peu de blanc est toléré au poitrail et aux doigts.

Variétés	Type de poil	Couleur eumélanine locus B	Couleur de la robe			Dilution		Phénotype nomenclature standardisée
			Locus A	Locus K	Locus E	Locus D	Locus I	
Groenendael noir dominant	long	BB = noir	A^YA^Y ou A^Ya	K^BK^B ou K^Bk^y	E^mE^m ou E^mE ou EE	DD	II ou Ii ou ii	Noir
Groenendael noir récessif	long	BB = noir	aa	k^yk^y	E^mE^m ou E^mE ou EE	DD		Noir
Laekenois	dur	BB = noir	A^YA^Y (ou A^Ya)	k^yk^y	E^mE^m ou E^mE ou EE	DD	II (ou Ii)	Fauve très légèrement charbonné
Malinois	court	BB = noir	A^YA^Y (ou A^Ya)	k^yk^y	E^mE^m ou E^mE ou EE	DD	II (ou Ii)	Fauve charbonné masqué
Tervueren fauve charbonné	long	BB = noir	A^YA^Y ou A^Ya	k^yk^y	E^mE^m ou E^mE	DD	II ou Ii	Fauve charbonné masqué
Tervueren sable charbonné	long	BB = noir	A^YA^Y ou A^Ya	k^yk^y	E^mE^m ou E^mE	DD	ii	Sable charbonné masqué

Die Farbe des Auges und der Extremitäten:

Der Einfluss der Farben kann auf die verschiedenen Teile des Auges, auf die Iris (als den farbigen Teil) und auf das, was man gewöhnlich als das Weisse des Auges bezeichnet, ausgeübt werden. Der Hund hat eine runde Pupillenöffnung. Wenn viele Melanozyten vorhanden sind, erscheint die Iris dunkelbraun.

dunkle Augen

helle Augen

Das gelbe Auge ist bei den meisten Rassen ein Fehler. Es wird als helles Auge oder als Raubvogelauge bezeichnet. Beim Saarloos werden gelbe Augen bevorzugt (er ist aber ein Wolfshund).
Man erkennt die Existenz von drei Allelen am Locus Ir (= Iris) in der folgenden Dominanzreihenfolge:

> **Ir** = dunkle Iris, dunkle bis fast schwarze Farbe
> **i^{rm}** (medium) = haselnussbraune Iris (sog. Zwischenfarbe)
> **i^{ry}** (yellow) = gelbe Schwertlilie

Zwischen diesen drei Allelen ist die Dominanz nicht vollständig (= sie stehen in unvollständigen Dominanzbeziehungen), und daher entsprechen die verschiedenen möglichen Kombinationen unterschiedlichen Farbtönen.

Beobachtungen zufolge ergeben Hunde mit hellen Augen, wenn sie miteinander verpaart werden, nur helle Augen, während Hunde mit dunklen Augen dunkle und helle Augen ergeben. Es bedarf sehr guter Augen, um die Abgrenzung zwischen der Pupille und der sehr dunklen Iris zu erkennen, sodass sie als schwarz gelten. Deshalb sagt man, dass unsere **Schipperkes** kleine, ganz schwarze Augen haben.

Die Farbe der Iris wird im Grossen und Ganzen unabhängig von der Farbe des Fells weitergegeben. Alle braunen Hunde (**bb**) haben bernsteinfarbene Augen, die in ihrer Intensität variieren können. Eine Iris mit Pigmentverlust (**dd**) führt zu einem Blaustich. Es wird allgemein angenommen, dass die Krankheit rezessiv vererbt wird.

Beim Belgischen Schäferhund ist die Frage der Extremitäten relativ einfach zu beantworten. Unabhängig von der Fellfarbe sind die Nase, die Lippen, die Augenlider, die Wimpern des Oberlids, die Ohrumrandung, die Schleimhäute des **Anovulvars**, der Hodensack und die Nägel normalerweise schwarz.

Wenn ein Hund alt wird, schimmert seine Pupille zunächst grünlich, dann wird sie blau.

Vitiligo oder Depigmentierung:

Im Internet gibt es mehrere Seiten, die Vitiligo mit Tervueren in Verbindung bringen. Daher die Neugier, das Thema ein wenig zu vertiefen, da man zunächst wusste, dass es sich um eine Depigmentierung der Haut und der Haare handelt, aber nicht mehr. Ist dies die medizinische Bezeichnung für "ladre", der im Allgemeinen als der Teil der Haut definiert wird, dem Pigmente und Haare fehlen (um die Augen, die Nase)?

Hier ist die Zusammenfassung einiger Recherchen:
Vitiligo ist eine Erkrankung, bei der es zu einem Pigmentverlust der Haut, der Haare, der Fussballen oder der Nägel kommt. Sie erscheint als Fleck, der mehr oder weniger symmetrisch und mehr oder weniger lokal begrenzt ist. Diese Depigmentierung (oder Hypopigmentierung) führt zu rosafarbenen Hautstellen oder grauen oder weissen Haarstellen (auch Poliosis genannt). Die am häufigsten betroffenen Stellen sind die Gesichtshaut, die Augenlider und die Bereiche um die Augen, die Nase, die Lippen und der Mund.

Vitiligo beeinträchtigt die Produktion von Melanin, dem dunklen Pigment in der Haut und den Haaren. Das Immunsystem produziert Proteine, die die Melanozyten, die Zellen, die das Melanin produzieren, angreifen. Das Ergebnis ist ein fortschreitender Verlust der Pigmentierung.

Diese Bereiche sind nicht entzündlich und neigen nicht zu Erosionen oder Geschwüren. Ausserdem zeigt der Hund keine Symptome wie Schmerzen oder Juckreiz. Die Anomalie kann vorübergehend oder dauerhaft sein, und die betroffenen Bereiche können heilen. Während es sich um einen einfachen Schönheitsfehler handeln kann, kann es sich auch um einen Vorboten einer potenziell schwerwiegenden Haut- oder Allgemeinerkrankung handeln.

Es handelt sich um einen erblichen, aber nicht um einen angeborenen Makel, d. h. die Anomalie wird von den Vorfahren weitergegeben, ist aber bei der Geburt nicht vorhanden. Ein Rückzug des betroffenen Tieres aus der Zucht ist erforderlich. Die Symptome treten in der Regel im Alter zwischen 1 und 3 Jahren auf.
Aufgrund der fehlenden Pigmente sind diese Bereiche sehr anfällig für die Entwicklung eines "Sonnenbrands", was bei sonnigem Wetter die Verwendung von schützenden Sonnencremes erforderlich machen kann.

Verfärbung der Nase

weisse Brille" um die Augen

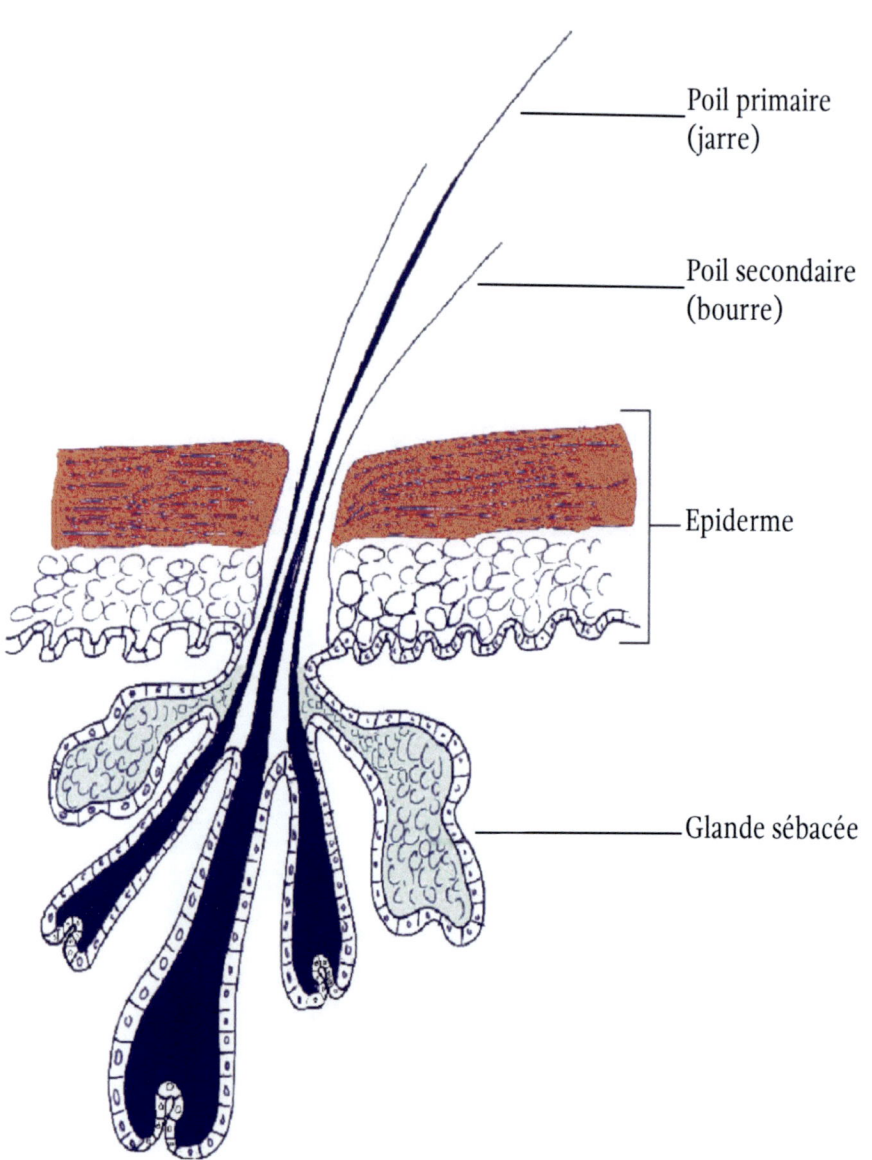

Poil primaire
(jarre)

Poil secondaire
(bourre)

Epiderme

Glande sébacée

Die Beschaffenheit des Fells
Genetische Aspekte

Der Belgische Schäferhund kennt drei Haartypen/Felltypen. Die ersten beiden, das kurze und das lange Haar, sind glatte Haare. Das dritte, das eine andere Textur hat, ist das Rauhaar. Sowohl die Länge des Haares als auch seine Textur sind Faktoren, die bei der Bestimmung des endgültigen optischen Effekts eine Rolle spielen. Denn nicht alle Haartypen nehmen die Farbe auf die gleiche Weise an. Dieses unterschiedliche Verhalten der verschiedenen Haare in Bezug auf die Pigmentierung erklärt die unterschiedlichen Abstufungen, die man im Kleid je nach Körperregion beobachten kann. Verschiedene Milieufaktoren wie Sonne, Kälte oder Lecken können die Farbausprägung ebenfalls beeinflussen. Auch das Alter ist ein wichtiger Faktor, der den Ausdruck verändert.

Der Belgische Schäferhund weist ein zusammengesetztes Fell auf. Man unterscheidet zwischen grossen, primären Haaren (Krughaare) und kleineren, sekundären Haaren (Flaumhaare). Das Krughaar ist steif und dient als Schutz vor Regen. Sie geben dem Fell auch seine Farbe. Die kleineren, feineren und weicheren Sekundärhaare bilden den Flaum oder die Unterwolle. Sie sorgen für die Aufrechterhaltung der Körpertemperatur.

Das Haar besteht aus einer Wurzel und einem Stiel. Die Wurzel befindet sich tief in der Haut und ist daher nicht sichtbar. Der Stiel hat ein freies Ende, das aus der Hautoberfläche herausragt.
Allele, die das Fell von Hunden steuern

Bis vor wenigen Jahren verfügten Wissenschaftler nur über wenige Daten zu den Genen, die die Vererbung des Fells bei Hunden bestimmen. Vor kurzem analysierte ein französisch-amerikanisches Forschungsteam spezifische Variationen in der DNA von 1.000 Hunden aus 80 Rassen.

Die Forschungsergebnisse wurden in einem Artikel mit dem Titel "Coat variation in the Domestic Dog is Governed by Variants in Three Genes" veröffentlicht (Cadieu et al., 2009).

Es wurden drei Hauptallele identifiziert, die für das Aussehen des Hundefells verantwortlich sind. Die Existenz dieser drei Allele ist weder beim Grauwolf, dem Vorfahren des Hundes, noch bei kurzhaarigen Hunden zu finden. Letztere erweisen sich somit als alleinige Träger der Ahnenallele.

Diese Mutationen wurden durch die künstliche Selektion verursacht, die der Mensch anwendet, um erwünschte Eigenschaften bei Haustieren zu erreichen. Die meisten der extrem unterschiedlichen Fellfarben, die bei Hunden zu finden sind, lassen sich durch die kombinierten Auswirkungen der Allele dieser drei Gene erklären. Lassen Sie uns diese kurz durchgehen. Die verwendeten Symbole sind den neuesten Artikeln zu diesem Thema entnommen (G.S. Barsh - 2012).

- Länge des Fells: FGF5
- Raues Haar: RSPO2
- Lockiges Haar: KRT7

Das Gen, das mit der Haarlänge zusammenhängt:

Es ist das **FGF5**-Gen auf Chromosom **32**, das die Länge – kurz/lang – des Fells bestimmt. Das Langhaar-Allel wurde bei den meisten langhaarigen Hunden gefunden. Als Ergebnis einer längeren Wachstumsphase wird das Haar länger. Die Rezessivität des Langhaar-Allels im Vergleich zum Kurzhaar-Allel wurde bestätigt. Was die Länge betrifft, so kann sie zwischen Individuen und Rassen variieren.

Über alle Rassen hinweg wurde das rezessive Langhaar-Allel bei 91 % der langhaarigen Hunde gefunden, nur bei 3,9 % der kurzhaarigen Hunde und bei etwa 30 % der Genotypen von Hunden mit mittellangem Fell.

Drei Rassen mit sehr langem Fell, der Silky Terrier, der Yorkshire Terrier und der Afghanische Windhund, stellen Ausnahmen dar. Diese Rassen unterscheiden sich in Bezug auf das **FGF5**-Gen nicht von den kurzhaarigen Rassen, was darauf hindeutet, dass andere Gene an der Haarlänge beteiligt sind.

Für dieses Gen oder diesen **L**-Lokus (von "length" oder Länge auf Englisch) sind in der Reihenfolge der Dominanz die beiden Allele, die die Länge bestimmen:

> **L** = Kurzhaar
> l = langes Haar

Daraus ergeben sich die folgenden drei Möglichkeiten:

> homozygot **LL** = kurzes Haar
> heterozygot **Ll** = kurzhaarig, Träger des Langhaar-Allels
> homozygot **ll** = langes Haar

Zur Erinnerung: Bei den meisten Hunden wächst das Haar bis zu einer bestimmten Länge und hört dann auf zu wachsen. Bei manchen Rassen hört das Haarwachstum nicht auf und das Fell wechselt nicht. Zu den bekanntesten Rassen gehören der Pudel und der Bichon Frisé.

Das Gen, das mit dem Vorhandensein von Schnurrbärten, Augenbrauen und Bärten zusammenhängt, ist:
Für hartes Fell:
Das Haar ist auf der Oberseite des Nasenrückens, der Stirn und den Gliedmassen am kürzesten. Weder die Haare um die Augen noch die Haare an der Schnauze sind so stark entwickelt, dass sie die Kopfform verdecken.

Das **RSPO2**-Gen auf Chromosom **13** bestimmt, ob ein Schnurrbart, volle Augenbrauen oder ein Bart vorhanden sind oder nicht. Diese Garnituren kommen nur in Verbindung mit dem Rauhaar vor. Die Forschung bestätigt, dass das Vorhandensein von Haarbesatz auf ein dominantes Allel zurückzuführen ist. Das bedeutet, dass ein einziges Allel ausreicht, um die Borten hervorzubringen. Dieses Allel fehlt also bei Tieren ohne Borten.Für dieses-Gen oder den **W**-Lokus (von wire hair - rough coat, englisch für hartes Haar) sind in der Reihenfolge der Dominanz die beiden Allele:

- W^{Wh} = hartes Haar
- w^h = glattes Haar

Daraus ergeben sich die folgenden drei Möglichkeiten:

- homozygot $W^{Wh}W^{Wh}$ = Rauhaar mit Besatz
- heterozygot $W^{Wh}w^h$ = Rauhaar mit Besatz und Träger des wh-Allels
- homozygot whwh = glattes Fell (smooth coat auf Englisch)

Das dominante W^{Wh}-Allel ist epistatisch (es gibt seltene Fälle unvollständiger Dominanz) in Bezug auf den L-Lokus. Das rezessive w^h-Allel lässt die Allele des L-Lokus zum Ausdruck kommen.

Das Gen, das mit dem Vorhandensein von Locken verbunden ist

Es ist das KRT7-Gen auf Chromosom 27, das über das Vorhandensein oder Fehlen von Locken entscheidet. Dieses Gen ist laut Untersuchungen immer entweder mit dem Allelpaar ll (Langhaar) oder mit dem Allel W^{Wh} oder sogar mit beiden Allelen assoziiert.

Bei diesem Gen oder Cu-Lokus (von "Curly" oder gelockt auf Englisch) zeigen die Merkmale der Dominanz oder Rezessivität komplexere Aspekte. Burns und Fraser (1966) kamen zu dem Schluss, dass das gelockte Haar gegenüber dem geraden Haar dominiert.

In dem Buch The Genetics of the Dog (2. Ausgabe - CAB International 2012) stellt Professor G.S. Barsh in einer zusammenfassenden Tabelle das gelockte Haar ebenfalls als dominant dar. Das heterozygote Gen lockiges Haar/gerades Haar würde zu einem welligen (kinky oder wavy) Fell führen.

Beim Belgischen Schäferhund gelten gelocktes und gewelltes Fell als Fehler.

Zusammenfassung:
Die Kombination dieser drei Gene vervielfacht ihre Wirkung und ist für sieben Felltypen verantwortlich, die für die meisten Rassehunde charakteristisch sind. Von diesen sieben Typen entfallen drei auf den Belgischen Schäferhund: das Kurzhaar, das Langhaar und das Rauhaar gemäss den in der folgenden Tabelle zusammengefassten genetischen Formeln.

Phénotype	Longueur	Garnitures
Poil court	LL ou Ll	whwh
Poil long	ll	whwh
Poil dur	LL ou Ll	$Wh^w Wh^w$ ou $Wh^w wh$

Hier zur Information die vier weiteren Phänotypen, die sich aus den Kombinationen ableiten:

Phénotype	Exemple
Bouclé avec garnitures	Airedale Terrier
Long avec garnitures	Bearded Collie
Long et bouclé	Irish Water Spaniel
Long, bouclé avec garnitures	Bichon Frisé

Neben den drei Hauptgenen (**L**, **W**[h] und **Cu**) sind inzwischen zwei weitere Gene bekannt: das **Hr**-Gen (Hairless) für Nackthunde und das **R**-Gen (Ridge) für den Kamm auf dem Rücken des Rhodesian Ridgeback. Dieser Kamm wird durch das Haar gebildet, das in entgegengesetzter Richtung zum restlichen Fell wächst. Zusammenfassend lässt sich sagen, dass die durchgeführten Studien einen wichtigen Fortschritt in den wissenschaftlichen Erkenntnissen über die Fellstruktur darstellen. Es besteht kein Zweifel daran, dass zukünftige, gezieltere Forschungen unser Wissen weiter ergänzen und verfeinern werden.

Regeln der Dominanz

Langes Haar:

Wie bei vielen anderen Hunderassen kann Kurzhaar Langhaar hervorbringen, Langhaar jedoch nie Kurzhaar. Das bedeutet, dass das Langhaar rezessiv ist. Zwei langhaarige Hunde werden niemals nur kurzhaarige Hunde hervorbringen. Ein Langhaar wird niemals Rauhaar hervorbringen. Daher ist das Langhaar in Bezug auf die Haarlänge vollständig homozygot ll.

Kurzes Haar:

Beim Kurzhaar ist die Sache nicht ganz so einfach. Da das kurze Haar **L** gegenüber dem langen Haar l dominant ist, können drei Fälle auftreten:

a) Paarung von zwei homozygoten Kurzhaarigen (**LL** + **LL**): In diesem Fall sollte man nie etwas anderes als kurzes Haar erwarten.

		♂	
		L	L
♀	L	LL	LL
	L	LL	LL

b) Paarung eines homozygoten Kurzhaars mit einem heterozygoten Kurzhaar (**LL** + **Ll**): Alle Nachkommen werden kurzhaarig sein, aber nur die Hälfte wird homozygot **LL** sein, was durch das folgende Punnett-Quadrat bestätigt wird:

		♂	
		L	L
♀	L	LL	LL
	l	Ll	Ll

c) Paarung von zwei heterozygoten Kurzhaarigen (**Ll** + **Ll**):
Von vier Nachkommen ist eines homozygot **LL**-kurzhaarig, eines homozygot ll-langhaarig, und zwei sind heterozygot **Ll**.

		♂	
		L	l
♀	L	LL	Ll
	l	Ll	ll

Das erklärt, warum ein Malinois manchmal Tervueren hervorbringt. Der Grund dafür ist, dass er das Langhaar-Allel l in sich trägt, das er manchmal von weit entfernten Vorfahren hat. Wenn er zufällig mit einem Partner verpaart wird, bei dem das Gleiche der Fall ist, findet dieses Langhaar-Allel sein Gegenstück und bringt in einem Wurf einen von vier Tervueren hervor, selten zwei.

Während die Dominanz des kurzen Haares über das lange Haar allgemein anerkannt ist, kommt es beim Belgischen Schäferhund oft vor, dass das kurze Haar das lange Haar nur unvollkommen dominiert, d.h. das Haar ist nicht so kurz wie beim echten Malinois und nicht so lang wie beim echten Tervueren. Man erhält halblanges Haar durch intermediäre Dominanz, was wiederum eine Selektion über mehrere Generationen (**normalerweise drei**) erfordern würde, bevor man die Sorte in der einen oder anderen Richtung rein findet.

<u>Das raue Fell:</u>
Das Rauhaar ist im Vergleich zum Glatthaar epistatisch. Das bedeutet, dass es eine Dominanzinteraktion des Rauhaar-Gens gegenüber dem Glatthaar-Gen gibt.

- Epistatisch bedeutet, dass ein Gen (in diesem Fall das Rauhaar-Gen) die Expression eines anderen Gens unterdrückt oder beeinflusst. Beim Rauhaar wirkt das dominante Allel W^{Wh} epistatisch gegenüber dem rezessiven Allel w^h (glattes Haar).
- Ein Hund mit mindestens einem W^{Wh}-Allel wird Rauhaar zeigen, unabhängig davon, ob er für Kurzhaar (L) oder Langhaar (l) homozygot oder heterozygot ist.

Das Rauhaar (zusammen mit Schnurrbärten, Augenbrauen und Bart) wird nur durch das dominante W^{Wh}-Allel bestimmt

- Rauhaar (W^{Wh}) ist epistatisch gegenüber Glatthaar (w^h): Sobald ein Hund das W^{Wh}-Allel trägt, wird er Rauhaar zeigen.
- Glatthaar ($w^h w^h$) tritt nur auf, wenn das Rauhaar-Gen vollständig fehlt (homozygot $w^h w^h$).

Yankee du Hameau St-Blaise   Xibelle van de Duvetorre

Diese Dominanzinteraktion ist jedoch nicht immer vollständig. Kurze Haare
können in einem Wurf mit harten Haaren auftauchen oder umgekehrt. Als
Beispiele seien genannt:

- Die Hündin Yankee du Hameau St-Blaise (LOSH 847363), geboren
  am 5. Februar 1999 in einem kurzhaarigen Malinois-Wurf;

- Die Hündin Xibelle van de Duvetorre (LOSH 817199), geboren am
  4. Januar 1998 aus einem rauhaarigen Wurf.

Beide Hündinnen sind im LOSH unter der Varietät Laekenois eingetragen.
Bemerkenswert ist das Fehlen von Gesichtsbehaarung, die das Merkmal oder
die Besonderheit von Rauhaar ist.
Zitat von Charles Huge:

"Rauhaar ist kein primitives Haar wie Kurzhaar oder Langhaar.
Rauhaar ist das Ergebnis einer Kombination. Ich verneine die Fix-
iertheit dessen, was wir als hartes Haar bezeichnen (Griffon, Fox,
Schnauzer, Bouvier). Dieses Haar muss von zwei Faktoren abhän-

gen: kurzes Haar und lockiges Haar. Wenn die Faktoren zusammenkommen, um gleichzeitig zu wirken, ist es sicher, dass die Dominanz des einen bald durch Dissoziation zum Vorschein kommt. Einige Individuen kehren fatalerweise zu einem der ursprünglichen Typen zurück, meist zum Barbet, seltener zum glatten Kurzhaar mit fehlendem Kinnbart. Um das Mischhaar zu erhalten, muss man also auf die entsprechende kurzhaarige Varietät zurückgreifen (z.B. Brabanter für den Brüsseler Griffon) oder besser die Tiere gleicher Herkunft, aber getrennter Herkunft verpaaren, wobei der zum Kurzhaar zurückgekehrte mit dem zum Barbet zurückgekehrten verpaart wird. Ich kenne keine Rasse, die eine Ausnahme bildet. (Die Selektion durch Vererbung - 1935)"

Die Beispiele von Yankee du Hameau St-Blaise und Xibelle van de Duvetorre illustrieren, dass Rauhaar und Glatthaar trotz genetischer Dominanz in einem Wurf gemeinsam auftreten können. Charles Huge beschreibt Rauhaar als eine komplexe Kombination genetischer Faktoren, bei der Rückkreuzungen epistatische oder rezessive Merkmale wie die Rückkehr zum Barbet-Typ sichtbar machen können. Die unvollständige oder modifizierte Dominanz des W^{Wh}-Allels erklärt zudem, warum Merkmale wie Gesichtsbehaarung selbst bei Rauhaar-Trägern fehlen können, was auf eine genetische Variabilität innerhalb der Varietät hindeutet.

Erkenntnisse aus der Zuchtpraxis
In einem Artikel mit dem Titel "Le problème de l'hérédité du poil chez le chien", erschienen in Chasse et Pêche vom 16. Oktober 1932, wird eine relevante Passage zitiert:

„Hier kann man die Frage aufwerfen, ob man die kurzhaarigen Tiere eines Wurfes, die von guten rauhaarigen Zuchttieren geboren wurden, ohne weiteres entfernen sollte. Gerade solche Beispiele sind für den Züchter - aber nur für ihn - besonders lehrreich. Ein Beispiel: Von einem guten Drahthaar-Deckrüden, der aus verschiedenen Drahthaar-Hündinnen geboren wird, gibt es fünf Würfe mit immer guten Drahthaar-Welpen. In einem sechsten findet man überwiegend Kurzhaarige. Niemand wird auf die Idee kommen, den Vater dafür verantwortlich zu machen (was aber durchaus üblich ist), aber solche Vorfälle können auch nicht als Atavismus angesehen werden, wie es fast immer geschieht.angenommen, in einem der oben genannten Würfe mit gutem Rauhaar wird ein Welpe geboren, der kurzhaarig bleibt. Der Züchter wird bereit sein, diesen Welpen zu entfernen. Aber gerade dieses kurze Haar wird am sichersten das Rauhaar vererben. Dies kann nur durch Zuchterfahrung bestätigt werden, aber für die Einschätzung des Zuchtwertes der Elterntiere sind solche Fälle von grossem Wert. Es kann daher empfohlen werden, bei der Eintragung in ein Zuchtbuch nicht nur die "guten" Nachkommen eintragen zu lassen, denn für ein genaues Bild des Zuchtwertes zählen nur die Eintragungen, die die gesamten Würfe umfassen.Die Fixierung eines Merkmals kann auf unterschiedliche Weise erreicht werden. Am häufigsten wird sie durch Selektion angestrebt, indem Träger unerwünschter Merkmale aussortiert werden. Eine andere Möglichkeit ist die Verwendung von Zuchttieren mit hohem Erbpotenzial. Solche Zuchttiere entstehen entweder zufällig oder durch methodische Inzucht, doch sie sind der Grundstein jeder erfolgreichen Zucht."

Die Unterwolle als Schutzfunktion:

Beim Belgischen Schäferhund, einem Arbeitshund, gibt es Unterwolle (oder Sekundärhaar), die vor Kälte schützt, und primäre Deckhaare, die vor Regen schützen. Bei allen Varietäten muss das Haar stets dicht und von guter Textur sein und zusammen mit der Unterwolle eine wirksame Schutzhülle bilden. Die Unterwolle ist fast immer heller als das Deckhaar. Während der Standard für alle Varietäten vorschreibt, dass sie Unterwolle haben, zeigt die Praxis, dass die Dichte variiert. Groenendaels und Tervueren haben in der Regel viel Unterwolle, der Malinois weniger und die Rauhhaarigen oft fast keine.

Interessanterweise ist der Mangel an Unterwolle dominant gegenüber normaler Unterwolle. Dies erklärt die geringere Dichte bei Tervueren, die von Malinois abstammen. Bei Verpaarungen von Hunden mit unterschiedlich dichter Unterwolle neigt die erste Generation dazu, die Dichte des Elternteils mit weniger Unterwolle zu übernehmen.

Rassenübergreifende Verpaarungen

Da der Begriff „Kreuzung" bei Hunden derselben Rasse unpassend ist, haben wir uns für den Ausdruck „sortenübergreifende Verpaarung" entschieden. In diesem Kapitel analysieren wir die Folgen der sortenübergreifenden Verpaarung zwischen den verschiedenen Varietäten der Felltextur und -farbe.

Verpaarung zwischen langen Haaren: Groenendael und Tervueren

Da man weiss, dass zwei Langhaarige immer nur langhaarige Hunde hervorbringen, kann daraus nur ein Groenendael oder Tervueren hervorgehen, niemals ein Malinois oder ein „schwarzes Kurzhaar". Mit anderen Worten, dieser Hund wird als „homozygot" in Bezug auf die Haarlänge bezeichnet. Soviel zur Haarlänge.

Paarung zwischen zwei Homozygoten - Mendels erstes Gesetz der Gleichförmigkeit der Merkmale

Wenn wir zwei homozygote Eltern, einen Groenendael $K^B K^B$ (schwarzes Langhaar) mit einem Tervueren $A A^{yy}$ (fauves Langhaar) verpaaren, welche Farbe werden die Welpen haben? Da wir wissen, dass jedes Allel des einen Elternteils ein Paar mit einem der beiden Allele des anderen Elternteils bildet, haben wir folgendes Ergebnis:
Jedes neue Gen setzt sich wie folgt zusammen: $K^B A^y$. Da K^B epistatisch auf A^y ist, sind die Welpen schwarz, tragen aber das Allel für die Farbe fauve. Folglich sind sie alle heterozygot. Die Paarung von Eltern mit einem einzigen unterschiedlichen Merkmal (Allel) führt zu Hybriden, die sich alle ähneln oder untereinander homogen sind. Dies ist die Anwendung des ersten Mendelschen Gesetzes, das als Einheitlichkeit der Merkmale bezeichnet wird.

Die Elterngeneration wird mit **P** bezeichnet (von lateinisch Parentes, was so viel wie Eltern bedeutet). Die erste Tochtergeneration wird mit **F1** (von lateinisch Filia, was Tochter bedeutet) bezeichnet. Wenn zwei Hybriden der Generation **F1** verpaart werden, dann wird die nächste Generation als **F2** bezeichnet, die übernächste Generation als **F3** und so weiter.

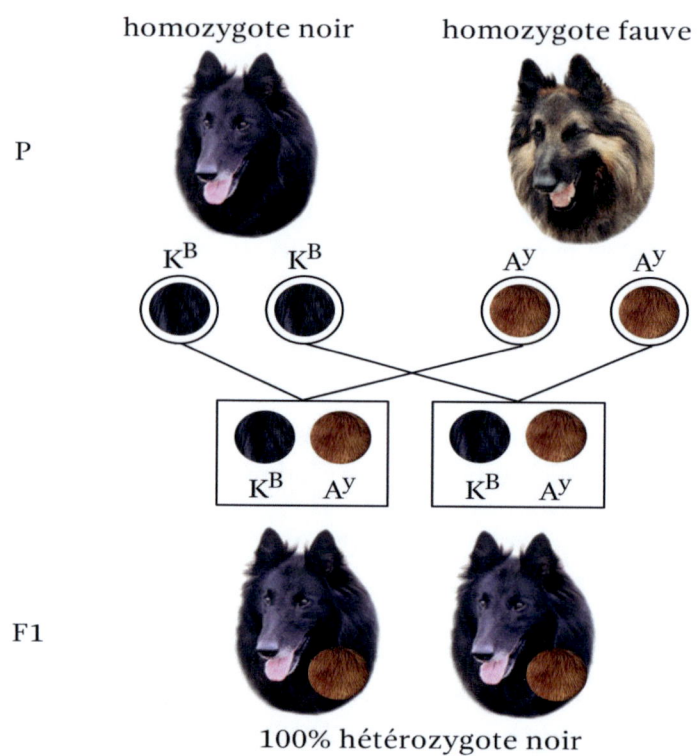

Paarungen zwischen zwei Heterozygoten - Mendels zweites Gesetz der Disjunktion oder Segregation der Merkmale

Wenn wir zwei heterozygote Hunde mit dem Genotyp K^BA^y aus dem ersten F1-Wurf miteinander verpaaren, erhalten wir vier mögliche Kombinationen der Allele. Diese entsprechen einem Punnett-Quadrat, das die Verteilung der Allele visualisiert.

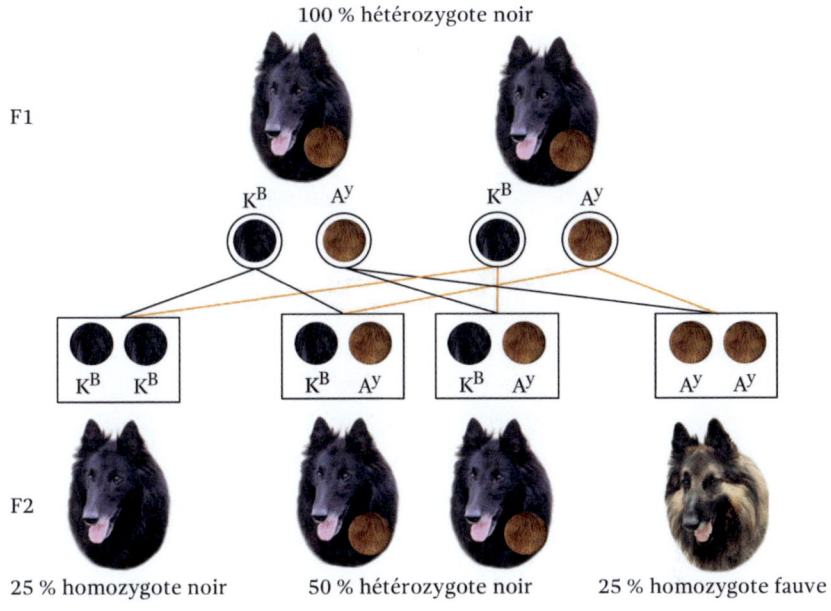

Ergebnisse in der F2-Generation,Es entstehen drei verschiedene Genotypen:

- 25 % K^BK^B: Homozygot dominant schwarz.
- 50 % K^BA^y: Heterozygot schwarz, Träger des rezessiven fauve-Allels.
- 25 % A^yA^y: Homozygot rezessiv fauve.

Phänotypische Verteilung:

75 % schwarze Hunde (homozygot und heterozygot kombiniert).
25 % fauve Hunde (rezessiv homozygot).

Die Paarung von heterozygoten **F1**-Trägern führt in der **F2**-Generation zum Wiederauftreten des rezessiven (oder hypostatischen) Merkmals im Verhältnis von **1 : 3** (ein rezessives zu drei dominanten Merkmalen). Diese Heterogenität ist ein Ausdruck der Disjunktion (Segregation) der Merkmale (Allele) und zeigt, dass rezessive Eigenschaften nicht verschwinden, sondern durch Vererbung über Generationen hinweg weitergegeben werden.

Dies ist ein Beispiel für die Anwendung des **zweiten** Mendelschen Gesetzes, auch bekannt als das Gesetz der Disjunktion oder Segregation der Merkmale. Dieses Konzept der unabhängigen Merkmale verdeutlicht, wie ein genetisches Merkmal von Generation zu Generation bestehen bleibt, auch wenn es phänotypisch nicht in jeder Generation sichtbar ist. Es erklärt ausserdem, wie ein solches Merkmal in einer späteren Generation wieder auftreten kann. Wenn der Genotyp der Eltern bekannt ist, ermöglicht diese Regel eine Vorhersage der Merkmale der nächsten Generation. Dadurch lässt sich nicht nur die Wahrscheinlichkeit eines bestimmten Phänotyps bestimmen, sondern auch die genetische Struktur der Nachkommen besser verstehen.

Weitere Beispiele für Verpaarungen:
_Die Verpaarung eines heterozygoten Groenendael ($K^B k^y$, $A^y A^y$) mit einem homozygoten Tervueren ($k^y k^y$, $A^y A^y$) ergibt Nachkommen, die zur Hälfte heterozygote Groenendael ($K^B k^y$, $A^y A^y$) und zur anderen Hälfte homozygote Tervueren ($k^y k^y$, $A^y A^y$) sind.

	$\male$	
	$k^y A^y$	$k^y a$
$\female$ $k^y A^y$	$k^y k^y A^y A^y$	$k^y k^y A^y a$
$k^y a$	$k^y k^y A^y a$	$k^y k^y aa$

Heterozygote erscheinen in den grauen Bereiechen

Bei der Paarung zweier Tervueren mit der Genkombination $k^y k^y$, $A^y a$ zeigt sich ein genotypisches Verhältnis von 1 : 2 : 1: 25 % der Nachkommen sind homozygot fauve ($k^y k^y$, $A^y A^y$), 50 % sind heterozygot fauve und Träger des rezessiven Schwarz-Allels ($k^y k^y$, $A^y a$), und 25 % sind rezessiv schwarz ($k^y k^y$, aa), was sie als Groenendael ausweist.

In Würfen mit Tervueren-Eltern kann gelegentlich ein ganz schwarzer Welpe, ein Groenendael, auftreten, der die aa-Allele trägt. Die übrigen Welpen sind entweder homozygot fauve ($k^y k^y$, $A^y A^y$) oder heterozygot fauve ($k^y k^y$, $A^y a$). Interessanterweise bringt auch die Verpaarung eines Groenendael $K^B K^B$, $A^y a$ mit einem Tervueren $k^y k^y$, $A^y a$ oder zweier Groenendael $K^B K^B$, $A^y a$ rezessiv schwarze Hunde ($k^y k^y$, aa) hervor.

Während in einer Tervueren-Wurfkiste ein schwarzer Welpe immer ein rezessiver Schwarzer ist, lassen sich in Groenendael-Würfen rezessiv schwarze Hunde äusserlich nicht von anderen Groenendael unterscheiden, da sie phänotypisch gleich aussehen.

Ein weiteres Beispiel

Verpaarund zweier Tervueren AyAy, die die Allele Ii tragen.

		♂	
		A^y I	A^y i
♀	A^y I	$A^y A^y$ II	$A^y A^y$ Ii
	A^y i	$A^y A^y$ Ii	$A^y A^y$ ii

The heterozygous appear in shaded fields.

Nach dem zweiten Mendelschen Gesetz ergibt sich eine Genotypverteilung von 1 : 2 : 1. Unter den Nachkommen gibt es:

- einen sandfarbenen Tervueren (**ii**), der das Sand-Allel in doppelter Ausführung trägt,
- einen fauvefarbenen Tervueren (**II**), der kein Sand-Allel trägt,
- sowie zwei fauvefarbene Tervueren (**Ii**), die jeweils Träger eines einzelnen Sand-Allels sind.

Von den insgesamt **75 %** fauvefarbenen Nachkommen tragen zwei Drittel das rezessive i-Allel, was erklärt, warum es in einem Tervueren-Wurf sowohl fauvefarbene mit Charbonnage als auch sandfarbene mit Charbonnage geben kann. Werden sandfarbene Tervueren miteinander verpaart, bringen sie ausschliesslich sandfarbene Nachkommen hervor, da beide Eltern das rezessive i-Allel in doppelter Ausführung tragen.

Das gleiche Prinzip gilt für die Groenendael: Ersetzen wir in der obigen Tabelle **A^y** durch **K^B**, entstehen nur schwarze Groenendael. Das rezessive i-Allel beeinflusst die schwarze Farbe nicht, jedoch tragen 50 % der Nachkommen das i-Allel, und 25 % besitzen dieses in doppelter Ausführung.

Verpaarung zwischen langen und kurzen Haaren:

1. Paarung zwischen einem **Groenendael** und einem **Malinois** – Mendels **drittes** Gesetz der Unabhängigkeit der Merkmale.

Man verpaare einen Groenendael ll, A^yA^y, K^BK^B, der sowohl in der Farbe als auch in der Textur des Fells **homozygot** ist, mit einem Malinois LL, A^yA^y, k^yk^y, der sowohl in der Farbe als auch im Typ des Fells **homozygot** ist. Es handelt sich um die gleichzeitige Kombination der beiden Allelpaare: kurzes und langes Haar einerseits und schwarze und fauve Farbe andererseits. Wie wird das genotypische Ergebnis aussehen?

♂		
	$l\ A^y\ K^B$	$l\ A^y\ K^B$
♀		
$L\ A^y\ k^y$	$Ll\ A^yA^y\ K^Bk^y$	$Ll\ A^yA^y\ K^Bk^y$
$L\ A^y\ k^y$	$Ll\ A^yA^y\ K^Bk^y$	$Ll\ A^yA^y\ K^Bk^y$

Les hétérozygotes apparaissent en grisé.

Bei der ersten Abstammung erhalten wir alle **"Schwarz Kurzhaar"** mit dem Genotyp **Ll**, A^yA^y, K^Bk^y, die sowohl in der Farbe als auch im Haartyp heterozygot sind (siehe Foto).

- Alle Hunde sind schwarz, da das dominante K^B-Allel epistatisch zu A^y ist.
- Alle Probanden haben kurzes Haar, da das dominante **L**-Allel das rezessive l-Allel für langes Haar überlagert.

Wenn wir zwei Heterozygoten aus der F1-Generation verpaaren, erhalten wir das folgende genotypische Verhältnis:

		♂			
		LA^yK^B	lA^yk^y	LA^yk^y	lA^yK^B
♀	LA^yK^B	$LLA^yA^yK^BK^B$	$LlA^yA^yK^Bk^y$	$LLA^yA^yK^bk^y$	$LlA^yA^yK^BK^B$
	lA^yk^y	$LlA^yA^yK^Bk^y$	$llA^yA^yk^yk^y$	$LlA^yA^yk^yk^y$	$llA^yA^yK^Bk^y$
	LA^yk^y	$LLA^yA^yK^Bk^y$	$LlA^yA^yk^yk^y$	$LLA^yA^yk^yk^y$	$LlA^yA^yK^Bk^y$
	lA^yK^B	$LlA^yA^yK^Bk^y$	$llA^yA^yK^Bk^y$	$LlA^yA^yK^Bk^y$	$llA^yA^yK^BK^B$

Les hétérozygotes apparaissent en grisé.

Hier ist das Punnett-Raster in einer einfachen Illustration

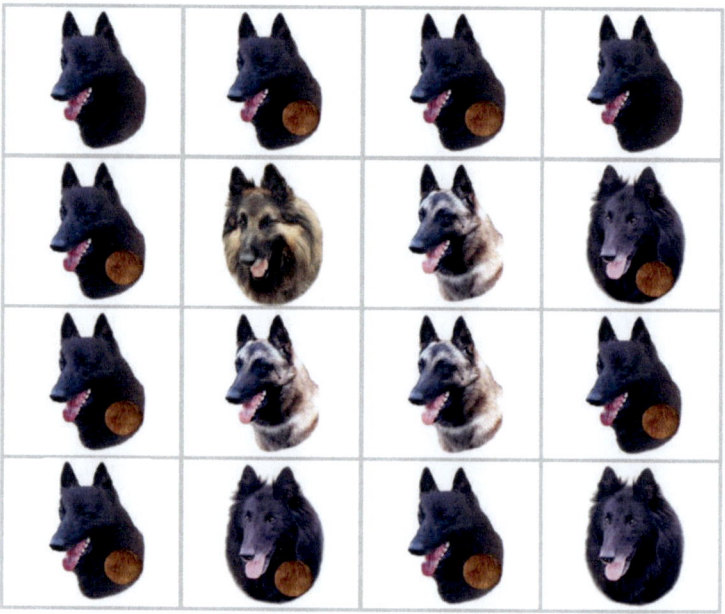

362

Von den 16 möglichen Nachkommen waren vier homozygot: ein Schwarzes Kurzhaar, ein Schwarz Langhaar (Groenendael), ein Fauve Kurzhaar (Malinois) und ein Fauve Langhaar (Tervueren). Die übrigen zwölf Nachkommen sind heterozygot, entweder aufgrund des Haartyps, der Farbe oder einer Kombination aus beidem.

Couleurs	Variétés	Homozygotes	Hétérozygotes		
			Couleur + poil	Couleur	Poil
12 noirs	9 poil court noir	1	5	2	1
	3 Groenendael	1		2	
4 fauves	3 Malinois	1			2
	1 Tervueren	1			

Das phänotypische Verhältnis dieser Verpaarung beträgt 9 : 3 : 3 : 1

- 9 schwarze Kurzhaar, da das dominante Allel für Schwarz (K^B) und das dominante Allel für Kurzhaar (**L**) vorherrschen.

- 3 fauve Kurzhaar (Malinois), die durch die rezessiven Allele der Farbe und das **dominante** Allel für Kurzhaar entstehen.

- 3 schwarze Langhaar (Groenendael), bei denen das rezessive Allel für Langhaar dominiert, während die Farbe schwarz erhalten bleibt.

- 1 fahlgelb Langhaar (Tervueren), bei denen sowohl die Farbe fauve als auch Langhaar **homozygot rezessiv** auftreten.

Schlussfolgerung:
Die Allele werden unabhängig voneinander vererbt, wodurch verschiedene Kombinationen der Merkmale beider Eltern möglich sind. Dies entspricht dem **dritten** Mendelschen Gesetz, bekannt als das Gesetz der Unabhängigkeit der Merkmale (Allele), und erklärt die genetische Vielfalt innerhalb eines Wurfes.

Paarung zwischen einem Tervueren und einem Malinois

Die Paarung eines Tervueren mit einem Malinois kann ausschliesslich Nachkommen mit kohlrabenschwarzem Fell hervorbringen. In der ersten Generation werden sie alle kurzhaarig sein, also Malinois, zumindest dem Anschein nach. In der zweiten Generation zeigt sich das Mendelsche Verhältnis von 1 Tervueren homozygot ll (langhaarig), 2 Malinois heterozygot Ll (kurzhaarig, Träger des Langhaar-Gens), und 1 Malinois homozygot LL (kurzhaarig, kein Langhaar-Gen). Es sei kurz daran erinnert, dass die Dominanz von kurzem Haar (L) über langem Haar (l) nicht in allen Fällen vollständig ist und zu halblangem Haar führen kann.

In der Zeitschrift Nr. 1 von 1978/79 des Royal Groenendael Club liefert Richter Yves Dambrain (Zwinger: du Maugré) einige Beobachtungspunkte, denen es nicht an Interesse mangelt.

„Auf Anraten des verstorbenen F.-E. Verbanck führte ich eine sortenübergreifende Paarung zwischen Tervueren und Malinois durch. Obwohl alle Nachkommen der ersten Generation äusserlich Malinois waren, waren sie genetisch heterozygot in Bezug auf die Haarlänge. In dieser Linie beobachtete ich häufig Tervueren-Merkmale in Malinois-Welpen. Anfangs fehlte mir die Erfahrung, um bereits in jungem Alter zwischen langem und kurzem Haar zu unterscheiden. Erst mit drei Wochen entwickelte sich der charakteristische Flaum, der auf langes Fell hindeutete. Mit vier Wochen konnte ich die Welpen schliesslich eindeutig ihrer Varietät zuordnen.

Im Laufe der Zeit, mit immer akribischerer Beobachtung, gelangte ich zu weiteren Erkenntnissen. Tervueren-Welpen werden dunkler geboren und bleiben es bis nach der Entwöhnung. Sie haben eine ausgeprägtere Maske als Malinois. Bereits in der ersten Woche beginnt das Kopfhaar der Tervueren zu glänzen, während es bei den Kurzhaarigen matt bleibt. Diese Beobachtungen notierte ich sorgfältig. In späteren Würfen begann ich, die Welpen von den ersten Tagen an in Malinois und Tervueren zu unterteilen – und wartete.

Dabei stellte ich fest, dass das Risiko von Fehleinschätzungen minimal war: nicht mehr als 5 %. Kritiker mögen einwenden, dass auch Malinois sehr dunkel geboren werden, was stimmt. Doch bei diesen Welpen zeigen sich bereits frühzeitig hellere Haarspitzen – ein Merkmal, das bei Tervueren fehlt. Ich beobachtete fast alle dieser langhaarigen Hunde noch einmal im Erwachsenenalter und verglich sie mit den kurzhaarigen Geschwistern aus denselben Würfen. Dabei fiel mir auf, dass Tervueren in der Mehrheit eine intensivere Maske aufwiesen, insgesamt grösser waren und einen kräftigeren Knochenbau hatten als ihre Malinois-Geschwister.

Zufall? Vielleicht. Doch meine Beobachtungen beruhen auf mehr als dreissig erwachsenen Langhaaren. Andere Züchter haben möglicherweise ähnliche oder abweichende Erkenntnisse gemacht, sie aber nicht dokumentiert. Eine weitere interessante Feststellung war, dass einige Malinois, die mit verschiedenen Rüden unterschiedlicher Herkunft gepaart wurden, aussergewöhnlich gute Langhaare hervorbrachten, während ihre kurzhaarigen Nachkommen meist durchschnittlich blieben.

Warum ist das so? Ich kann es nicht mit Sicherheit sagen. Doch ich vermutete – vielleicht voreilig –, dass das Langhaar-Gen nicht nur für die Haarstruktur verantwortlich ist, sondern auch Einfluss auf Farbe und Knochenbau hat. Ob diese ersten Schlussfolgerungen Bestand haben, wird sich durch weitere Beobachtungen zeigen."

Zum Abschluss dieses Kapitels hier ein interessanter Auszug aus der Hundezeitschrift L'Aboi vom 1. Dezember 1945 über die Paarung Langhaar x Kurzhaar, in dem sich G. O'Breen wie folgt äussert:

„Die Richter auf Ausstellungen können den Nachteil des ersten Punktes ausgleichen, indem sie Hunde mit dieser Haarstruktur entsprechend bewerten und sanktionieren. Hinsichtlich des zweiten Punktes ist anzumerken, dass halblanges Haar nicht zwangsläufig nachteilig für die Zucht ist. Träger dieses Merkmals, die aus genetisch stabilen Linien mit korrektem Haarkleid stammen, können sowohl in der Langhaar- als auch in der Kurzhaarzucht von Nutzen sein. Denn dieses Haartypus besitzt durchaus gewisse Qualitäten. Allerdings sollte er mit Bedacht und grosser Sorgfalt eingesetzt werden – eine Herausforderung, der längst nicht alle Hundezüchter gewachsen sind."

Beim rezessiven schwarzen Kurzhaar sind die genetischen Kombinationen einfacher. Zwei Hauptszenarien sind möglich: Verpaarung eines homozygoten Malinois A^yA^y mit einem dominanten schwarzen Kurzhaar K^BK^B:

In der ersten Generation (F1) werden ausschliesslich heterozygote schwarze Kurzhaar K^BA^y erzeugt.

In der zweiten Generation (F2) ergeben sich die folgenden Genotypen:

- 1 homozygoter Malinois A^yA^y
- 1 homozygoter Schwarzkurzhaar K^BK^B
- 2 heterozygote Schwarzkurzhaar K^BA^y

Beim dominanten schwarzen Kurzhaar (K^B) sind sowohl die Kurzhaarigkeit als auch die schwarze Farbe dominante Merkmale. Hinter diesen Merkmalen können sich jedoch rezessive Eigenschaften wie Langhaar oder die Farbe Fauve verbergen, die äusserlich nicht sichtbar sind. Dies erschwert die Zucht

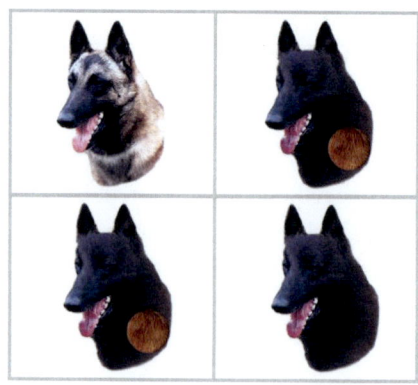

auf "**schwarzes Kurzhaar**" erheblich und ist einer der Gründe, warum diese Zuchtlinie historisch weniger erfolgreich war.

Verpaarung eines homozygoten Malinois A^yA^y mit einem rezessiven schwarzen Kurzhaar aa:

In der ersten Generation (**F1**) entstehen nur heterozygote Malinois A^ya.

In der zweiten Generation (**F2**) ergeben sich die folgenden Genotypen:

- 1 homozygoter Malinois A^yA^y
- 1 homozygoter Schwarzkurzhaar **aa**
- 2 heterozygote Malinois A^ya

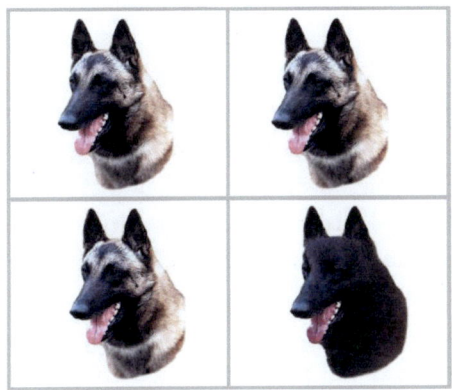

Schlussfolgerung:

Die Zucht auf bestimmte Farben und Felltypen ist durch die genetische Vielfalt und die verborgenen rezessiven Merkmale eine anspruchsvolle Aufgabe. Besonders die Kombinationen mit schwarzem Kurzhaar verdeutlichen, dass dominante Merkmale oft genetische Variationen verdecken, die sich erst in späteren Generationen zeigen.

Die Ergebnisse der zweiten Generation (**F2**) aus der Paarung von Malinois **AyAy** mit rezessivem Schwarz aa bestätigen dies: Ein homozygoter Malinois (A^yA^y), ein homozygoter Schwarzkurzhaar (**aa**) und zwei heterozygote Malinois (A^ya) verdeutlichen die Wiederkehr rezessiver Merkmale.

Paarung zwischen rauhaar und kurzen Haaren

as Rauhaar unterscheidet sich durch seine besondere Textur deutlich von den anderen Varietäten. Nachdem dunkles Aschgrau und seltene Fälle von schwarzem Rauhaar weitgehend verschwunden sind, findet man Rauhaar heute fast ausschliesslich in der Farbe fauve (Laekenois).

Charles Huge, ein anerkannter Experte, äusserte sich im März 1920 in einem Artikel zu den Besonderheiten der Rauhaarzucht:

> "Was das Rauhaar betrifft, so wird die Zucht umso mehr erleichtert, wenn seine Verpaarung mit dem Kurzhaar zulässig ist. Grundsätzlich kann man sagen, dass diese Textur des Rauhaars nicht fixiert ist. Sobald die miteinander verpaarten Rauhaare beginnen, Barthaare zu bilden, das heisst, wenn der sich über dem Rauhaar verlängernde Flor unscharf wird und eine Art Flaum bildet, ist es an der Zeit, auf Kurzhaar zurückzugreifen, und zwar am besten auf ein Kurzhaar, das von zwei Rauhaaren stammt, oder sonst von einem Rauhaar mit Kurzhaar, oder schliesslich von einem Kurzhaar, das Rauhaar hat."

Charles Huge betont jedoch, dass eine Verpaarung zwischen Rauhaar und Langhaar vermieden werden sollte, da Rauhaar dadurch die Tendenz hat, zu lang zu werden. Die Verpaarung zwischen Kurzhaar und Langhaar birgt zwar weniger Nachteile, wird jedoch nicht mehr offiziell erlaubt, um eine unerwünschte Verbreitung von mittellangem Haar zu vermeiden. Solche mittellangen Haarstrukturen erfordern oft eine Selektion über mehrere Generationen, um eine Rückkehr zur reinen Linie zu ermöglichen. (Mendelschen Theorie) In einem weiteren Artikel in der Zeitschrift Chasse et Pêche vom 17. September 1922 führte Huge seine Gedanken fort:

> "Was die Frage der Haarstruktur angeht, so sollte man eine Verpaarung vermeiden, solange es möglich ist: die Mischung von langem und rauem Haar, denn dadurch verliert man Zeit, oft drei Generationen, wegen des Schnurrbarts. Daher sollte man es nur in

grosser Not praktizieren. Aber das kurze Haar, unabhängig von der Färbung, ist notwendig, um zu verhindern, dass das grobe Haar weich und verfilzt wird. Ich habe immer nach drei oder vier Generationen nachgehärtet, weil das Rauhaar kein festes Haar ist. Fragen Sie doch mal die Brüsseler Griffon Züchter, ob der Petit Brabançon nicht einen grossen Anteil an ihrem Erfolg hat?"

Die Kombination von Rauhaar und kurzem Haar kann eine gezielte Verbesserung der Felltextur ermöglichen, während die Vermischung mit Langhaar in der Regel zu unerwünschten Ergebnissen führt. Der Hinweis auf die züchterische Bedeutung von Kurzhaar betont die Notwendigkeit, die Struktur und Festigkeit des Rauhaars zu erhalten.

Sortenübergreifende Paarungen: Bedeutung, Nutzen und Risiken

Der Belgische Schäferhund vereint mehrere Varietäten innerhalb einer einzigen Rasse. Um sicherzustellen, dass der Phänotyp und der Genotyp zwischen den Varietäten erhalten bleiben, sind sortenübergreifende Paarungen unverzichtbar. Ohne diese Paarungen würden sich die Varietäten mit der Zeit voneinander entfernen, was das Risiko birgt, dass stark unterschiedliche Typen entstehen, die sich nicht mehr nur durch die Art des Haarkleides unterscheiden, sondern grundlegend voneinander abweichen. Für die Einzigartigkeit der Rasse ist es bedauerlich, dass man von einer einheitlichen Farbformulierung für alle Varietäten abgewichen ist. Welchen Vorteil brachte es, die sogenannten "kleinen Sorten" zu streichen? Aus genetischer Sicht keinen – ganz im Gegenteil. Gleichzeitig wurden zahlreiche genetische Begleiter eliminiert, die im Erbgut des Hundes vorhanden waren. Es ist bekannt, dass rezessive Gene nicht eliminiert werden können, und Züchter wären nicht länger gezwungen, vermeintlich nicht konforme Welpen auszusortieren.

Ein Auszug aus dem Artikel **„Nützliche Kreuzungen und gefährliche Kreuzungen"** von Charles Huge fasst dies treffend zusammen:

„Nein, niemals ist eine Rasse untergegangen, weil es daneben andere Farb- und Fellvarianten gab, die natürlich die gleichen allgemeinen Merkmale aufwiesen. Das ist eine Befürchtung, die, wie die Tatsachen gezeigt haben, in den vierzig Jahren, in denen ich ihre Entwicklung aufmerksam untersuche, unbegründet war; aber der gegenteilige Test war für alle Rassen, bei denen man sich zu exklusiv für das Fell zeigte, verhängnisvoll. Sofern er eine geduldete Farbe hat, was auch immer die Tönung seines Paletots sein mag, versäumen Sie nicht, ihn zu nutzen."

Im Artikel **'Plusieurs variétés, mais une seule race'**, erschienen in der Zeitschrift La Vie Canine im Juni 1964, warnte F.-E. Verbanck ebenfalls:

„Die Verpaarung verschiedener Varietäten sollte ein wohlüberlegter Versuch sein, der mit einem bestimmten Ziel unternommen wird und bei dem man davon ausgeht, dass es sich um ein anspruchsvolles Unterfangen handelt, dessen positive Ergebnisse erst nach mehreren Generationen erzielt werden können. Unsere Meinung hat sich nicht geändert, im Gegenteil, die Verpaarungen zwischen verschiedenen Sorten, die von seriösen Züchtern durchgeführt wurden, haben ihre Berechtigung bewiesen. Jedes Mal, wenn sich bei der einen oder anderen Varietät unserer Belgischen Schäferhunde eine Rückzüchtung als nützlich erweist, müssen wir die Elemente dafür ausschliesslich in den anderen Varietäten finden."

Es gibt zahlreiche Argumente, die gegen eine sortenübergreifende Paarung sprechen. Auf der Ebene der Felltextur führt die Vermischung von Langhaar, Kurzhaar und Rauhaar aufgrund unvollständiger Dominanz zu einer erheblichen Vielfalt an Mustern. Auch hinsichtlich der Fellfarben lassen sich Einwände finden: Da Heterozygoten häufig weniger ästhetisch wirken als Homozygoten, bevorzugen viele Züchter im Interesse der Qualität, die Varietäten getrennt zu halten und sie nicht miteinander zu verpaaren. Dies begünstigt jedoch genetische Isolation sowie morphologische und/oder charakterliche Unterschiede, etwa im Bereich der Arbeitshunde einerseits und der Begleithunde andererseits.Angesichts dessen stellt sich die Frage, welche Rolle die Varietäten im genetischen Management einer Rasse einnehmen sollten. Für den Belgischen Schäferhund gibt es zahlreiche Argumente, die für eine ausreichend hohe genetische Variabilität innerhalb der Rasse sprechen. Hier einige zentrale Gründe, warum die sortenübergreifende Paarung sinnvoll sein kann:

- Die guten Zuchtqualitäten des Belgischen Schäferhundes, wie Fruchtbarkeit und Robustheit, bleiben erhalten. Eine geringere genetische Variabilität würde die Wahrscheinlichkeit rezessiver Anomalien erhöhen.

- Eine gewisse Homogenität zwischen den verschiedenen Varietäten wird gewährleistet, wodurch auffällige morphologische und charakterliche Unterschiede vermieden werden.

- Der Belgische Schäferhund kann sich weiterentwickeln und verändern. Ein Modell, das heute favorisiert wird, muss nicht zwangsläufig dem Standard in 30 Jahren entsprechen. Daher ist eine gewisse Variation notwendig, um Anpassungsfähigkeit zu gewährleisten.

Abschliessend kann ich sagen, dass ich keine Nachteile darin sehe, bestimmte Varietäten zu definieren oder gar zu bevorzugen, aber ich sehe viele Nachteile darin, die Rasse zu verarmen, indem man ihr wertvolle Elemente entzieht, deren einziger Mangel eine Frage der Farbe ist, die nach Kriterien bewertet wird, die im Laufe der Jahre schwanken. Nutzen wir unsere Energie, um Erbkrankheiten wie Epilepsie oder Unfruchtbarkeit, Strukturfehler wie den Hypertyp (leichter Körperbau, zu langer Kopf, fehlender Stopp), Zahnfehler wie Prognathismus und Temperamentsfehler wie ängstliche, scheue Hunde, die nicht mehr die Wache auf dem Grundstück übernehmen oder unfähig sind, ihren Herrn zu verteidigen, zu vertreiben.Der Belgische Schäferhund ist oder sollte vor allen Farbüberlegungen ein Hirtenhund sein, mit allem, was das an Bauart, Gangarten und Charakter mit sich bringt. All dies scheint mir wichtiger zu sein, als bestimmte Farben, die historisch und genetisch den Farbumfang des Belgischen Schäferhundes bilden, auszuschliessen.

Kreuzungen mit einer anderen Rasse

An Versuchen, neue Rassen zu züchten, mangelt es nicht. Zahlreich waren und sind die Versuche, den Deutschen Schäferhund mit unserem Malinois zu kreuzen. Am häufigsten geschieht dies in unseren Arbeitslinien. In der ersten Generation führt die Vereinigung der Erbanlagen von zwei Individuen unterschiedlicher Rassen oft zu Tieren, die bessere Eigenschaften aufweisen als ihre Eltern. Dies ist das Phänomen der Heterosis oder der "Hybridkraft". Wenn man diese Mischlinge in die Zucht einführt, werden die erzielten Qualitäten jedoch sehr schnell wieder rückgängig gemacht. Der Grund dafür ist, dass Mendels Gesetz der Disjunktion der Merkmale zur Anwendung kommt, was den Heterosis-Effekt nur auf die erste Generation beschränkt.

Diese Mischlingshunde sind oft nicht typgerecht und haben fast immer eine sehr schwere Kopfstruktur. In dem Artikel "Croisements utiles et croisements dangereux" (Nützliche und gefährliche Kreuzungen), der am 17. September 1922 in Chasse et Pêche erschien, wies Charles Huge bereits auf die Gefahr von Kreuzungen zwischen Rassen hin, insbesondere mit dem Deutschen Schäferhund, dessen Merkmale sehr weit auseinander liegen, viel weiter, als es die Standards vorgeben. Die Stärke des Belgischen Schäferhundes liegt in seiner genetischen Vielfalt und seinen rassetypischen Merkmalen. Diese Qualitäten zu bewahren erfordert eine durchdachte Zuchtstrategie, die das Gleichgewicht zwischen traditioneller Varietät und moderner Anpassung wahrt. Statt auf kurzsichtige Kreuzungsexperimente zu setzen, sollte die Zucht auf die Förderung von Gesundheit, Funktionalität und Charakter abzielen, um die langfristige Entwicklung der Rasse sicherzustellen.

Farbenvielfalt beim Belgischen Schäferhund: Schwarz, Fauve und Grau mit Charbonnage

1897 sprach sich Louis Vander Snickt, Chefredakteur der Zeitschrift Chasse et Peche, dafür aus, nur das zainschwarze Langhaar (Groenendael) zu fördern und alle anderen Haartypen und Farben auszuschliessen.

Er schrieb Folgendes:

„Aber die schwarzen Hunde müssen unbedingt nebeneinander ausgestellt werden, sonst werden die Fremden sie nicht einmal eines
Blickes würdigen; sie werden weiterhin unbemerkt bleiben. Alle anderen, die sich in Form, Fell, Haar und Familie unterscheiden,
müssen für immer verschwinden. Man muss aufhören, seine Zeit
damit zu verschwenden, zwei Hasen auf einmal zu jagen, dem Publikum unter dem Vorwand von Hütehunden Tiere ohne Rasse, ohne
Homogenität und aus verschiedenen Familien zu zeigen."

Louis Vander Snickt befürwortete zwar die schwarze Farbe, lehnte aber gleichzeitig alle weissen Flecken ab. Er schrieb:

„Es ist Tradition, alle Tiere vor Albinismus zu bewahren."

So liess er in den ersten Standard des Schipperke von 1888 einfügen: „Farbe:
alle schwarzen Zain". Das Wort „Zain" bezeichnet ein Fell, das aus einer
einzigen Farbe besteht und keine weissen Haare hat. Louis Vander Snickt war
auch der Bauherr des Standards des Brüsseler Greifs, der erstmals im Januar
1889 veröffentlicht wurde. Dieselbe Feindseligkeit gegenüber Weiss finden
wir auch in der Rubrik: „Fehler: Weisser Fleck auf der Brust oder an den
Pfoten".

Das schwarze Langhaar Groenendael war schnell erfolgreich und erreichte zwischen 1910 und 1914 seinen Höhepunkt. Gleichzeitig wurde er
Opfer einer hemmungslosen Jagd auf weisse Abzeichen, egal wie klein sie
auch sein mochten. Eine übertriebene Selektion in Richtung Schwarz (wie
auch in Richtung Schönheit) eliminierte sehr viele gute und ausgezeichnete
Tiere. Dies sind zweifellos zwei wichtige Gründe für den Beginn seines
Niedergangs, der sich in den folgenden Jahrzehnten noch verstärken sollte.

Das fauve-charbonné für das kurze Fell

Die von Louis Vander Snickt verfasste Stellungnahme zugunsten eines einzigen zainschwarzen Langhaars rief schnell eine sehr heftige Reaktion von Louis Huyghebaert, dem Paten des Malinois, hervor.

„Warum sollte man alle Schäferhunde, die nicht schwarz sind, gnadenlos ablehnen?" entgegnete er in einem langen Brief, den er am 15. Dezember 1897 an den Chefredakteur von „Chasse et Pêche" richtete. Es folgte eine Debatte auf brieflichem Wege. Louis Huyghebaerts hartes Eingreifen verhinderte das Aussterben des fauve-charbonné Kurzhaars, das einige Jahre später Malinois genannt wurde.

Dunkles Aschgrau für raues Fell

Die Wahl des Club du Chien de Berger Belge fiel, bestärkt durch die Meinung von Prof. Adolphe Reul, auf die beiden einzigen dunkelgrauen Exemplare, die zu dieser Zeit bekannt waren. Die fauve rauhaarigen, die zahlreicher und weiter verbreitet waren, wurden hingegen ausgeschlossen.

Später schrieb Louis Huyghebaert über diese Entscheidung:

"Wie kann man jetzt erklären, dass die Diensthunde von Jansen plötzlich ausgegrenzt wurden, nachdem sie sowohl bei Ausstellungen als auch bei Wettbewerben für das Hüten der Herde Lorbeeren geerntet hatten?"

Diese Entscheidung wurde überraschend von den Brüsseler Liebhabern auf der gleichen Sitzung des Klubs für Belgische Schäferhunde beschlossen, auf der auch der Ausschluss der hochprämierten Malinois mit der Farbe fauve bestätigt wurde.

Anstelle der rauhaarigen, besser gesagt fauvefarbenen Schäferhunde, wurden die dunkelgrauen rauhaarigen als offizielle Vertreter der rauhaarigen Variante akzeptiert. Dies war ein schwerwiegender Fehler von Professor Reul, der fälschlicherweise glaubte, in der Fellfarbe der Jansen-Hunde einen Beweis für eine entfernte Kreuzung mit den französischen Briards zu erkennen. Dass man früher einige rauhaarige Belgische Schäferhunde gefunden hat, die durch ihre üppige Haarfülle auf dem Kopf dem Briard ähnelten, kann nicht bestritten werden. Es ist jedoch unzutreffend, diese Merkmale den Jansen-Hunden zuzuschreiben.

Die wenigen dunkelgrauen Rauhaarigen, ("gris charbonné") die von einigen Autoren auch als "Pfeffer und Salz" bezeichnet wurden, waren ausschliesslich unter den rauhaarigen Varietäten zu finden. Trotz zahlreicher Bemühungen, diese Fellfarbe zu erhalten, verschwand das dunkle Grau im Laufe der Jahre schliesslich von selbst. Nach einem kurzen Aufschwung zwischen den beiden Weltkriegen verschwand diese Farbe nach dem Zweiten Weltkrieg endgültig.

Aufgrund des schwereren Typs fehlte es diesen Hunden an Vitalität, und die Zucht dieser Variante schlief endgültig ein. Laut F.-E. Verbanck war das dunkelgraue Rauhaar Träger eines letalen Allels. Solche letalen Allele führen, wenn sie homozygot vorliegen, zum Tod des Individuums, entweder im Mutterleib oder kurz nach der Geburt. Bei Heterozygoten kann es zu Erscheinungen wie verminderter Fruchtbarkeit oder anderen gesundheitlichen Einschränkungen kommen.

Die Rolle des Berger Belge Club

Mitten in der Debatte über die Farbwahl gründete sich am 18. Juli 1898 der Berger Belge Club, um die Verteidigung der damals ausgeschlossenen Varietäten des Belgischen Schäferhundes zu übernehmen. In seinem Lokal Maison Rouge in Laeken organisierte der Club seine erste Ausstellung, die ausschliesslich dem fauve Rauhaar mit Spuren schwarzer Wolkung (Charbonnage) gewidmet war. Daher stammt auch die Bezeichnung Laekener Hirtenhund für diese Varietät. Insgesamt nahmen einundzwanzig Hunde an der Ausstellung teil, was für jene Zeit eine beachtliche Zahl darstellte.

1905 verzichtete der Club du Chien de Berger Belge auf die Schirmherrschaft der Société Royale Saint-Hubert (SRSH). Anfang 1907 wurde der Berger Belge Club von der SRSH um eine Mitgliedschaft gebeten und stimmte dieser unter der Bedingung zu, dass die beiden 1898 ausgeschlossenen Varietäten fauve Langhaar und fauve Rauhaar anerkannt werden. Seitdem war der Belgische Schäferhund in der SRSH durch fünf Varietäten vertreten. Die Farbe fauve war in allen drei Haartypen vertreten. Der Berger Belge Club, der seit seiner Gründung immer von Jozef Demulder geleitet wurde, liess ab 1911 schwarze Kurzhaarige und kurz vor dem Krieg 1914–1918 sogar gestromte Tiere zur Ausstellung zu.

Die schwarze Fellfarbe war vor den Beschränkungen von 1898 bei Kurzhaar und Rauhaar zu finden. Bei der ersten Schafschau in Cureghem am 1. und 2. Mai 1892 wurde Menneke, ein kleiner schwarzer Kurzhaarhund, der dem in Forest lebenden Schäfer und Schafhändler Charles De Mulder gehörte, mit dem zweiten Platz ausgezeichnet. Ein weiterer schwarzer Kurzhaar, Paul, der ebenfalls Charles De Mulder gehörte, wurde mit dem fünften Platz ausgezeichnet. 1898 kaufte Josef Demulder aus Ixelles in Breendonk in der Provinz Antwerpen einen schwarzen, kurzhaarigen Belgischen Schäferhund und eine schwarze, rauhaarige Belgische Schäferhündin.

Auch die vielen gestromten Hunde (bringés), deren Fellmuster damals als Farbmischung galt, fielen den Restriktionen von 1898 zum Opfer. Samlo, der Grossvater des Malinois Tjop, hatte ein gestromtes, fauvefarbenes Fell und war ein sehr schöner Hund, der viele erste Preise gewann. Der berühmte Sam (NHSB 1488) liess sich in das niederländische Zuchtbuch eintragen. Er war das Produkt einer Verpaarung von Tom, einem grau gestromten Belgischen Schäferhund, mit der Groenendael Hündin Cartouche.

Wiederaufnahme der exkommunizierten Farbschläge

1920 wurden auf Druck des Berger Belge Clubs während einer beratenden Generalversammlung, die von der Société Royale Saint-Hubert organisiert wurde, die 1898 ausgeschlossenen Farbschläge, die zum historischen genetischen Erbe des Belgischen Schäferhundes gehörten, wieder aufgenommen und auf Ausstellungen in acht Klassen eingeteilt.

Unser angesehener Kynologe Charles Huge, der bei dieser Versammlung anwesend war (ebenso wie Louis Huyghebaert), setzte sich besonders für die Rückkehr des schwarzen Kurzhaars ein.

Bei der Überarbeitung des Standards im Jahr 1956 behielt F.-E. Verbanck, der bei der Versammlung von 1920 nicht anwesend war, den Umfang der Farbkleider wie folgt beschrieben, vollständig bei:

„fauve, schwarz, gestromt und die gesamte Palette von fauve und grau bis schwarz.

Einschränkungen des Jahres 1973 und ihre Folgen

Eine komplette Kehrtwende erfolgte 1973, als erneut strenge Beschränkungen eingeführt wurden, die am 1. Januar 1974 in Kraft traten. Beibehalten wurden nur:

- Der Groenendael: Einfarbig schwarz (langhaarig).
- Der Tervueren: Fauve oder Grau, jeweils mit schwarzer Wolkung (charbonnage), und einer schwarzen Maske (langhaarig).
- Der Malinois: Fauve mit schwarzer Wolkung (charbonnage) und schwarzer Maske (kurzhaarig).
- Der Laekenois: Fauve mit Spuren schwarzer Wolkung (charbonnage), insbesondere am Fang und an der Rute (rauhaarig).

„Allerdings", so heisst es dort, „werden Belgische Schäferhunde mit silbergrauem Langhaar vorläufig noch zur Ausstellung zugelassen."

Diese Änderungsmassnahmen wurden im Standard von 1978 veröffentlicht. Damit verschwand das schwarze Kurzhaar, das zwar überleben wird, aber nur mit viel Mühe und dank einiger Liebhaber. Der gestromte Belgische Schäferhund fand sich isoliert innerhalb des Holländischen Schäferhundes wieder, wo er aber in allen drei Haarvarianten vorkommt: lang, kurz und rau. Jede Varietät hat zwei Fellfarben: goldgestromt (gestromt fauve) und silbergestromt (gestromt sand).

Der heutige Standard und die Zukunft der Farben

Heute sind die Fellfarben des Belgischen Schäferhundes auf Zainschwarz, Fauve mit Charbonnage und Grau mit Charbonnage beschränkt. Wäre es nicht angemessen, diese drei Fellfarben auf der Ebene der einzelnen Haartypen zuzulassen? Eine ausgewogene Neuausrichtung könnte einige Nachteile beseitigen, die durch die Verpaarung zwischen verschiedenen Varietäten entstehen, und das Image des Belgischen Schäferhundes nachhaltig stärken.

Der Belgische Club für den Belgischen Schäferhund legte der Königlichen Gesellschaft Saint-Hubert (SRSH) im März 2015 einen Entwurf für eine Aktualisierung des Standards vor. In ihrer Antwort vom 14. August 2015 lehnte die SRSH alle Punkte des Antrags „en bloc" ab, ohne die Akte der Wissenschaftlichen Kommission vorzulegen.

Dabei wurden im Entwurf wesentliche Änderungen vorgeschlagen, wie die Übernahme der standardisierten Nomenklatur, die Anpassung an die FCI-Richtlinie vom 9. Januar 2012 (Verpaarungen und Varietäten) sowie die Berücksichtigung der FCI-Gesundheitsempfehlungen. Ziel war es auch, den Differenzialstatus des grau-kohligen Langhaars endgültig aus dem Standard zu entfernen. Für die Beibehaltung dieser diskriminierenden Situation gibt es keine wissenschaftliche Grundlage. Ausserhalb Belgiens wird dieser Status in anderen FCI-Ländern kaum angewendet, und ausserhalb der FCI-Sphäre existiert diese Anomalie gar nicht.

Die Entscheidung der SRSH basiert ausschliesslich auf der Meinung eines Trios von Allround-Richtern, die die „Standardkommission" bilden: Frau L. De Ridder sowie die Herren A. De Wilde und N. Deschuymere. Angesichts der Bedeutung dieses Themas stellt sich die Frage, warum die SRSH kein Treffen zur Abstimmung mit dem Belgischen Club organisiert hat. Zahlreiche weitere Fragen bleiben unbeantwortet.

Bezogen auf:

Die aktuellen Erkenntnisse der Molekulargenetik, Das FCI-Rundschreiben 90/2009 zur standardisierten Nomenklatur derFellfarben, Die FCI-Richtlinie vom 1. September 2012 zur Verpaarung von Varietäten. Wäre es im Sinne eines verantwortungsvollen Rassemanagements nicht angebracht, den Standard zu aktualisieren?

Für die Verwendung eines angemessenen Vokabulars

Schluss mit den impressionistischen Ausdrücken wie braun, rot, strohfarben und vielen anderen für die Fellfarben bei Hunden. Es gibt nun eine standardisierte Nomenklatur für Fellfarben. Sie ist Gegenstand des FCI-Rundschreibens vom November 2009 und dient als offizielle Referenz für die Beschreibung von Fellfarben. Bei verschiedenen Rassen kann es vorkommen, dass ein und dasselbe Wort unterschiedliche Fellfarben bezeichnet oder dass ein und dasselbe Fell mit sehr unterschiedlichen Bezeichnungen versehen wird. Ziel ist es, die genaue Natur der Farbe zu berücksichtigen, die auf der Molekulargenetik, also auf einer wissenschaftlichen Grundlage, beruht. In Frankreich wird die neue Nomenklatur bereits bei der Ausstellung von Stammbäumen angewandt.

Gibt es im Standard für Belgische Schäferhunde eine Fellfarbe, deren Beschreibung nicht mit ihrer genauen Beschaffenheit übereinstimmt? Dies ist weder bei Schwarz noch bei Fauve-Charbonné der Fall. Bei Grau oder

Grau-getigert hingegen schon. Woher kommt die Verwendung des Wortes "Grau"?

In der Zeit von Louis Huyghebaert und Charles Huge wurde diese Farbe "isabelle" genannt. Aufgrund der mehr oder weniger grossen Menge an Charbonnage auf blassem Hintergrund (verdünntes Fauve) entsteht ein grauer Farbeindruck.

In der Genetik entspricht Grau einem anderen Phänomen. Es wird dem G-Allel des G-Locus für Vergrauung zugeschrieben. Die Wirkung dieses dominanten Allels besteht darin, dass schwarzes oder dunkles Fell mit zunehmendem Alter allmählich von weisslichem Haar überwuchert wird. Dieses Phänomen ist beim Belgischen Schäferhund nicht bekannt. Dieses Gen ist im Erbgut des Belgischen Schäferhundes nicht vorhanden, jedoch bei anderen Rassen wie dem Bouvier des Flandres oder dem Pudel.

Unter der Wirkung des rezessiven Allels "i" (Locus I - Intense), in doppelter Dosis, nimmt die Farbe Fauve (Phaeomelanin) an Intensität ab und erzeugt die Fellfarbe Sand-Charbonné (ein Begriff, der in der Genetik verwendet wird und der standardisierten Nomenklatur entspricht). Diese Wirkung geht nicht mit einer Verdünnung der schwarzen Farbe des Charbonnage oder der Maske einher.

Wie bei Fauve-Charbonné hat auch der Begriff Sand-Charbonné den Vorteil, dass das Wort Charbonnage gut zur Geltung kommt. Der Mangel oder die Unzulänglichkeit von Charbonnage wird zu Recht als Fehler angesehen. Mehrere Standards in ausländischen Ländern (ausserhalb der FCI-Zone) erkennen seit langem die Farbe Sand-Charbonné an, wobei die meisten das Vorhandensein des "Black Overlay" (Charbonnage) betonen.

Im letzten Standard wird der Begriff Grau-Charbonné zum ersten Mal verwendet. Dieser Begriff wurde jedoch nicht in die standardisierte Nomenklatur übernommen. Da das Wort Grau bereits den Begriff verkohlt impliziert, hat Grau-Charbonné die gleiche Bedeutung. Es ist schlichtweg widersprüchlich, im Standard einerseits Grau als Fehler zu katalogisieren und andererseits Grau-Charbonné als zulässige Fellfarbe aufzunehmen.

Fazit: Ersetzen wir im Standard die Wörter „Grau" und „Graukohle" durch „Sandkohle" gemäss der standardisierten Nomenklatur der FCI. Dies würde eine bessere Präzision und ein Besseres Verständnis der Fellrfarben ermöglichen.

Für die Gleichwertigkeit von Sorten

Es gibt einen grundlegenden Unterschied zwischen den beiden Pigmentarten Eumelanin, das die Farbe Schwarz bestimmt, und Phaeomelanin, das die gesamte Palette an Farbtönen der Farbe Fauve umfasst. Eumelanin (schwarz) kommt nicht nur im Fell vor, sondern auch in anderen Körperteilen, insbesondere in der Nase, den Lippen und der Iris des Auges. Ganz anders ist das Phaeomelanin (fauve), das nur in den Zellen vorkommt, aus denen das Haar besteht. Es kommt in anderen Körperteilen nicht vor. Diese Unterscheidung ist von grundlegender Bedeutung.

Wenn das rezessive Allel "d" (Locus D) in doppelter Dosis, d. h. von beiden Elternteilen, vorhanden ist, wird das schwarze Pigment verdünnt, aber nicht nur im Fell, sondern auch in der Haut, der Nase, dem Gaumen, den Lippen, den Augenrändern und der Iris des Auges. Die schwarze Farbe der Maske und der Charbonage geht in ein "Blaugrau" (slate blue) über, daher der Begriff "blau". Diese Merkmale sind bereits bei der Geburt sichtbar.

Leider werden die sogenannten "blauen" Fellfarben mit bestimmten krankhaften Veranlagungen in Verbindung gebracht. In unserer Rasse wird bereits von Fällen berichtet: Hautprobleme oder Haarausfall, mangelnde Verträglichkeit gegenüber Sonnenlicht. Das bräunliche oder dunkle Auge geht in ein bläuliches Auge über und ist weniger lichtbeständig. Ausserdem, und das ist sehr ernst, wird von Augenkrankheiten wie dem juvenilen grauen Star berichtet.

Immer häufiger werden beim Belgischen Schäferhund, hauptsächlich beim Malinois de travail, Welpen mit einem sogenannten "blauen" Fell geboren.

Unter dem Vorwand einer seltenen Farbe und einer Modeerscheinung werden diese Welpen teurer verkauft. Es scheint offensichtlich, dass in einer nicht allzu fernen Vergangenheit Kreuzungen mit anderen Rassen vorgenommen wurden. Dieses Allel war nie Teil des historischen und genetischen Erbes des Belgischen Schäferhundes. Diese Fellfarbe ist absolut nicht wünschenswert. Sie ist zu verbieten. Aber ist es nicht schon zu spät? Denn es ist sehr schwierig, ein rezessives Gen, das sich wie ein Tsunami ausgebreitet hat, aus der Produktion zu verbannen. Dies ist eine echte Gefahr für die Rasse.

Bei Sand ist die Abnahme der Intensität der lohfarbenen Farbe nur auf die Haarzellen beschränkt. Eine krankhafte Veranlagung wurde nicht berichtet. Das fauve-charbonné Fell bleibt der Favorit. Aber wie ist es gerechtfertigt, dem sand-charbonné Fell einen differenzierten Status zuzuweisen, d. h., dass es keinen Vorschlag für ein CAC, CACIB oder eine Reserve erhalten kann? Inwiefern wären Verhalten und Charakter von sand-charbonné Fell weniger Berger Belge als die anderen anerkannten Varietäten? Wären ihre sportlichen Fähigkeiten geringer? Gibt es plausible, d. h. wissenschaftliche Argumente, um einen solchen Status zu bestätigen?

Das Sand-Gen ist Teil des historischen genetischen Erbes des Belgischen Schäferhundes. Die zahlreichen Beispiele aus der Geschichte der Rasse sind der beste Beweis dafür. Hier ist, was unser grosser Kynologe Charles Huge über die Entscheidungen schrieb, die bei der beratenden Generalversammlung am 8. Februar 1920 getroffen wurden:

"Das Fauve und das Schwarz mit Spuren von Weiss auf der Brust und manchmal an den Extremitäten bilden unserer Meinung nach die Grenzen der Rasse, aber die Fauve-Farbe ist sehr variabel und sehr breit als Skala, und hier dürfen wir nicht exklusiv sein, denn sie muss ganz zugelassen werden; sie reicht von lebhaften, manchmal sehr verkohlten Tönen, wie beim Fuchs, bis zur isabellfarbenen Tönung, und das kommt häufig vor, auch heute noch, im selben Wurf."

Schlussfolgerung: Mit den heutigen wissenschaftlichen Erkenntnissen steht der Aufhebung des Differentialstatus, der dem Sand-Charbonné vorbehalten ist, nichts mehr im Wege. Eine Gleichwertigkeit der Varietäten würde dem Standard für den Belgischen Schäferhund eine neue und universelle Glaubwürdigkeit verleihen, die sich auf die Geschichte stützt.

Für die konsistente Präsenz jeder der Fellfarben

Bei unserem Nachbarn, dem Holländischen Schäferhund, kommt Sand in den Farben sandgestromt (silbergestromt im Standard) bei allen drei Haartypen (kurz, lang und rau) vor. Dasselbe gilt für gestromtes Fauve (goldgestromt im Standard). Die Begriffe gestromtes Fauve und gestromter Sand sind Begriffe aus der standardisierten Nomenklatur. Mit anderen Worten: Beide Farbkleider finden sich bei jeder Haarvariante wieder. Es stellt sich daher die Frage, warum der Belgische Schäferhund nicht die gleiche Behandlung erhält, obwohl die beiden Rassen, die durch eine konventionelle Grenze getrennt sind, einen gemeinsamen Ursprung und eine gemeinsame Vererbung haben? Ist die unterschiedliche Verteilung der Fellfarben gerechtfertigt?

Beim Belgischen Schäferhund haben die Entscheidungen, die Anzahl der Varietäten zum 1. Januar 1974 zu reduzieren, das seit 1920 bestehende konsequente Vorkommen von Farbkleidern in jedem Haartyp aus dem Gleichgewicht gebracht. Derzeit findet man zwar noch fauve-charbonné in jedem Haartyp, aber schwarz und sand-charbonné nur noch bei den Langhaarigen. Infolgedessen haben Fälle sortenübergreifender Verpaarungen selbst nach einer oder mehreren Generationen Fellfarben hervorgebracht, die vom Standard ausgeschlossen sind.

Welchen Sinn hatte es, "kleine" Sorten zu streichen, deren einziger Fehler eine Frage der Farbe ist? Ist es nicht eine Verarmung des Erbguts, die die Möglichkeiten der Selektion auf andere Merkmale einschränkt? Hat man sich nicht gegen die Erhaltung der genetischen Variabilität versündigt?

Die FCI-Richtlinie vom 9. Januar 2012 fördert die Verpaarung zwischen verschiedenen Sorten (ausser Langhaar x Rauhaar). Da sie Langhaar x Kurzhaar-Verpaarungen zulässt, ist ihr Anwendungsbereich weiter gefasst als der des Standards.

Nehmen wir ein Beispiel: Die Anpaarung Groenendael x Malinois wird die Sorte Kurzhaar schwarz hervorbringen. Nachdem diese Varietät 1911 wieder auf Ausstellungen auftauchte, war Charles Huge nicht der eifrigste Befürworter für ihre offizielle Anerkennung im Jahr 1920? Wenn die historischen Argumente für seine Rückkehr sprechen, ist er dann nicht ein höchst interessanter Fall von genetischer Variabilität?

Schlussfolgerung:
Eine konsequente Darstellung der drei Fellfarben auf der Ebene der einzelnen Haartypen, die mit der FCI-Richtlinie vom 9. Januar 2012 übereinstimmt, würde nicht nur den genetischen Pool der Rasse erweitern, sondern auch verhindern, dass bei sortenübergreifenden Verpaarungen Welpen mit einer nicht anerkannten Fellfarbe geboren werden. Dies würde die derzeitige Verteilung von CAC und CACIB in keiner Weise beeinflussen.
Der Belgische Schäferhund ist ein Hütehund mit allem, was das an Bauart, Gangarten und Charakter mit sich bringt. Erbkrankheiten, Strukturfehler und Charaktermängel zu bekämpfen, ist weitaus wichtiger, als bestimmte Fellfarben, die sein historisches und genetisches Erbe ausmachen, auszusortieren. Ein Standard, der auf der Grundlage wissenschaftlicher Konzepte verfasst wurde, ist eine Voraussetzung und ein unverzichtbarer Fortschritt, um ein optimales Management der Rasse zu gewährleisten.

In Memoriam

**Jean-Marie Vanbutsele, Historiker des Belgischen Schäferhundes
(11. September 1941 - 29. Mai 2017)**

Im Juni 1982 erwarben der Buchhalter Jean-Marie Vanbutsele und seine Familie ihren ersten Hund von einem Bauern in einem nahegelegenen Dorf. Lady (ASLH 33186) war ein Malinois und hatte Arbeitslinien in ihrem Blut. Zu diesem Zeitpunkt wusste er jedoch nichts von beiden Tatsachen. Er nahm den Hund mit in den Welpenunterricht und stellte fest, dass sie wirklich intelligent war und er mehr über diese Rasse erfahren wollte. Jean-Marie und Lady wurden unzertrennlich. Obwohl sie keinen Stammbaum hatte, nahm er sie zu Ausstellungen mit, um die nötigen Papiere zu bekommen. In diesen Jahren machte er sich mit der Welt des Hundesports und der belgischen Hundebesitzer vertraut. Er engagierte sich und lernte die verschiedenen Fraktionen in den belgischen Clubs und die dazugehörenden Differenzen kennen. Er wollte verstehen, warum die Dinge so waren, wie sie waren, und seine Nachforschungen über die Geschichte der Rasse begannen.

Anfangs interessierte er sich besonders für die Malinois als Arbeitshunde, die von der belgischen Armee und der Polizei eingesetzt wurden. Er hatte enorme Bewunderung für Louis Huyghebaert, den Mann, der an der Geburt des Malinois als Arbeitshund beteiligt war, und auch für den weniger bekannten Edgar Couvreur, der vor 1914-18 der Besitzer des Zwingers „de l'Enclus" war. Jean-Marie begann, Bücher und Erinnerungsstücke in Verbindung mit dem Belgischen Schäferhund zu sammeln, was schliesslich zur Veröffentlichung seines ersten Buches über die hundertjährige Geschichte des Belgischen Schäferhundes führte. Jean-Marie schrieb seine Bücher immer auf Französisch, seiner Muttersprache. Nachdem dieses Buch von seiner ältesten Tochter Pascale ins Englische übersetzt worden war, beschloss die Belgian Shepherd Dog Association of Great Britain, dies 1988 zu veröffentlichen. Dies sollte der Beginn der internationalen Anerkennung sein. In den folgenden Jahren schrieb Jean-Marie zahlreiche Artikel in den Zeitschriften der Belgischen Hütehundvereine in ganz Europa und dennigten Staaten. Er begann, seine eigenen selbstgemachten Zeitschriften „Journal of History" zu veröffentliche. Er lernte Lee Jiles kennen, mit dem er häufig Ideen und Daten austauschte. Mit der Hilfe von Wissenschaftlern aus den USA und Kanada weitete er seine Forschungen auf die Farbgenetik aus. Als Lady 1996 starb, wurde Ucky de Rosnay, ebenfalls ein Malinois, Jean-Maries neuer Wanderpartner und seine Inspiration. Um diese Zeit herum gründete Jean-Marie die Website „Belgian Dogs“.

Seine älteste Tochter zeigte ihm, wie er Facebook nutzen konnte, um mitLeuten in Kontakt zu bleiben, wenn er nicht mehr ausgehen konnte. Menschen aus der ganzen Welt kontaktierten ihn mit Fragen und er teilte sein Wissen mit ihnen. Einige kamen sogar aus den USA und Argentinien, um ihn zu besuchen. Das ermutigte ihn, und obwohl er krank war und alle zwei oder drei Wochen eine Chemotherapie bekam, schrieb er weiter und veröffentlichte Bücher: über seine „Ikonen“ in der Hundewelt, über die Geschichte anderer Belgischer Hunderassen wie den Papillon, die Griffons, den Hund von Saint-Hubert ... Einige dieser Bücher wurden von anderen Hobbyisten ins Englische und Italienische übersetzt, damit mehr Menschen sie lesen können. Am 29. Mai 2017, nach neun Jahren Krankheit und 123 Chemotherapiebehandlungen, wurde das Leiden zu stark, der Gegner zu mächtig, trotz seines Lebenswillens. In den Tagen nach seinem Tod hinterliessen Hunderte von Menschen aus der ganzen Welt ihre rührenden Lobreden und Respektsbekundungen auf Facebook. Seine Frau Rita und seine Töchter Pascale und Sophie vermissen ihn sehr.

Geschrieben von Pascale Vanbutsele

Jean-Marie Vanbutsele mit Lucky " Ucky du Rosnay"

Hommage an G'Lady

G'Lady (ALSH 33186), geboren am 24. April 1982, gestorben am 20. März 1996.

Ich wurde in einem Schuppen geboren, zusammengekuschelt mit meinen Geschwistern in der Wärme des Körpers meiner Mutter, die in der Wurfkiste lag. Ich war sehr unruhig und stiess mit meinen Geschwistern zusammen. Meine Mutter zwickte mich in den Nacken und rief mich zur Ordnung. Bald kämpften wir um das Essen. Jedenfalls wuchsen wir in Schönheit und guter Laune auf. Später tummelten wir uns in der Sonne auf dem weichen Gras unter den aufmerksamen Augen des Hausbesitzers.

Eines Morgens kam ein anderer Mann, um den Wurf zu begutachten, und ich wurde sofort am Hals gepackt und in eine andere Wohnung gebracht. Dort wurde ich von der ganzen Familie verwöhnt. Als ich aufgewachsen war, rannte ich auf den Feldern mit der Nase am Boden und jagte Kaninchen und andere Tiere aus der Ebene. Meine Lernfähigkeit war vorbildlich. Mein Herrchen freute sich über meine angeborene Freundlichkeit gegenüber Kindern. Bei einem Sonntagsspaziergang durch ein Tal hörte ich in der Ferne einen langen, klagenden Schrei eines Hundes. Der Instinkt erwachte in mir, und ich hob den Kopf und stiess zum grossen Erstaunen meines Herrn einen langen, lauten Schrei aus. Ich hatte geheult wie die Wölfe!

Später ereigneten sich ähnliche Ereignisse, die meine sehr entfernte Abstammung von den Herren der Wälder bestätigten. Mein Name war G'Lady. Mit G'Lady sind wir oft spazieren gegangen. Es war immer eine Freude, sie laufen zu sehen. Ihre Bewegungen waren agil, harmonisch und flüssig. Ihre Starts und Reaktionen waren blitzschnell. Beim Rennen waren die Ohren immer nach hinten gebogen, wobei die Rute als Pendel diente. Sie wurde am 23. April 1982 geboren und starb Anfang 1996. Unter ihren Vorfahren finden wir einige grosse Namen der Region wie Java de l'Assa (Sohn von César und Gracieuse de l'Assa) und Ebul d'Erpe, ein ausgezeichneter Arbeitshund und Sohn des berühmten Varak van de Molenbeek.

Tatsächlich hat mein Hund Ucky, der Nachfolger von G'Lady, bei einigen seltenen Gelegenheiten ebenfalls wie ein Wolf geheult. In seinem Buch In het spoor van de wolf (Auf der Spur des Wolfes) erzählt der niederländische Ethologe Jan Hilco Frijlink von seinen Studien, Forschungen und Erfahrungen mit dem Wolf. Er sagt, dass der Wolf dank seiner Intelligenz, seiner Flexibilität, seiner Organisation und seines Verhaltens im Allgemeinen ein Tier ist, das an der Spitze der evolutionären Leiter steht. Er argumentiert auch, dass der Hund ein Hauswolf ist, dessen wahrscheinlicher Ursprung der Canis lupus pallipes ist, ein kleiner indischer Wolf mit kurzem Haar und hellem Fell, der auch im Iran und in der Türkei vorkommt. Die Untersuchung der Schädelmerkmale legt diesen Zusammenhang ebenfalls nahe.

Seine ausgeprägte Anpassungsfähigkeit und sein zugängliches Verhalten könnten erklären, warum dieser Wolf sich leichter domestizieren liess – ein Prozess, der sich über Jahrtausende erstreckte. Durch das Studium des Verhaltens von Wölfen lässt sich auch das Verhalten von Hunden besser nachvollziehen.

Jean-Marie Vanbutsele

Glossar der bedeutendsten kynologischen Organisationen in Belgien

Société Royale Saint-Hubert (SRSH)
Gründung: 1882
Beschreibung: Die SRSH ist der älteste und bedeutendste kynologische Verband
Belgiens. Sie führt das nationale Zuchtbuch (Livre des Origines Saint-Hubert,
LOSH) und ist verantwortlich für die Festlegung der Rassestandards sowie die Or-
ganisation von Hundeausstellungen.

Club du Chien de Berger Belge
Gründung: 29. September 1891
Beschreibung: Dieser Verein wurde speziell zur Förderung und Standardisierung
des Belgischen Schäferhundes gegründet. Er organisierte 1892 die erste
Spezialzuchtschau für Belgische Schäferhunde in Cureghem und spielte eine
entscheidende Rolle bei der Etablierung der Rassemerkmale.

Kennel Club Belge (KCB)
Gründung: 1908
Beschreibung: Der KCB wurde als Alternative zur SRSH gegründet und führte ein
eigenes Zuchtbuch. Er förderte die Zucht und Ausstellung verschiedener Hun-
derassen in Belgien und organisierte 1913 die erste Meisterschaft im belgischen
Ringsport, die von dem Groenendael "Jules du Moulin" gewonnen wurde.

Nationaal Verbond der Belgische Kynologen (NVBK)
Gründung: 1963
Beschreibung: Nach internen Differenzen innerhalb der SRSH, insbesondere
bezüglich der Ringregeln, spaltete sich eine Gruppe von Mitgliedern ab und grün-
dete den NVBK. Dieser Verband konzentriert sich auf die Förderung des
Ringsports und die Zucht des Belgischen Schäferhundes.

Fédération Cynologique Internationale (FCI)
Gründung: 22. Mai 1911
Beschreibung: Die FCI wurde unter der Schirmherrschaft der Zwingerclubs von
Österreich, Belgien, Frankreich, Deutschland und den Niederlanden gegründet. Ihr

Ziel ist es, die Zucht, Ausstellung und Beurteilung reinrassiger Hunde weltweit zu vereinheitlichen. Der Sitz der FCI befindet sich in Thuin, Belgien.

Offizielle Farbbezeichnungen der Belgischen Schäferhunde

(Quelle: FCI-Standard Nr. 15, FCI-Website)

Groenendael (schwarz)

- Nur in rein schwarzer Farbe zugelassen.
- Jegliche Aufhellungen oder Abweichungen von reinem schwarz führen zur Disqualifikation.

Charbonnage (schwarze Wolkung)

- schwarze Haarspitzen erzeugen eine dunklere Schattierung im Fell.
- dieses Merkmal tritt bei den Farbvarianten fauve (falb) und grau auf.
- besonders typisch für Tervueren und Laekenois, in seltenen Fällen leicht beim Malinois.

Fauve (falb)

- falbfarbene Grundtöne, variierend von hell sandfarben bis tief rotbraun.
- charbonnage ist bei Tervueren und Laekenois typisch, beim Malinois nicht zwingend.
- zulässig bei Malinois, Tervueren und Laekenois.

Grau
- ausschliesslich für den Tervueren anerkannt.
- Kombination aus grauer Grundfarbe mit charbonnage.
- eine schwarze Maske ist zwingend erforderlich.

Schwarze Maske

- obligatorisch für Tervueren und Malinois.
- verstärkt den typischen Ausdruck dieser Varietäten.
- die Maske sollte idealerweise die Schnauze, Augenpartie und möglichst die
- Ohren umfassen.
- beim Laekenois erwünscht, aber nicht vorgeschrieben.

Disqualifizierende Farben und Fehler

Disqualifizierende Farben:

- blau
- braun
- jede andere als die standardisierten Farben
- übermässige weisse Abzeichen (ausser an Brust oder Zehen in geringem Mass erlaubt)

Schwere Fehler:

- fehlende Maske bei Tervueren oder Malinois
- stark abweichende Farbtöne ausserhalb des Standards
- fehlende Pigmentierung an Lippen, Nase oder Augenlidern
- übermässige Weissanteile ausserhalb von Brust und Zehen
- Groenendael mit anderen Farbtönen als rein schwarz

(Quelle: Fédération Cynologique Internationale (FCI), FCI-Standard Nr. 15)

Vergleich der heutigen und historischen Begriffe im belgischen Hundewesen

AKZ (Ausbildungskennzeichen)
Heute: Kennzeichnung für absolvierte Prüfungen oder Titel im Hundesport.
Früher: Keine standardisierten Ausbildungskennzeichen; Arbeitshunde wurden oft informell bewertet.

Anwartschaft
Heute: Dokument für Championtitel (z. B. CAC oder CACIB).
Früher: Solche formalen Anwartschaften wurden erst mit der Gründung von kynologischen Verbänden wie der FCI im Jahr 1911 eingeführt.

BIG (Best in Group)
Heute: Titel für den besten Hund einer FCI-Gruppe auf einer Ausstellung.
Früher: Gruppenwettbewerbe sind Entwicklungen des 20. Jahrhunderts; zuvor gab es hauptsächlich Rassebewertungen.

BIS (Best in Show)
Heute: Titel für den besten Hund der gesamten Ausstellung.
Früher: Der "Best in Show"-Titel wurde mit der Popularisierung von Hundeausstellungen im späten 19. und frühen 20. Jahrhundert eingeführt.

BOB (Best of Breed)
Heute: Titel für den besten Hund einer Rasse auf einer Ausstellung.
Früher: Die Auszeichnung „Best of Breed" entstand mit der Formalisierung von Hundeausstellungen. Vorher gab es keine einheitlichen Rassebewertungen.

BOS (Best opposite sex)
Heute: Titel für den besten Hund des anderen Geschlechts, der nicht BOB gewonnen hat.
Früher: Diese spezifische Auszeichnung war in frühen Ausstellungen nicht üblich.

Früher: Solche internationalen Titel wurden erst nach der Gründung der FCI möglich.

Jugendklasse
Heute: Altersklasse für Hunde zwischen 9 und 18 Monaten.
Früher: Die Einteilung in Altersklassen wurde erst mit der Formalisierung von Hundeausstellungen eingeführt.

Jüngstenklasse
Heute: Altersklasse für Hunde zwischen 6 und 9 Monaten.
Früher: Ähnlich wie die Jugendklasse ist auch diese Einteilung eine moderne Entwicklung.

Jugend-Champion
Heute: Titel für Jugendausstellungssieger.
Früher: Jugend-Championtitel sind eine moderne Einführung und waren in frühen Ausstellungen nicht üblich.

Nationaler Champion
Heute: Titel für nationale Schönheit, basierend auf mehreren CAC.
Früher: Nationale Championtitel wurden mit der Etablierung nationaler Zuchtverbände eingeführt.

Schönheitschampion
Heute: Nationaler Titel, der nach Erreichen mehrerer CAC verliehen wird.
Früher: Siehe „Nationaler Champion".

Nggd (nicht genügend)
Heute: Formwertnote, die bedeutet, dass der Hund den Standardanforderungen nicht entspricht.
Früher: Solche negativen Bewertungen wurden auch früher vergeben, jedoch fehlte eine einheitliche Terminologie.

Offene Klasse
Heute: Konkurrenzklasse für Hunde ab 15 Monaten, die noch keinen Championtitel besitzen.
Früher: Die Einteilung in offene Klassen ist eine Entwicklung des 20. Jahrhunderts; frühe Ausstellungen hatten oft weniger differenzierte Klassen.

Quellen
Fédération Cynologique Internationale (FCI) Offizielle Website: www.fci.be
Société Royale Saint-Hubert (SRSH) – Offizielle Website: www.srsh.be
Historische kynologische Literatur (Jean-Marie Vanbutsele, „125 Jahre illustrierte Geschichte des Belgischen Schäferhundes")
Zucht- und Ausstellungsvorschriften des Belgischen Schäferhundes aus verschiedenen Kynologischen Archiven

"Die Originalartikel und Zitate, die in diesem Buch verwendet wurden, stammen aus einer Zeit, in der der Schreibstil oft detaillierter und komplexer war. Insbesondere das Französisch der damaligen Autoren war von einer gewissen Blütenpracht geprägt, die für den modernen Leser möglicherweise schwer zugänglich ist. Bei der Übersetzung habe ich mich bemüht, den ursprünglichen Ton und die Eleganz der Texte so weit wie möglich zu bewahren, gleichzeitig aber die Sprache zu modernisieren, um die Inhalte verständlich und lesefreundlich zu gestalten.Trotz grösster Sorgfalt bei der Bearbeitung und Übersetzung könnten sich Fehler eingeschlichen haben. Diese sind jedoch nicht Ausdruck von Nachlässigkeit, sondern spiegeln die Herausforderung wider, historische Quellen, persönliche Zitate und wissenschaftliche Erkenntnisse harmonisch zu vereinen. Sollten Sie auf Unstimmigkeiten stossen, sehen Sie dies bitte als menschlichen Faktor in einem Werk, das mit viel Leidenschaft und Hingabe entstanden ist. Ich danke Ihnen für Ihr Verständnis und hoffe, dass dieses Buch Ihnen neue Einsichten und eine tiefere Wertschätzung für den Belgischen Schäferhund und seine faszinierende Geschichte vermittelt."

Kate Hogan, eine gleichgesinnte Besitzerin und Bewunderin Belgischer Schäferhunde sowie Kennerin ihrer Geschichte, die in Groton, Massachusetts, lebt, schrieb 2014:

„Ein kürzlich veröffentlichtes Buch über die Geschichte der Belgier. Ich sage es, bevor jemand kommentiert – keine einzige Version der Geschichte ist jemals vollständig korrekt, denn Geschichte wird immer durch die Perspektive derjenigen beeinflusst, die sie erlebt haben. Ich weiß, dass Jean-Marie enorme Anstrengungen unternommen hat, um all das zusammenzutragen, und ich respektiere seine Arbeit sehr."

Diese Worte begleiteten mich während der gesamten Übersetzung und wurden zu meinem Leitsatz.

Tanino Chiavaro

Tjop